教育部人文社会科学研究一般项
(传统慈善文化涵养新时代中国特色志愿文化,

传统慈善与中国特色志愿文化

贺建芹 ◎著

辽宁人民出版社

图书在版编目（CIP）数据

传统慈善与中国特色志愿文化 / 贺建芹著. — 沈阳：
辽宁人民出版社，2023.11
ISBN 978-7-205-10925-7

Ⅰ.①传… Ⅱ.①贺… Ⅲ.①慈善事业—研究—中国
②志愿者—社会服务—研究—中国 Ⅳ.①D632.1
②D669.3

中国国家版本馆CIP数据核字（2023）第212317号

出版发行：辽宁人民出版社
　　　　　地址：沈阳市和平区十一纬路 25 号　邮编：110003
　　　　　电话：024-23284321（邮　购）　024-23284324（发行部）
　　　　　传真：024-23284191（发行部）　024-23284304（办公室）
　　　　　http://www.lnpph.com.cn
印　　刷：辽宁新华印务有限公司
幅面尺寸：170mm×240mm
印　　张：15.25
字　　数：195 千字
出版时间：2023 年 11 月第 1 版
印刷时间：2023 年 11 月第 1 次印刷
责任编辑：顾　宸
封面设计：琥珀视觉
版式设计：鼎籍文化创意
责任校对：刘再升
书　　号：ISBN 978-7-205-10925-7

定　　价：68.00 元

目　录

绪 论

"文化"是一个非常复杂的概念，这是诸多来自不同"文化"背景学者的共识。英国文化研究专家雷蒙·威廉斯曾感慨，"英文里有两三个比较复杂的词，culture 就是其中的一个，部分的原因是这个词在一些欧洲国家语言里，有着极为复杂的词义演变史"[①]。我国著名思想家章太炎也认为，"文化二字，涵义至广，遽数不能终其物"[②]。马克思主义文化观认为文化具有广义和狭义两种概念，广义的文化指的是"经济社会"，这是一种外延最为宽泛的解释，文化相当于人对外部世界的对象化过程及其结果，即自然的"人化"，是人类在社会历史实践中所创造的物质财富和精神财富的总和；狭义的文化则专指"社会的意识形态以及与之相适应的制度和组织机构"，"是人的精神生产的观念形态的产品"[③]，属于上层建筑的范畴。在文化这个盘根错节的复杂概念之下，本课题要研究经由传统慈善文化涵养并伴随着中国现代志愿服务的不断推进而发展起来的中国特色志愿文化，于是不可回避地正面遭遇了另外两个内涵同样丰富的概念，即"传统慈善文化"和"中国特色志愿文化"。在论证两者之间由此及彼的逻辑关系之前，笔者首先需要梳理两个前提性的问题，也就是选题时考虑的"为何"和"如何"的问题。

---

① [英]雷蒙·威廉斯. 关键词——文化与社会的词汇[M]. 刘基建，译. 北京：生活·读书·新知三联书店，2005：101.
② 章太炎. 章太炎全集·演讲集（下册）[M]. 上海：上海人民出版社，2015：534.
③ 陈先达. 文化自信与中华民族伟大复兴[M]. 北京：人民出版社，2017：2.

一、为何研究中国特色志愿文化

目前在国内学界的相关研究中，"中国特色志愿文化"的提法逐渐有所增加，之所以将中国特色志愿文化作为研究对象，主要原因有两个：

首先，从理论引领实践的角度来看，这是着眼于中国本土志愿服务过去、现在和未来的实践而进行的相关理论研究。如果将20世纪90年代初中国志愿服务官方组织的正式出现（即1994年中国青年志愿者协会的成立）看作现代志愿服务在中国的真正落地生发，迄今为止中国志愿服务已经有近30年的实践历程。从刚开始的摸着石头过河到现在的稳定运行，我们需要盘点得失、总结经验、提升品质。实践每前进一步，理论研究就要跟进一步甚至超前一步，才不至于出现因轻视理论而带来的实践上的混乱，就像列宁所说，"没有革命的理论，就不会有革命的运动"。发挥科学理论指导鲜活实践的永恒魅力，不人为割裂理论与实践相统一的辩证关系，才能在理论与实践的结合点上为解决现实问题提供正确的方法论。

其次，从文化多元化发展的角度来看，这是围绕中国本土志愿服务过去、现在和未来的发展道路而进行的相关文化研究。志愿服务是各个国家都在大力发展的现代慈善事业，中国也不例外。现代志愿服务之所以能够在中国蓬勃发展，归根结底是因为有深层次的文化动因。习近平总书记在同各界优秀青年代表谈话时提到，"一项没有文化支撑的事业难以持续长久"①。中国特色志愿服务为什么行？如果跳出对道路、模式的分析，上升到文化层面，可以说答案在于有中国特色志愿文化作为其底蕴支撑、制度保障和精神指引。从整体内容上看，中国特色志愿文化继承了传统慈善文化中以"仁爱"为核心的精神追求，反映着中国革命

---

① 习近平2013年5月4日在同各界优秀青年代表座谈时的讲话，https://www.xuexi.cn/lgpage/detail/index.?id=11953494186936653989&item_id=11953494186936653989。

文化中"雷锋精神"所追求的道德境界，同时也体现了中国革命文化和社会主义先进文化中一以贯之的"全心全意为人民服务"的优良宗旨。中国特色志愿文化提供了本土志愿服务持续发展的必要条件，从具体内容构成上讲，它主要表现为从物质、制度和精神层面上对当下现代志愿服务道路的问题的回应、经验概括和理论超越。中国特色志愿文化既体现着与其他国家志愿文化的共性，也体现着它所独有的鲜明个性。"世界各国的志愿服务文化有重要的共同性，也有很大的差异性。志愿服务文化涉及人类共同价值，也涉及各国的民族文化传统，还涉及不同国家不同的政治体制和社会管理模式。我国的志愿服务冠名为学雷锋志愿服务，充分体现了中国特色志愿服务的国别特点。"①从文化差异性存在和多元化发展的角度来看，开展中国特色志愿文化研究大有必要。

二、如何研究中国特色志愿文化

笔者是结合对"为何要研究中国特色志愿文化"的思考来解答"如何研究中国特色志愿文化"的，主要基于两个方面的考虑：

首先，厘清传统慈善文化与中国特色志愿文化之间"源"与"流"的关系，打通两者之间互联互通的精神通道。习近平总书记数次强调传统文化的历史意义和当代价值，认为中华优秀传统文化"植根在中国人内心，潜移默化影响着中国人的思想方式和行为方式"②，在中华优秀传统文化中"积淀着中华民族最深层的精神追求，代表着中华民族独特的精神标识，为中华民族生生不息、发展壮大提供了丰厚滋养"③。传统文化凝聚着中华儿女的生存和发展之道，折射着华夏文明最为凝练的生活

---

① 陆士桢.建构具有中国特色的志愿服务体系[J].杭州师范大学学报（社会科学版），2020，42（04）：83-87.
② 十八大以来重要文献选编[M].北京：中央文献出版社，2016：5.
③ 习近平.在十八届中央政治局第十三次集体学习时的讲话（2014年2月24日）[A].中共中央文献研究室.习近平关于社会主义文化建设论述摘编[M].北京：中央文献出版社.2017：140.

智慧，涵养了近现代以来中国社会各种优秀的文化样态。中华优秀传统文化是与之一脉相承的中国革命文化和社会主义先进文化永不缺席的重要"文脉"，体现着源远流长的中华文化的历史纵深和源头所在。开展中国特色志愿服务道路、理论和制度研究必然要从传统文化尤其是传统慈善文化中汲取滋养、获得灵感，这是中国特色志愿文化研究不可或缺的追根溯源，也是坚定中国特色志愿文化自信的关键举措。

其次，从传统慈善文化与中国特色志愿文化的共同点中寻找两者的对应关系。如前所述，无论是"文化""志愿文化"，还是"传统慈善文化"，都是内涵丰富的复杂概念。另外，传统慈善文化和志愿文化之间存在着"旧与新""前与后""同与异"等形式和内容上的对立和冲突。没有合适的切入点，将两者硬生生拼凑在一起的研究只能是"拉郎配"，最后导致两者"貌合神离"。研究传统慈善文化涵养中国特色志愿文化需要找到两者最大的共同点，并在此基础上考察它们之间更具体的关联。就共同点而言，传统慈善文化和中国特色志愿文化都是隶属于"文化"这个一般范畴之下的特殊文化形态，从内容上来看二者有着相同的结构层次。国内关于文化结构层次的观点基本上都受影响于马克思对蒲鲁东唯心主义历史观的经典批判，"经济学家蒲鲁东先生非常明白，人们是在一定的生产关系中制造呢绒、麻布和丝织品的。但是他不明白，这些一定的社会关系同麻布、亚麻等一样，也是人们生产出来的。社会关系和生产力密切相连。随着新生产力的获得，人们改变自己的生产方式，随着生产方式即谋生的方式的改变，人们会改变自己的一切社会关系……人们按照自己的物质生产率建立相应的社会关系，正是这些人又按照自己的社会关系创造了相应的原理、观念和范畴"①。学界一般认为文化由三个层次的内容构成，由表及里分别是物质层面上的文化、制度层面上的文化和精神层面上的文化，也有个别学者坚持文化内容构成的四层次说，即认为在文化构成层次中除了物质、制度和精神三个层

---

① 马克思恩格斯选集（第1卷）[M]. 北京：人民出版社，1995：141、142.

面之外还包含行为层面上的文化。

根据文化的结构层次说，传统慈善文化和中国特色志愿文化虽然是不同时期的不同文化，但两者在内容构成上是相同的，即都具有物质层面、制度层面和精神层面三个结构层次，并且这三个层面互相联系、互相作用，共同构成统一的有机整体。受此启发，本课题从三个层面上将传统慈善文化与中国特色志愿文化分别对应，重点从精神层面论证前者对于后者的涵养和转化关系，并兼顾传统慈善文化涵养古代慈善事业发展的历史经验及其对现代志愿文化培育工作的借鉴意义。当然，除了同构性以外，还可以从文化的意识形态属性、民族属性、文化的作用和功能等角度出发揭示传统慈善文化和中国特色志愿文化的内在关联。就意识形态角度而言，文化"是一定社会的政治和经济的反映，又作用于一定社会的政治和经济"①；就文化与民族两个概念之间的关系来说，文化具有民族性，民族则是共享了某种文化传统的人类共同体；就文化发展的特点来看，每一种文化都随着社会物质生产的发展而发展，社会物质生产的连续性决定了文化的连续性和历史继承性；就文化的作用来看，文化是为了满足人类需求而产生的，每一种文化都有其特殊的功能，既能传递知识、传承文明，又能教化育人。传统慈善文化和中国特色志愿文化的同构性及两者在意识形态属性、民族属性、作用和功能方面的相似性为开展本课题研究提供了可行性前提。

---

① 辞书编辑委员会. 辞海[Z]. 上海：上海辞书出版社，1989：4022.

第一章
传统慈善文化与古代慈善事业发展

党的十九大报告中提到，"中国特色社会主义文化，源自于中华民族五千多年文明历史所孕育的中华优秀传统文化，熔铸于党领导人民在革命、建设、改革中创造的革命文化和社会主义先进文化，植根于中国特色社会主义伟大实践"[①]。中国特色志愿文化属于中国特色社会主义文化的大范畴，研究中国特色志愿文化必须要从传统文化入手，追根溯源方能固本培元。如果从优秀传统文化中挖掘现代志愿文化的历史渊源，那一定非传统慈善文化莫属。

自古以来，中国老百姓就有乐善好施、矜贫救厄、扶危济困的传统美德。随着时间的推移，崇德向善的民间风气、社会心理和行为习惯沉淀分层，形成较为稳定的慈善文化，潜移默化地影响人们的价值判断和道德实践，最终孕育更多的慈善行为。传统慈善文化具有涵养中国古代慈善事业的宝贵经验，经过现代转化之后它又成为接纳现代志愿服务生根发芽的文化土壤，持续滋养中国特色志愿服务的蓬勃发展。传统慈善文化包含着与志愿文化相兼容的一般意义上的价值取向和人文情怀，正是这个原因，源自西方的志愿服务才具有在中国大地上发展起来的可能性。至于中国志愿服务在随后的发展过程中体现出的颇具特色的模式、路径和机制以及卓有成效的服务规模、效率和质量，则同时受到中国传统慈善文化及其在不同时代背景下衍生出来的各种制度文化和精神文化

[①] 本书编写组. 党的十九大文件汇编[M]. 北京：党建读物出版社，2017：1-24.

的影响，虽则气象万千但终究也能追根溯源。如果没有中国传统慈善文化推己及人的大爱、悲天悯人的情怀、同舟共济的担当和天下一家的格局，即便志愿服务这种现代慈善形式再好，也会因缺乏适合它生根发芽的文化土壤而造成水土不服；如果没有传统慈善文化的整体接纳与持续涵养，无论志愿服务在何种程度上体现人类社会的文明与进步，终究也只能是他乡月明而已。

第一节　研究慈善事业的文化视角

"慈善"一词在古汉语典籍中是"慈"和"善"二字由分到合衍变产生的，这两个独立成词的字都包含与现代慈善概念较为相近的含义。西汉刘向认为"恻隐怜人谓之慈"（《新书·道术》），意思浅显易懂，即对人有恻隐怜悯之心就是"慈"；唐朝训诂学家孔颖达则认为，"慈者爱，出于心，恩被于物也""慈为爱之深也"（《左传》），这里的"慈"同样包含"爱"之意。后来"慈"字的使用越来越频繁，其含义也越来越宽泛，既可以指长辈对晚辈的爱惜、疼爱，也可以指晚辈对长辈的敬爱、孝敬。千百年来流传下来的古语如"母慈子孝""事亲则慈孝""老其老，慈其幼，长其孤"等，无一不是用"慈"字来表达"关爱""疼爱""敬爱""爱怜"之意。

"善"字的意义则始终接近我们今天对它的理解，意指品质淳厚、心怀仁爱、和善友好、善待他人。《史记·太史公自序》里提到"善善恶恶，贤贤贱不肖"，这句话的意思是要称赞美好的，痛恨坏的，做到是非清楚、爱憎分明。《论语》里讲子贡请教孔子如何区分好人，孔子的答复是"不如乡人之善者好之，其不善者恶之"，意思是说好人的标准是"喜欢品德高尚的人，而讨厌品德低劣的人"。《管子·心术下》提出要"善气迎人，亲如兄弟"，这里的"善"是友善的意思，即以友善的态度欢迎别人，像对待兄弟那样对待他。

　　"慈"和"善"在长期的话语演化过程中渐行渐近，最终合为一个词。南北朝时期"慈善"一词开始出现在相关文字记载中，譬如《北史》中提到一个叫崔光的人，评价他"宽和慈善，不忤于物，进退浮沉，自得而已"，这句话是在称赞崔光这个人慷慨大度，善良有爱，不计较物质方面的利益得失。一般认为，这是古文献里首次出现的"慈善"一词。无论是在传统还是现代文化语境中，慈善都包含着"仁慈友爱，富有善心"的意思。善心是善举的前提和动机，善举是善心的结果和表现，没有善心则难有善举。在现代社会中，人们对慈善的理解一般都包含"有善心"和"行善举"两个方面，所谓慈善之人要将善心付诸善行，两者合二为一才是真正的慈善。

　　"慈善"一词在西方文化中对应不同的表达方式。来源于希腊语的philanthropy多指对人类的热爱、同情等，另外一个表达慈善之意的英文单词charity则带有明显的宗教色彩，意为"上帝的仁慈"或"基督之爱"。在基督教文化中，人类因其祖先亚当和夏娃在伊甸园中的行为获得原罪，"犯罪之后，他（亚当）在那里被放逐，并且因为他的罪，整个从他而出的族类，在他里面都败坏了，要接受死亡的刑罚……都受到了原罪的污染，并且受到堕落者的错谬与苦难牵引诱惑，落入与堕落天使同受的、永无休止的惩罚"[1]。原罪是人类所有与生俱来的罪恶思想和行为的根源，并以遗传的方式不断延续，但这并不意味着人类只能忍受永世的黑暗和绝望，因为救世主基督的降世为人类重新接近上帝打开了一扇窗。"神爱世人，甚至将他的独生子赐给他们，叫一切信他的，不致灭亡，反得永生。因为神差他的儿子降世，不是要定世人的罪，乃是要叫世人因他得救。"[2]既然原罪是人类的祖先对上帝的疏远和背离，那人类只能用接近上帝的方式获得自己的救赎，一是信仰并爱上帝，二是爱上帝的子民，即博爱众人。从这个意义上讲，有人将原罪定义为"唯

---

[1] [美]奥尔森. 基督教神学思想史[M]. 吴瑞诚，徐成德，译. 北京：北京大学出版社，2003：287.

[2] 白云晓. 耶稣是谁[M]. 北京：世界知识出版社，2002：21.

有通过救赎才能取消的向善的无能"①，在这种原罪说的反向思维中，博爱向善将是人类的必然选择。

不同文化背景中对慈善的认知和理解存在共通之处，无论是中国传统文化所主张的"仁爱"，还是西方文化所宣称的"博爱"，向善的理念和行为一直都是共同的价值选择，因此，不同的慈善文化中也会存在相同的价值观。民国时期的慈善家熊希龄曾经把儒家学说、佛教和基督教放在一起比较，认为它们都包含共同的人道主义理念，"孔教言仁，又曰博施济众；耶教言博爱，又曰爱人如己；佛教言慈悲，又曰普渡众生……无论为何教何学，无不以人道为重"②。日本学者吉田久一则将慈善形式划分为以"仁义为特征的儒教慈善"、以"爱善或禁欲为特征"的基督教慈善和以"慈悲为特征的佛教慈善"，虽然三者各有侧重，但在整体上意蕴相通③。

传统慈善文化通过影响慈善行为的形成，慈善组织机构的设立以及慈善公共规则的制定而促进古代社会慈善事业的发展。中国古代慈善事业发轫较早，这与传统慈善文化的长期浸润有关。一方面，在守望相助的淳朴民风影响下，民间很早就有慈善行为；另一方面，官方为了体现仁政亲民的统治理念，也会针对弱势群体开展社会救济和保障工作。据《周礼·天官冢宰》《周礼·地官司徒》等文献记载，西周时期就出现了专门负责实施惠政的官职。晚清时期魏源曾经对欧洲的社会事业做过考察，他在《海国图志》一书中提及欧洲各国的慈善救助事业，认为欧洲各国民众"俱喜施舍，千余年来，未有因贫鬻子女者，未有饥饿转沟壑者"④。源于基督教救赎观念的西方慈善文化不断滥觞，其中的理性精神广为接受，推动欧洲各国慈善事业进入规范化快速发展的阶段，并

---

① [瑞士]奥特，奥托.信仰的回答——系统神学五十题[M].李秋零，译.香港：道风书社，2005：158.

② 周秋光.熊希龄集（下）[M].长沙：湖南出版社，1996：1389.

③ [日]吉田久一.日本社会事业的历史[M].东京：劲草书房，1981：21.

④ （清）魏源.海国图志（卷三七）[M].长沙：岳麓书社，1998：1100.

在从近代迈向现代的过程中全面超越了中国。毫无疑问，中国不是现代慈善事业发展最成熟、最规范的国家，但至少在近代以前并不落后，甚至可以说，中国传统慈善事业长期处于领先地位。周秋光教授认为，"中国的传统慈善事业，可远溯汉魏南北朝，中经唐宋，至明清时已相当发达……由于各府州县无不广立善堂，普施义举，即一乡一镇之间亦莫不结善会以行善举，或育婴，或养老，或恤嫠，或施棺，或散药，慈善活动非常活跃，形成了中国慈善事业发展史上的一个高潮。但是，步入近代以后，中国社会遭遇了千年未有的剧烈变革，各省曾经遍设的善堂善会等传统慈善机构，大都也因社会环境的变迁而走向困顿以至形同虚设"①。中国传统慈善事业从进入近代开始逐渐走向没落式微，但曾经的辉煌发展还是为后人留下了足够大的研究空间。慈善是利他行为，从理论上来讲，利己行为永远是人类进化过程中的天然冲动，利他则意味着要放弃或牺牲个人利益，要做到利他必然要克服利己的自然本能。"为他"的前提不一定是"无我"，但至少应当是一种不以回报为主要考虑的道德行为，而这种行为必须在特定的文化氛围中才能形成。"慈善行为更多地与个人的价值观联系在一起，所以更多地受到个人思想和社会文化的影响"②，如果没有坚定的个人道德准则和良好的社会慈善文化氛围，利他行为就难以持续，也难以成为很多人的共同选择。从这个角度来说，研究传统社会中的慈善行为必然要从研究传统文化开始。

若论传统文化，则必然涉及儒释道三家的思想体系。虽然儒释道三家的核心理念并不完全相同，但却有诸多共同之处。先秦时期开始，儒道合流，佛教传入中国后又汇入其中，北宋时期三教合流已基本完成，明代以后儒释道构成了中国传统文化的主体部分，陈寅恪先生甚至认为，晋代以后就可以用儒释道三家的思想来指代中国传统文化。

传统文化最突出的是其伦理特征，这既是中国学者的共识，也是以

---

① 周秋光，曾桂林. 试论近代慈善事业兴起的社会历史背景[J]. 湖南师范大学社会科学学报，2008（04）：121-125.

② 康晓光. 古典儒家慈善文化体系概说[J]. 社会保障评论，2018（04）：99-110.

旁观者视角研究中国文化的国外学者的印象。黑格尔在评价中国传统文化时认为，"中国纯粹建筑在这一种道德的结合上，国家的特性便是客观的家庭孝敬"①。传统文化的伦理特征主要表现为它的主要内容和价值标准都与善恶有关，这在儒释道三家的思想观念中均有体现。慈善家熊希龄认为要从儒释道三家学说中寻找中国自古以来民风淳朴向善的思想根源，"吾国立国最古，文化最先，五千年来养成良善风俗者，莫不由于儒、释、道之学说所熏陶"②。自熊希龄以降，研究中国古代和近代慈善事业的学者基本都沿袭了这个思路，即从儒释道各家的思想融汇而成的传统慈善文化中找寻慈善事业发展的内在驱动力量。

第二节　传统慈善文化内容摘要

本课题所讲的"传统社会"泛指近代社会之前的中国古代社会，一般是以 1840 年鸦片战争为分界点，其主体是自先秦以来到晚清为止的历史时期。中国慈善事业的发展在古代、近代和现代分别体现出不同的阶段性特征，从整体上来看有延续性，但也有两次较为明显的转型。"第一次是由传统向近代转型，发生在晚清到民国时期；第二次是由近代向当代转型，这次转型的起点是 2008 年，而且现在还处于转型之中。"③与之相对应，传统慈善文化指的是中国慈善事业第一次转型之前（即晚清到民国之前）由儒释道各家思想中的慈善理念共同构成的慈善文化。接下来将简要了解传统慈善文化的整体轮廓和主要内容，解决传统慈善文化"是什么"的问题。

---

① [德]黑格尔. 黑格尔历史哲学[M]. 潘高峰，译. 北京：九州出版社，2011：145.
② 周秋光. 熊希龄集（下）[M]. 长沙：湖南出版社，1996：22.
③ 周秋光，王猛. 当代中国慈善发展转型中的抉择[J]. 上海财经大学学报，2015（01）：78-87.

一、儒家慈善思想：仁者爱人

以孔子为创始人的儒家思想形成于春秋战国时期，在中国传统文化中具有不可替代的位置。"中国古代的儒家伦理思想发端于孔子，经孟子的继承发展，形成了以孔孟思想为体系的学术流派，后经荀子的继承发展，其思想更为丰富，到汉代备受统治阶级所推崇，成为对中国历史有着极为重要影响的思想学说。"① 孔孟等儒家思想创始人皆立足家庭伦理阐释人在社会生活中应遵循的道德规范，使儒家思想从一开始就带有强烈的伦理底色，"我国以儒家为伦理学之大宗，而儒家则一切精神界科学，悉以伦理为范围"②。由最容易被人们接受的家庭伦理"事亲"开始，完成到社会伦理"爱众"的逻辑转换，引导人们像帮助自己的家人一样帮助其他人，儒家思想在古代社会伦理慈善的形成过程中发挥了非常关键的推动作用。

作为传统社会里最为重要的显学，儒家学说及其慈善思想构成了中国慈善文化的源头活水，为传统慈善文化贡献了非常重要的"仁"的理念。"爱"是与"仁"如影随形的另一重要理念，但在儒家思想中两者的地位是不同的，"爱"因"仁"而生，所谓"仁者爱人"，尽管两者经常被放在一起统称为"仁爱"理念。孔子是儒家学说的创始人，他毕生都在践行仁爱理念。《论语·乡党》中有记载，"朋友死，无所归，于我殡"，说的是孔子的朋友去世，孔子前去吊唁，还依照礼节行磕头大礼。死者家里很穷，孔子得知情况后不惜出钱出力操办丧事。孔子并不富有，但他却乐善好施，不计回报地救助比他更贫弱的人，这就是他所提倡的"仁"的理念，蕴含着朴素的慈善精神。

由"仁者爱人"而趋"兼济天下"，儒家思想建立了一个由近及远、由亲到疏的秩序型社会。仁爱理念在整个儒家思想体系中起统摄作

---

① 王银春. 慈善伦理引论[M]. 上海：上海交通大学出版社，2015：54.
② 蔡元培. 中国伦理学史[M]. 北京：北京联合出版公司，2014：01.

用，它包含"仁"与"爱"两个核心概念，分别体现着儒家思想在本体论和方法论两个层面上的理论考量。

（一）本体论意义上的"仁"

"仁"字成为儒家思想的核心理念与特定的时代背景有关。春秋末期，周王室走向衰退，原有的社会秩序逐渐消解，风气趋乱，礼崩乐坏。在这样的时代背景下，孔子整合《诗》《书》等上古典籍中的仁爱思想，于乱世之中发微言大义，将道德情感和伦理规范融入一个"仁"字之中，并在此基础上构建起包括仁爱、仁政、民本和大同思想在内的思想体系。据统计，单是在《论语》中，"仁"字就出现逾百次之多，由此可以管窥它在儒家学说中的重要性。可以说，孔子的儒学就是仁学，其本体论即仁学本体论。与西方哲学重视个体的存在及价值，并坚持个体与社会的适度疏离以摆脱各种伦理关系的束缚不同，"儒家的仁学则主张必须重视万物一体，或者说万物的共生共在，万物互相关联，而成为一体。故仁是根本的真实，终极的实在，绝对的形而上学的本体，是世界的根本原理"①。万物一体是最终的本体，任何有形或无形的存在都可以从中找到自己的根源。在这种恢宏的视野中，首先是万物浑然一体，然后才有天地人物万物的内部区分；人作为天地万物的一部分，对待他人他物的态度和方式决定了自己会得到怎样的对待。就这样，坚持万物一体关联的仁学为中国传统慈善文化提供了哲学本体论。

"仁体虽然宏大，却又是亲切表现于人伦日用，事事物物上皆可以见到仁体。"②孔子和其后的儒家思想家通过仁学本体论将人的本质与"仁"字关联起来。《礼记·中庸》里提到，"取人以身，修身以道，修道以仁。仁者，人也，亲亲为大"；《孟子·尽心下》亦有相似表述，"仁也者，人也。合而言之，道也"。在儒家思想中，"仁"与"人"这两个概念是相互定义的，"仁"从本体论的角度揭示了人的本质。从汉

---

① 陈来. 仁学本体论[J]. 文史哲，2014（04）：41-63.
② 陈来. 仁学本体论[J]. 文史哲，2014（04）：41-63.

字构字法来看，"仁"字是个会意字，从人，从二，这意味着"仁"字的含义与两个人（或两个以上的人）之间的关系有关。《说文解字》的作者许慎将"仁"字的语义和字形结合起来解释其含义：仁，亲也，又有兼爱的意思，故从人从二[1]。中国古人造字素有"字从音造，义以音生"的传统，意思是说一个字的字形、含义与这个字的读音密切关联。从读音上来看，"仁"取"人"的读音，二者同音关联；从字形上来看，这个字包含了"二人"的会意，即个体与他人之间的关系，"'仁'正如其字形从人从二一样，其本身就预设了人与他人的关系，并以此为前提"[2]。综合起来看，"仁"字以会意的方式映射了儒家通过它来诠释何以为人的本体论意图。在儒家思想中，人的本质不是由个体独自决定，而是由个体与他人的关系决定的，"仁是两人以上的关系，是两人之间及两人以上之间的非亲属性的亲爱关系，是两人或两人以上相互尊重、关怀的关系。故从仁的存在论或仁的本体论角度看，人的存在本质不是个体的独自生存，人的存在本质必定是人与人的关系，'仁'是人的本质属性"[3]。可以说，生活在社会中的人并不是原子式的孤立存在，每个人都存在于与他人的社会交往和互动关系之中，并通过这种方式被塑造。关系塑造了人，人也塑造了关系，"儒家将人视为人际关系的节点。所有社会成员的人际关系网络就是社会"[4]。正是在这个意义上，梁漱溟将儒家本体论称作"关系本位"或"伦理本位"[5]。儒家思想虽然没有明确提出人的本质属性是其社会属性，但却清晰地表明了个人与社会之间有着不可分离的关系，人的本质是存在于个体与他人的关系之中的，这种观点与两千多年后马克思提出的"人的本质在其现实性上，是一切社会关系的总和"有极大的相似之处。

① 许慎. 说文解字[M]. 北京：中华书局，1963：161.
② 陈来. 仁学本体论[J]. 文史哲，2014（04）：41-63.
③ 陈来. 仁学本体论[J]. 文史哲，2014（04）：41-63.
④ 康晓光. 古典儒家慈善文化体系概说[J]. 社会保障评论，2018（04）：99-110.
⑤ 梁漱溟. 中国文化要义[M]. 北京：商务印书馆有限公司，2021：70-73.

当然，如果断言儒家思想是以今天我们所理解的方式揭示了人与人之间的关系和人的本质，这未免有些武断。然而无论如何，两千多年前的孔子及其后来的衣钵传人还是敏锐地捕捉到了人性要在人与人之间的关系中获得界定，认为人要追求"仁"道，关爱他人，建立人与人之间的关联。"夫仁者，己欲立而立人，己欲达而达人"（《论语·雍也》），人既然不是孤独的自我存在，那就不能只为自我而活，只关注个人的利益得失，而是应该把自我融入与他人的关系之中，融入整个社会之中，在与别人的关系中定位自己，在成就他人的过程中实现自我"仁"的本质。

（二）方法论意义上的"爱"

如何实现"仁"？这是由"仁"的本体论所决定的方法论问题。既然仁是万物一体关联的终极本源，那么接下来要论证的在天地人物万物中建立普遍联系的可行性或方法论，仁学本体论中已经暗含着其方法论原则。"仁学本体论必须建立在万物一体关联的基础之上，这种世界观理解的宇宙或世界是事物密切相关而联为一体，正如'仁'字本身已经包含着个体与他人的联结关系一样，承认他人并与他人结成关系，互相关爱，和谐共生"[①]。从伦理学角度看，仁是儒家致力追求的终极道德境界。"仁"的达致需要建立起鼓励人们广施仁爱的方法论，即"仁者爱人"，"樊迟问'仁'，子曰：'爱人'"（《论语·颜渊》）。"爱人"是实现仁道的方法论，也是儒家建构大同世界理想社会的方法论基础。

首先，"爱"可以使善的"仁"道转化为善的行动。儒家思想认为人生来具有仁爱之心，这是人类普遍具有的本性，"性相近也，习相远也"（《论语·阳货》），但这只是说人具有达致善境的潜能，并不意味着人可以消极无为地达到至善之境。自古以来，真正能以"仁"为终极价值目标去亲身实践的人并不多，故孔子感慨"吾未见好德者如好色者也"（《论语·子罕》），孟子感叹"人之异于禽兽者几希"（《孟子·离娄

---

① 陈来. 仁学本体论[J]. 文史哲，2014（04）：41-63.

下》）。由此可见，儒家思想的创始人不仅重视构建伦理道德规范，而且也非常重视身体力行的道德践履；儒家思想不仅在描述世界，而且在推动改变世界。儒家思想家试图表明，小到个人追求，大到大同世界，人只有通过不断将致善的潜能转化为致善的举动，方能将其转变为现实。

其次，"爱"是建立社会秩序的直接动力。孔子认为以"爱人"为方法的"仁"道精神的丧失必然会体现为社会秩序的混乱。相比较解决其他社会问题，解决礼崩乐坏导致的秩序混乱更为紧迫，因为大逆不道的僭越行为会加剧"仁"道精神的流失。对于老百姓，则要实现爱人、立人、达人，"君子学道则爱人"（《论语·阳货》），广义上的"己"是"仁者爱人"道德践履的起点。"夫仁者，己欲立而立人，己欲达而达人。就近取譬，可谓仁之方也。"（《论语·雍也》）"仁者爱人"始于父母兄弟等身边之人，终点是他人与社会，由近及远，由亲到疏，形成差序格局。"爱人"要从"孝悌""忠恕"做起，孝悌是为仁之本，忠恕是成圣之道，以孝悌之心对待父母，以忠恕之道对待他人，并在此基础上形成纲纪。"纲纪学说，如果运用得法，可能调节秩序，可以加强安定团结"[①]，使社会状态趋于稳定。

儒家思想揭示了人类生活在社会中，通过人与人之间的互动而生存的本质规律。从人类社会生活的现实过程来看，人与人之间进行互动的方式有很多种，既有各种矛盾、对立和冲突，也有友爱、支持与合作，人类在这些关系中求取平衡，生存发展。虽然儒家思想将"爱人"建构为自身哲学的方法论有较强的理想主义色彩，但从大方向上来看仍然不失其合理之处，因为从长远来看，人类社会的进步确实是建立在人与人之间相互友爱、相互支持与相互合作的基础之上的。

（三）推行仁政：济众惠民以保王祚

儒家以"仁"为终极追求，这不仅体现在人与人之间的关系上，也体现在社会的政治统治理念上。孔子将"仁"作为对统治者执政的要

---

① 季羡林. 季羡林文集[M]. 南昌：江西教育出版社，1998：502.

求，认为统治者应当"节用而爱人，使民以时"。儒家推崇的上古圣王商汤和周文王都是因为推行仁政而实行王道的人，即"以德行仁者王"（《孟子·公孙丑上》）。《管子·轻重法》中记载商汤曾经亲自主持赈恤饥寒，"饥者食之，寒者衣之，不资者振之，天下归汤若流水"，因此民心所向的商汤才能够在开朝不久实力尚弱的情况下成功灭夏。同样，周王朝的奠基者周文王"受命作周"，他仁心宅厚，广施恩泽于百姓，因为"怀保小民"，轻徭薄赋，顾养百姓，故能得百姓之民心，保王祚之长久。"文王在上，於昭于天。周虽旧邦，其命维新"，接受天命开辟伟业，同时又将百姓放在心上的周天子，怎么可能不让人产生追随之心呢？

君王应当胸怀"仁"道，关爱子民，顺应民意。孔子的"仁"学对君王最低限度的要求是"使百姓无冻馁之虞"。如果君王不断地"博施于民而能济众"，就能实现"君子存仁以全其天德，而推行之天下，移风易俗，以纳斯民于睦亲和逊之中"①。孔子称赞齐相管仲协助桓公实现国富兵强的过程体现了"仁"的精神，"桓公九合诸侯，不以兵车，管仲之力也。如其仁，如其仁！""管仲相桓公，霸诸侯，一匡天下，民到于今受其赐。微管仲，吾其被发左衽矣。"（《论语·宪问》）孟子发展了孔子的"仁"学之说，提出"仁政"思想。除了主张"得民心者得天下"以外，孟子还主张"民贵君轻"，并将其作为自己仁政思想的核心。儒家仁政思想富有民主主义色彩，虽然主观上是为了警醒统治者，宽厚待民、施以恩惠才能争取民心，但在客观上有利于保障民生，形成稳定的社会秩序。

儒家思想进一步阐述了施行仁政的具体举措。孔子欣赏周武王的一句话"民食丧祭"，并以此告诫弟子，治理一个国家只需要做好几件大事：第一要重视民众；第二要让民众有所食，吃饱穿暖；第三能让民众安心办好丧事，做到善终；第四是让民众不愁祭祀祖宗，解决中国人历

---

① 王夫之. 船山全书第七册[M]. 长沙：岳麓书社，1996：86.

来重视的"追远"问题。子贡向孔子请教如何为政时,孔子回答一要足兵,二是要足食。足兵,是为了让国家强盛免受外侮;足食,则是为了让百姓富裕安康。两者一定要排序的话,孔子认为"足食"更重要,也就是说让老百姓的生活有基本保障更为重要。与孔子强调"庶民""富民""教民"的重要性相似,孟子将"饱食""暖衣""逸居""有教"看作需要统治者推行仁政来解决的基本问题。

行仁政者天下无敌。在孔子看来,济众惠民是"君子四道"之一。所谓君子四道,是指"其行己也恭,其事上也敬,其养民也惠,其使民也义"(《论语·公冶长》),其中"养民也惠"便是君主仁爱惠民的意思。孟子充分发扬光大仁政思想,认为统治者推行仁政是保王祚长久的无敌之策。成语"仁者无敌"出自《孟子·梁惠王上》,孟子给梁惠王献策,主张实行仁政,给老百姓少收税赋、减免刑罚。在孟子看来,体恤民生之不易,对百姓心怀慈悲,方能赢得民心;有了百姓的众志成城,才能做到坚不可摧。孟子说,"得天下有道:得其民,斯得天下矣;得其民有道:得其心,斯得其民矣;得其心有道:所欲与之聚之,所恶勿施尔也"(《孟子·离娄上》),大意是说"获得百姓的支持就是获得天下的方法;获得百姓支持的方法是获得民心;获得民心的方法就是替他们聚积他们所希望的,并且不要把他们所厌恶的加到他们头上"。"使仰足以事父母,俯足以畜妻子;乐岁终身饱,凶年免于死亡"(《孟子·梁惠王上》),老百姓有固定的产业、稳定的收入,就会有坚定的信念、稳定的思想。"民之为道也,有恒产者有恒心"(《孟子·告子上》),君主首先要解决百姓的生存问题,然后再对他们进行道德教化,这样才能最终实现国家和社会的安稳无虞。

因其逻辑的自洽性、伦理的相关性以及它对维护君主统治制度而言的工具性价值,以孔孟观念为代表的儒家思想逐渐成为封建社会里的显学。西汉初期,汉武帝采纳董仲舒的建议,实行"罢黜百家,独尊儒术",使儒家思想成为封建社会的正统学说,孔孟的仁爱和仁政思想得到进一步的阐发和宣扬。董仲舒认为帝王要做到"内爱百姓,问疾吊丧"，解决"供设饮食，候视疢疾，所以致养"（《春秋繁露》）；及至唐宋时期，韩愈、张载等儒学大家将孔孟的"仁者爱人"慈善观继续往前推进一步，韩愈主张"博爱为仁"，张载则提出"乾坤父母""民胞物与"，部分地克服了儒家慈善伦理原有的"爱有差等"的局限性，走向更为宽泛无别的博爱乃至天下一家的大爱。

"仁者爱人，有礼者敬人。爱人者，人恒爱之，敬人者，人恒敬之"（《孟子·离娄下》），当儒家思想成为持久浸润人心的文化力量时，民间的仁爱慈善观就会逐渐形成并发挥作用，"民间社会正是由这种仁爱慈善观衍生出尊老爱幼、慈孝为怀、邻里相帮、济人危难、助人为乐等中华民族优秀的道德品质，进而促成了中国民众乐善好施习尚的形成"[①]。在古代社会的不同历史时期，官员、儒商、乡绅乃至仕子投身慈善事业的佳话不断，他们以实际行动诠释了对儒家慈善思想的认同和坚守。

二、道家慈善思想：善恶有报

道家思想在中国传统文化中占有重要的位置。"道家之源，出于老子"，道家慈善思想最典型的代表人物是先秦时期的道家创始人老子和其后的庄子，两人并称"老庄"。老庄道家思想里丰富的慈善理念深刻影响着信众对善恶的判断和对行为的选择，经过魏晋时期的葛洪、唐宋时期的孙思邈等道教名家的继续阐发宣扬，加之统治阶层的雅好和上层士族的推崇，道家思想宝库进一步得到充实和丰富。在传统社会儒家学说占据统治地位的情况下，道家思想能长期保持活跃并在民间产生深远影响，一定有其背后的原因。李约瑟认为道家与儒家的影响力相比并不逊色，"儒家和道家仍然是笼罩中国人思想的两大主流"[②]。从整体上看，儒道两家的慈善思想并无根本冲突，相反，两者还存在微妙的共通

---

① 周秋光.近代中国慈善论稿[M].北京：人民出版社，2010：4.
② [英]李约瑟.中国古代科学思想史[M].陈立夫，译.南昌：江西人民出版社，1990：197.

之处，儒道合流充分说明双方存在共同的核心价值。"道教'积德行善'说同儒家的仁爱说义理相近，都蕴含着善待他人、造福民众的思想"①，这两个流派共同提倡的敦厚美德之间相互融通、相互呼应，共同强化了中国慈善思想根深蒂固的伦理道德基础。

（一）善恶有报：道家慈善的核心观念

任何理念都不是凭空产生的，道家慈善思想受殷商乃至西周时期善恶观念的影响极大。上古时代的殷商时期已经存在"积善余庆，积恶余殃"的理念，它来自《易传·坤·文言》里的古训"积善之家必有余庆，积不善之家必有余殃"。祥殃之说在《尚书·商书·伊训》中也有记载，"惟上帝无常，作善降之百祥，作不善降之百殃"。祥殃之说宣扬善恶有报，宣称行善会积德福泽自己及后代，作恶多端则不仅会招致祸事更能殃及后代子孙。道家传承光大了上古遗风，同时又结合道家思想进行了世俗化阐释，强化了善恶有报的理念，迎合了大众心理，因而更容易被普通民众接受。

道家提倡行善积德，宣传善恶有报、赏善罚恶。道家始祖老子研读易经，颇受启发，他非常崇尚"赏善罚恶、善恶相报"的道德理念。老子提出"天道无亲，常与善人"（《道德经》），意思是说上天不问亲疏，对每个人都一视同仁，并不偏向任何人。明白天道的善良之人总能获得上天的眷顾，所以人世间有德的善人应依照"道"的规律，"居善地，心善渊，与善仁，言善信，正善治，事善能，动善时。夫唯不争，故无尤"（《老子》），不争不抢善待众生，方能获得老天意想不到的善待。

老子之后，庄子将"天道"思想继续向前推进，一方面将向善去恶视作顺应天道的行为，另一方面宣扬人可以通过做善事而得"道"成为"真人"，即所谓"计兼于事，事兼于义，义兼于德，德兼于道，道兼于天"（《庄子·天地》）。与老子相比，庄子更擅长将深奥的道理寓于

---

① 贺建芹. 青岛市志愿文化体系建设及历史渊源研究[J]. 青岛职业技术学院学报，2018（02）：15-19.

浅显的寓言故事中，主动迎合老百姓对"善恶有报、赏善惩恶"的现实需求。庄子生活在社会动荡、民不聊生的战国中期，身处乱世的人们连安身立命都难以实现，更罔顾其他。庄子告诫人们即便如此也要顺应天意，向善而行，"缘督以为经，可以保身，可以全生，可以养亲，可以尽年"（《庄子·养生主》）。意思是说顺天意而为的积德行善之人能够有较好的回报，可以保全自身，保持生性，颐养新的生命活力，尽享天年。从这一点上来讲，庄子洞悉人性，主动迎合百姓对敏感问题的关注，有针对性地消除他们对善恶有报观念的疑虑，因此更容易打动道家信众。

善恶有报不止体现在老庄的思想中，几乎所有道家经都强调这种理念。"人行善恶，各有罪福，如影之随形，响之应声""施恩布德，世代荣昌""积功累仁，祚流百世"，诸如此类的教义经由道家弟子向普通百姓灌输和渗透，逐渐成为影响人们进行行为判断和选择的宗教伦理律令。

（二）身体力行：道家慈善的行动纲领

与儒家相似，道家也强调道德践履的重要性。老子反对只夸夸其谈而放弃自我要求。在《老子》第六十七章中有这样的自勉："我有三宝，持而宝之。一曰慈，二曰俭，三曰不敢为天下先。慈故能勇；俭故能广；不敢为天下先，故能成器长。今舍慈且勇，舍俭且广，舍后且先，死矣！夫慈，以战则胜，以守则固，天将建之，以慈垣之。"这段话体现了老子所恪守的三种行为规范，第一是慈，第二是俭，第三是不为天下人之先。慈能使人勇敢，俭能使人生活富足，不为天下先的谦卑谨慎则可以让人终成大器。三宝之中慈为先，如果放弃慈，人就会走向穷途末路。相反，有了慈善之心，就能做到战则胜、守则固，因为上天将以善心护卫慈善之人，拯救其于危难之中。

老子特别重视圣人对道德理念的践履。他提出"圣人常无心，以百姓心为心。善者，吾善之；不善者，吾亦善之；德善，信者，吾信之；不信者，吾亦信之。歙歙焉，为天下浑其心。百姓皆注其耳目，圣人皆孩之"（《老子》第七十九章），意思是说圣人要以凡人之心为自己的心意，要以善心善行对待那些居心行为不善之人，进而感化他，使之成为善良的人；如果人们都从善如流，那整个天下就会走向至善之境。圣人的作用是立于天下，以收敛谨慎的言行让百姓心灵变得纯朴，像孩童一样专注于自己的视听。

老子支持圣人之治，认为圣人可以终止苛政。苛政的存在是因为统治者不体恤老百姓的困苦，不仅如此，还"损不足以奉有余"，使得老百姓原本就已困苦的生活雪上加霜。有道的圣人统治必效仿自然，"损有余而补不足""能有余以奉天下""圣人不积，既以为人己愈有，既以与人己愈多"。圣人不计较个人财富的积累，为老百姓奉献越多，内心越是感觉满足；给老百姓的越多，越是觉得自己富有。圣人之治乃是慈善之治，也是遵循天道之治。"天之道，利而不害；圣人之道，为而不争。"天之道也就是自然之道，造福万物而不加害于它们，圣人要遵循天之道施治，造福百姓而不争名邀功。

先秦道家的观点多有相似之处，尤其是老庄之间。从慈善理念到慈善践履，庄子都有与老子相似的观点，他认为"为善无近名"，即指人们应当默默行善，不要因贪图名声才付诸善行。另外，两者都对未来的理想社会有过描述和向往。老子对统治者不顾百姓死活的苛政表达了强烈的谴责，"民之饥，以其上食税之多，是以饥；民之轻死，以其上求生之厚，是以轻死"。老子认为要改变现状，贤者圣人就得实行无为而治，"圣人之道，为而不争""能有余以奉天下"，这里所说的"不为""不争"，指的是出于不利己的想法去造福百姓，让百姓安居乐业，"甘其食，美其服，安其居，乐其俗"（《老子》），才能出现一个民风淳朴的理想社会。庄子虽然隐居林泉，但也设想过与天地万物神游的自然和谐境界。至于如何达到这种境界，庄子寄希望于为政者的"爱人利物"，接济抚恤困难百姓，实现"富而使人分之"（《庄子·在宥》）。

（三）借力宗教：道家慈善理念的迅速传播

道家思想不断丰富发展，先后融入了战国邹衍的方仙之术、西汉董仲舒的天人感应学说和其后的谶纬神学，最终在东汉之际蜕变为一种早期道教——黄老道。糅合先秦诸子学派思想的《太平经》是黄老道的早期经典，其重点内容是宣传善恶有报的思想，其中也夹杂着对理想社会的描绘。"为实现太平社会，它要求道众敬奉天地，遵守忠、孝、慈、仁等宗教伦理道德"①，《太平经》提出的"承负说"强化了善恶报应观点，并将报应对象范围扩大到当事者的后世子孙，简单地说就是祖宗积善行德将福泽其后世子孙，反之，若祖宗为恶多端，则其后世子孙必被殃及。"这种思想，在以血缘关系为纽带的中国封建社会，对于提倡扬善惩恶自有其特殊意义。"②受"承负说"的影响，自两汉以来，许多道教信众出于修阴功的目的广行善事，宗教慈善风气渐隆。

道教是中国的本土宗教，它的蓬勃生命力归根结底来自教义中无处不在的劝善思想。道家积功累仁、善恶有报的理念本来就很贴合民众诉求，加上各种劝善典籍的大量印制和流传阅读，使得道教理念更加深入人心。若论劝善名书，则非道家《太上感应篇》莫属。《太上感应篇》出现在北宋年间，通篇只有千余字，主要内容是宣扬行善善报，行恶恶报，并罗列出善恶作为及其不同后果来引导人们趋善避恶。如果选择行善，则"人皆敬之，天道佑之，福禄随之，众邪远之，神灵卫之，所作必成，神仙可冀"；如果选择作恶，则"人皆恶之，刑祸随之，吉庆避之，恶星灾之，算尽则死"。"这种以行恶遭祸减算、损害现实利益的劝诫，对于重视现世利益，希求福寿的中国人来说，具有很大的吸引力。"③南宋时期，宋理宗赵昀为此书御笔亲题"诸恶莫作众善奉行"，并钦定理学大家真德秀作序和跋，大力推广传播这本书的劝善内容。及至元代，温怀仁根据官方授意对此书进行刊刻，并提出要"与四方善人因是篇也，日加修省"。到了明朝，世宗皇帝亲自为其作序，期望通过这本书"不但扶翼圣经，直能补助王化"。清朝时期的顺治帝撰写《劝善要言》时，其内容和观点主要参考了《太上感应篇》。在历朝历代权力高层的推

---

① 周秋光. 近代中国慈善论稿[M]. 北京：人民出版社，2010：11.
② 周秋光. 近代中国慈善论稿[M]. 北京：人民出版社，2010：11.
③ 周秋光. 近代中国慈善论稿[M]. 北京：人民出版社，2010：13.

波助澜中，这本书一度供不应求。越来越多的刊刻加注释，使《太上感应篇》备受关注，甚至成了奇货可居的畅销书，这种情况一直延续到民国时期。毫不夸张地说，这本"遍于州县、充于街衢"的劝善书从上到下地影响了传统社会慈善意识和慈善行为的形成。

三、佛家慈善思想：慈悲为怀

西汉末年，佛教自印度传至中国，它所包含的慈悲为怀、行善劝善的理念与中国传统文化颇为契合。通过与儒道思想的不断融合，佛教初步奠定了传播教化基础，并最终成为本土化最为成功的外来宗教。佛教传入中国后被赋予鲜明的伦理特征，有学者认为，"我们认为已本土化的中国佛教实际上是一种劝导人们止恶从善，避恶趋善的伦理宗教。它以兴善止恶，改恶迁善为佛法之大端，要求断一切恶，修一切善，在慈善的伦理价值的层面上规范人们的心理动机和行为倾向，督促人们在社会生活和个人生活中内省律己，克服私欲，去恶从善，培育高尚的人格情操"[①]。佛家主张善恶心性论、大慈大悲的"不二法门"，提倡广结善缘、广种福田的布施之道，宣扬因果报应的轮回之说；理论引导和行为规范相互结合催生出佛教两千多年惠泽民众的慈善实践。佛教在抑恶扬善、劝善化俗方面发挥着颇具影响的社会功能，为传统社会慈善事业发展贡献了力量。

（一）善恶心性与"不二法门"：理论基础与价值选择

在理论方面，佛家的善恶心性论为其慈善思想奠定了理论基础。善恶这对范畴在印度佛教中最初指的是心性的"净"与"染"，判断心性的净与染要看是否合乎佛理佛法，"顺理为善，违理为恶"[②]，这是佛法中对人心性善恶的最初判断标准。佛家讲"十善十恶"，十恶与十善是完

---

① 周秋光．近代中国慈善论稿[M]．北京：人民出版社，2010：16、17．
② 王月清．中国佛教伦理研究[M]．南京：南京大学出版社，1999：27．

全对立的。"杀、盗、淫、妄语、绮语、两舌、恶口，乃至贪、嗔、邪见，此名十恶。十善者，但不行十恶即是也。"①十恶是现世生活中最常见的人性之恶，不沾染十恶才能保持心性的清净。如果心性不净，则要改过积德，恢复心性的清净。善恶之说对于入门修习佛教之人具有明辨方向、择善弃恶的引导作用，因而是佛家理法中最基础的理论观点。

大慈大悲的"不二法门"是佛家慈善思想的重要价值观念。从慈悲施与对象来看，要求佛教徒有"慈悲"精神，就是要求他们以纯粹的友爱之情和同情之意哀怜他人，"慈爱众生如己身"，这是一般意义上的慈悲，其对象是人。所谓的大慈大悲则是把慈悲对象的范围无限扩大，扩展到一切世间众生，不止人类，还包括其他一切有生或无生之物，"草木国土，悉皆成佛"，大慈大悲，不分对象，是"无缘之爱"，即不夹带任何私心杂念的大爱。佛家要求以慈悲之心待人，也以慈悲之心待物。不二法门，是说除了无条件无缘由地慈悲怜悯芸芸众生以外，并没有摆脱肉体束缚、见性成佛的其他途径。所谓"不二"，实则唯一。从"慈"与"悲"的施与结果来看，佛家的慈乃是爱，即给予，无论是物质的还是精神上的；悲即怜悯和同情，是去除，带走不安和痛苦。佛教经典《大智度论》卷二十七有段解释大慈大悲的话语，"大慈与一切众生乐，大悲拔一切众生苦。大慈以喜乐因缘与众生，大悲以离苦因缘与众生"。在佛家的修行理念中，慈悲情怀至关重要，佛教徒能修行到什么程度首先取决于修行者是否具有慈悲之心。以慈善之心，行普度众生之事，方能获得佛家的智慧，菩萨如此，佛亦如此。在佛教中，"佛"也可以用作动词，这个词本身就包含着"普度众生，脱离生死轮回"之意。

（二）因缘业报：佛家慈善的动力源泉

因缘业报说也叫"果报论"，是汉化佛教用以劝善化俗的理论观念，是佛家慈善的动力源泉。南北朝时期，东晋著名高僧慧远以《阿毗

---

① 尚海，傅允生．四大宗教箴言录[M]．北京：中国广播电视出版社，1993：322．

昙心论》中的偈语"若业现法报,次受于生报,后报亦复然"为依据,撰写了《三报论》,"业有三报:一现报,现做善恶,现受苦乐。二生报,今生作业,来生受果。三后报,或今日受业,过百千生方受业"①,这应该是对三世轮回因果报应最为完整的阐释。善恶行为具有在时空中前后相承并延续下去的潜在力量,不断积聚成为"业力",并最终为行善或作恶的人带来或好或坏的因果报应。佛教讲的因果报应不仅仅影响当代,也会影响来世甚至后世。善因善果,恶因恶果,业报轮回说对作恶之人具有强大的震慑力和约束力,同时又能对积德行善之人产生较大的吸引力:今生广修善德,可保来世升入天界;今生弃善行恶,来世则要堕入地狱。佛教的业报轮回说加上对美好天界和暗黑地狱的宣传,足以使上至朝廷权贵阶层,下至民间普通百姓心生敬畏,一旦成为虔诚的佛教信徒便会自觉地将避恶趋善、戒恶行善作为自己的行为规范。

佛教之所以能成为本土化最为成功的外来宗教,其根本原因在于因缘业报说与儒道两派学说相关内容的互相兼容。在道家文化里存在善恶有报的观念,佛教宣传因果有报,与道家学说相互融合,两者的传播教化都有较好的民间群众基础,老百姓易于接受。"倾家财,发善意,其功德巍如嵩泰,悠悠如江海矣。怀善者应之以祚,挟恶者抱之以殃,未有种稻而得麦,施祸而获福也"②,如果没有特别说明,很难判断这是道教的善恶有报说还是佛教的因果有报论。再看儒家学说,儒家提倡做德行高尚之人以"仰不愧于天,俯不怍于人"(《孟子·尽心下》),且提倡"崇德报功"(《尚书·武成》),即尊崇敬重那些有德行的人,回报那些有功劳的人,"报"即报答、回报或酬报。如果换个角度再来看儒家学说中"德报德,以直报怨"的观点,似乎也能解读出些许新意。《论语·宪问》里记载有人问孔子,"以德报怨,何如?"孔子回答说,"何以报德?以直报怨,以德报德"。如果不是站在受动者而是使动者的角

① 尚海,傅允生.四大宗教箴言录[M].北京:中国广播电视出版社,1993:316.
② 尚海,傅允生.四大宗教箴言录[M].北京:中国广播电视出版社,1993:316.

度，就可以理解为"善有善报"或"以眼还眼，以牙还牙"。总之，行善或作恶均有对应的回报，且弃恶莫若扬善，离过莫若积德，儒释道三教合流于此，构成传统慈善文化的主要内容。

（三）广种福田：佛教的慈善实践

因果报应的轮回之说是佛家慈善的动力源泉，在其影响之下佛教信徒纷纷投身于修善和行善之中。修善的目的是明善辨恶，除了要做到前面所述十善十恶的标准外，佛法对信徒还有严格的要求，即要求他们做到"修三福""持五戒"。具体地说，"修三福的具体内容有：一是奉事师长，慈心不杀，修十善业；二是受持众戒，不犯众仪；三是发菩提心，深信因果，读诵大乘，劝行善事。五戒，即戒杀生，戒偷盗，戒邪淫，戒饮酒，戒妄语"[①]。当然，除了佛教徒"修三福""持五戒"以外，一些信奉佛教的民间善男信女也用这些要求规范自己的行为，如不杀生而坚持吃素，或者建放生池而行放生、戒偷盗而施舍等，这些民间慈善行为自古至今仍然普遍存在。

修善与行善的区别在于，前者偏向于内心的自我规范和自我修习，而后者则是行动起来帮助芸芸众生。从魏晋南北朝开始，在佛教慈善理念的影响以及统治阶层的支持下，宗教慈善获得更大的发展空间。除了由寺庙主持的慈善活动规模不断增加以外，社会上的善堂、义局等专门慈善机构也交由僧侣负责管理。除了僧尼、居士以外，许多普通百姓也投身于佛教慈善中，通过布施和修福田等最常见的佛教方式行善积德。"布施"一词来自大乘佛教，"言布施者，以己财事分布与他，名之为布，惙己惠人，目之为施"（《大乘义章》）。所谓布施，通俗地说就是行善之人对贫苦之人的慷慨接济。常见的布施方式有三种，其一曰财施，即用财物惠施众生；其二曰法施，一般指出家人以正法劝人修善断恶；其三曰无畏施，即竭尽所能去消除别人的恐怖畏惧。所谓修福田，是

---

① 周秋光. 近代中国慈善论稿[M]. 北京：人民出版社，2010：14.

"将行善比作农民耕种农田必有收获，多行善事在前，回报即会在后"①。隋唐以后佛教在中国的发展步入鼎盛期，相应地，佛教慈善事业也不断发展。到了唐宋时期，佛教的行善方式更加多元化，信众们遵循"能为众生做大利益，心无疲倦"（《大宝积经》语）和"诚无懈怠，横求善事，利益一切"（《法华经》语）等佛教诫训展开各种形式的赈济、医疗、育婴、养老等慈善活动，在纾解民生难题、提供社会救济、维护社会稳定等方面发挥了重要作用。

概括起来说，"慈善这一概念共存于儒学、佛学、道学之中，三大文化体系基于各自理论对'慈善'进行的阐释与阐发，使'慈善'的内涵在社会实践与文化演进的过程中获得极大丰富"②。当然，儒释道三家的慈善思想是传统慈善文化中最具代表性的部分，但这并非是说传统慈善文化只体现在儒释道三家的学说中。实际上，其他学派（如墨家和法家）的慈善思想也很有代表性。墨家学派多出身于社会底层，"他们对包括小生产者在内的社会下层劳动人民的生活处境和苦难有着非常深刻的体会"③，一直主张以"兼相爱，交相利"的原则来改变"若国之与国之相攻，家之与家之相篡，人之与人之相贼"的乱象，实现"兼爱""非攻"的社会理想。墨子认为每个人都要承担"兴天下之大利"的责任，"有力者疾以助人，有财者勉以分人，有道者劝以教人。若此，则饥者得食，寒者得衣，乱者得治。若饥则得食，寒则得衣，乱则得治"（《墨子·尚贤下》）。与儒家所主张的差序之爱不同，墨家认为应当远施周遍，实现"兼爱天下之博大"。法家几位主要代表人物商鞅、李斯和韩非的观点并不完全相同，商鞅主张政府要通过引导富人散利疏财实现对穷人的救助帮扶；韩非则认为单纯的救助会助长淫佚懒惰风气，即便要实施救助帮扶也需要通过制度加以规范，并借助强制性手段消除受助者的懒惰思维，从根本上解决冻饿问题。尽管法家的思想家在具体观点上

① 刘少雄，周淑华，刘晓俊. 中国慈善文化与养生[M]. 北京：中医古籍出版社，2016：45.
② 安树彬，赵润琦. 当代慈善学[M]. 西安：陕西人民出版社，2017：10.
③ 甄尽忠. 先秦社会救助思想研究[M]. 郑州：中州古籍出版社，2008：180.

有分歧，但整体上还是达成了共识，即认为国家为了实现民心所向应当"惠民"，要通过加强仓储备荒等救济措施承担慈善责任。

通过对传统文化的粗略梳理可以发现，中国慈善文化源远流长，先秦诸子百家的思想中都包含了丰富的慈善元素。儒家的仁爱思想、道家的善恶有报、佛教的慈悲为怀、墨家的兼爱交利等共同交汇，构成了传统慈善文化的主流。更重要的是，尽管中国传统慈善文化源出多头，但相互之间并不根本冲突，而是在差异中并存，在包容中互补，在协同中发展，在保持主流的"和善""亲善""友善"基调不变的前提下不断增添新内容，完善其形式。"亚东开化中国早"①，传统社会相对完善的文化教育体系将"善"的文化基因内植于中国人的思想血脉，外化于中国人的言行举止。扶贫惜弱、济困救难成为中华儿女日用而不觉的价值观念、思维方式和行为规范，也成为涵养和培育古代慈善事业的精神力量。

第三节　传统慈善文化涵养古代慈善事业

文化与社会的发展之间并不是单向度的关系，而是相互作用、相互影响，传统慈善文化与古代慈善事业之间的关系便是如此。一方面，传统慈善文化涵养和培育了古代慈善事业，为其提供了坚实的理论基础和浓厚的慈善氛围；另一方面，古代慈善事业的发展又丰富了传统慈善文化的内容，促进慈善文化的成熟、完善和提升，两者之间双向促进、互联共生。

一、影响古代慈善事业发展的主要因素

当自发的、临时性的慈善活动发展到一定规模并逐渐常态化以后，

① 1912年，推翻清朝政府统治后，在南京成立的中华民国临时政府颁布的《中华民国国歌》中，首句便是"亚东开化中国早，美追欧，旧邦新造"。

慈善事业便出现了。按照慈善主体的不同，中国古代慈善事业可细分为民间慈善、宗教慈善和官办慈善，三者发展状况并不平衡。尽管道教、佛教在中国古代慈善发展史上起到过一定的促进作用，在特定历史阶段宗教力量甚至是慈善事业发展的主要动力，但与西方社会相比，宗教并不是中国慈善事业贯穿始终的推动力量。此外，民间慈善与官办慈善相比，无论是在救助规模还是救助水平上都处于相对弱势的地位。在中国古代社会中，官办慈善比宗教慈善和民间慈善运行更为稳定，持续发展更有保障，国家介入是中国古代慈善事业的最大特点。据《周礼·地官》的记载，早在西周时期就已经出现了专门的官方机构和职务负责对民间施以惠政。"司救……凡岁时有天患人病，则以节巡国中及郊野，而以王命施惠。"[1]

中国慈善事业起步较早，甚至可以说中国是世界上最早发展慈善事业的国家。1912年，朱友渔在其博士论文《中国的慈善事业精神》中专门对中国古代慈善事业发展及其与慈善文化之间的关系进行过相关研究。在欧洲文明的起源地古希腊和古罗马，一直到公元3世纪才出现关于慈善行为的记载。西方国家在近代现代慈善领域领先于中国，但就近代之前的古代慈善事业发展而言，中国是长期领先于西方社会的。

客观地讲，中国古代慈善事业的发展与多方面的因素有关，其中最重要的影响因素有两个：一是当时的经济发展水平，或曰生产力发展水平，二是社会慈善文化发展状况。

任何一项社会事业的发展都离不开物质基础，慈善事业也不例外。"慈善问题归根结底，既是一个社会问题，也是一个经济问题。也可以说，慈善主要是通过经济捐赠手段解决社会问题。"[2]慈善事业发展首先要受社会经济发展水平的制约，只有当社会生产发展到出现剩余产品之后，人们才有能力去帮助那些有物质需求的弱势群体，此时物质帮助

---

[1] 周秋光，曾桂林. 中国慈善简史[M]. 北京：人民出版社，2006：28.

[2] 李文臣. 慈善论：理论慈善学研究[M]. 北京：中国书籍出版社，2020：35.

才具有捐赠的社会意义。狭义的慈善最初就是以捐赠衣物和食物等物质资料的形式出现的，直到后来才出现既包括捐赠物质资料也包括捐赠富余劳动的广义慈善。无论是哪种慈善形式，都应当是在捐赠者能够解决自身及其家庭成员的生存问题这一前提下对社会其他成员提供的额外奉献。在传统社会里，慈善对象一般都是缺少基本生活物资的个人或群体，所以古代慈善行为多直接与"养"挂钩，"饥则食之，寒则衣之，疾病侍养之，死丧葬埋之"（《墨子·兼爱下》）。后来社会生产发展到一定阶段后慈善救助才能够在"养"的同时开始重视"教"，实现"养""教"并举。

慈善事业发展史证明，生产力水平越高，经济发展状况越好，人们的慈善意识越成熟，慈善事业就越发达；反之，生产力水平越低，经济越是欠发展，人们的慈善意识越不成熟，慈善事业发展就越是滞后。就慈善事业发展的一般状况而言，发达国家优于发展中国家；在同一个国家内，发达地区优于欠发达地区，经济发达时期优于经济萧条时期。社会经济发展为慈善事业提供必要的物质基础，慈善事业发展情况则是社会经济状况的晴雨表。中国慈善事业起步早，民间慈善氛围浓郁，这与农耕文明时代中国的生产力发展水平和经济社会发展状况长期领先于其他国家和地区有关。中国古代慈善事业于先秦之时发轫，两汉时期进一步发展，唐宋时期逐渐成熟，到了明清则趋于鼎盛。从发展轨迹上来看，古代慈善事业发展的高峰期与封建时代几个历史鼎盛期基本吻合，这也验证了经济发展水平与慈善事业发展状况之间的正相关关系。

按照马克思主义的观点，一定社会形态下的生产力或经济发展水平决定着与之相对应的文化的发展状况，文化作为"人们物质行动的直接产物"[①]，"归根结底是由人们的物质生活条件决定的"[②]，"思想、观念、意识的生产最初是直接与人们的物质活动，与人们的物质交往，与现实生

---

① 马克思恩格斯文集（第1卷）[M]. 北京：人民出版社，2009：524.
② 马克思恩格斯文集（第4卷）[M]. 北京：人民出版社，2009：309.

活的语言交织在一起的。人们的想象、思维、精神交往在这里还是人们物质行动的直接产物。表现在某一民族的政治、法律、道德、宗教、形而上学等的语言中的精神生产也是这样"①。传统慈善文化是古代社会人们之间的物质关系在观念上的表现，它以思想观念的形式反映了当时社会的生产力和经济发展水平。由此可以推论，一定社会的经济发展也决定着慈善文化的发展。

由一定社会形态下的生产力发展水平所决定的慈善文化与慈善事业的发展之间也存在着密切的双向互动关系。单就慈善文化对慈善事业发展的作用来说，慈善文化可以为慈善事业的发展持续提供理论基础、制度支持和价值涵养，其影响非常深远和持久。

二、传统慈善文化的特征

在中国传统文化中，儒释道墨法等"各流各派虽在表述上各不相同，然义理相近，都含有救人济世、福利民众等诸多丰富的慈善理念，构成了中国社会慈善事业兴起、发展的思想渊源和理论基础"②。儒家学说是传统文化中最重要的组成部分，本书选取儒家慈善思想为样本来分析传统慈善文化的特征，主要出于三个方面的考虑：其一是为了行文表述方便；其二是考虑到儒家学说、儒家慈善文化所具有的独特地位。儒家学说之所以是传统社会其他学派不可取代的权威思想，抛开"以维护礼制为出发点"③的政治原因，主要还是因为其体系的完备性、逻辑的自洽性和传播普及的有效性。儒家慈善思想较为典型地反映着传统慈善文化的主要特征。其三是儒家思想体系具有开放性，它不断接纳和融入其他学派的新鲜观念，其体量已经远远超越最初的孔孟之道，兼具不同学派的思想内容。从以上三个方面综合考虑，本书选择以儒家慈善思想为例基本上能说明传统

① 马克思恩格斯文集（第1卷）[M]. 北京：人民出版社，2009：524.

② 周秋光. 近代中国慈善论稿[M]. 北京：人民出版社，2010：1.

③ 李泽厚. 中国思想史论（上）[M]. 合肥：安徽文艺出版社，1999：11.

慈善文化所具有的典型特征。

（一）受宗族观念的影响较大，但逐渐有所扬弃

儒家主张仁者爱人，但首先要从爱自己的家人宗亲做起。有学者认为，"作为一种慈善观念，'仁'的早期含义是'亲人'，主要指家庭成员之间，氏族亲人之间的'亲爱'"①，这种观点的主要依据来自《说文解字》里对"仁"字的解释（"仁，亲也"）。《孝经》里讲到，"事亲，中于事君，终于立身"。孟子则认为，"孩提之童无不知爱其亲也，及其长，无不知敬其兄也。亲亲仁也，敬长，义也，无他。达之天下也"（《孟子·尽心上》）。儒家思想带有浓厚的伦理色彩，在儒家人伦秩序中，父母家人宗族至亲至关重要。宗族观念产生于中国古代乡土社会，是儒家在当时的社会历史条件下建构人生观、世界观和价值观的基本出发点。从历史的观点来看，宗族观念的出现有一定的客观必然性。在农耕社会里，人们以宗族为单元，生活在相对固定的区域里，靠血缘亲缘关系联结彼此，形成关系密切的熟人社会，宗族观念则是检验这种关系是否可靠的试金石。试想，一个连对自己的父母家人、妻子兄弟都没有感情的人，怎么可能通过慈善行为仁爱他人？如果不建立以父母家人宗族为出发点的基本慈善立场，那么通过由己达人的推演将传统的家长宗族制演化为伦理学说的过程就难以实现。诚然，以今天的眼光来看儒家在宗族观念与慈善思想之间建立起来的关联，我们会发现它确实带有明显的历史局限性，但在当时却是最合理的选择。"不可否认，孔子的慈善思想具有其历史性，那种以西方近代慈善观要求孔子的人，显然不了解中国宗法社会的实际情形，这种有远近、差等之分的慈善是符合中国历史发展趋向的，甚至符合中国人的性格特征，即对不同关系的人在爱的方式和程度上会有所差别。"②孔子之后的儒家思想家尝试把血缘、亲情之爱升华为对陌生人的普遍关爱，用以淡化儒家慈善思想的宗族观念

---

① 吕洪业. 中国古代慈善简史[M]. 北京：中国社会出版社，2014：1.

② 徐建设，张文科. 儒家文化慈善思想研究[M]. 北京：中国社会出版社，2013：42.

色彩。尽管思想的重建仍然受制于最初的起点，但在方向上毫无疑问符合社会发展的趋势。另外，儒家慈善思想的兼容并蓄也缓冲了宗族观念带来的消极影响，墨家的"兼爱"、道家的"积德"、佛家的"慈悲"等思想不断汇入，"仁爱"观念不断发展，在一定程度上克服了宗族观念所导致的局限性。

（二）熟人社会特征明显，但渐次有所克服

在农耕文明时期，囿于交通、通信等落后的技术条件，人们与自然村落外面的世界极少接触，他们的生活圈子里以熟人居多，陌生人的出现是很偶然的事情。对固定生活圈子的熟稔使年轻人信从"父母在，不远游，游必有方"的教导，而落叶归根、回归原来的生活圈子则是大部分外出游历之人最后的选择。与其说是对父母或家族尽义务的伦理需要，毋宁说是古人已经适应原先建立在家族宗亲和血缘、亲缘、地缘关系基础上的生活环境，不忍割舍因这种环境而衍生出来的各种社会关系。"以家族宗亲为基础，血缘、亲缘与地缘关系交织互补的亲友、老乡观念，构成了'乡土中国'的一大特色——熟人社会。"[1]孔孟时期儒家提出的仁爱理念按照亲疏远近建立人际关系，由内到外，由近及远，由亲到疏，即先以自己的父母兄弟等身边人为出发点，就像费孝通所描述的一样，"中国社会的人际关系格局不是像西方那样一捆一捆扎清楚的柴（即集合而成'团体格局'），而是好像把一块石头丢在水面上所发生的一圈圈推出去的波纹，每个人都是他的社会影响所推出去的圈子的中心，对于中国人来说，越重要的亲属越接近波纹的中心"[2]。然而，绝对的熟人社会是不存在的。随着社会不断发展，熟人社会必然要实现向陌生人社会的过渡。伴随着这个转变，基于熟人社会而建构起来的儒家慈善思想也要适时调整，完成其立论基础由对熟人之爱转变到对陌生人之爱的过程。《论语》中记载子贡请教孔子，"如有博施于民，而能济

---

① 徐国源. 美在民间 中国民间审美文化论纲[M]. 上海：上海人民出版社，2018：24.
② 费孝通. 乡土中国[M]. 北京：人民出版社，2017：28.

众，何如？可谓仁乎？"孔子回答他说，"何事于人，必也圣乎！尧舜其犹病诸！夫仁者，己欲立而立人，己欲达而达人，能近取譬，可为仁之方也"（《论语·雍也》）。儒家慈善文化强调感同身受，推己及人，然后济众，这是它的特点而非缺点，是由当时的社会历史条件决定的。如前所述，在传统社会大部分时间里，人们之间的交往交流远没有像现在这样频繁，活动范围仅限于熟人和有限的陌生个体之间，所以推己及人的慈善理论和实践都是合乎历史逻辑的。随着社会的不断发展，人的交往圈子不断扩大，其他学派"兼爱""博爱"等慈善思想的汇入，传统慈善文化的熟人社会特征逐渐有所克服，只不过从今天的视角来看不够彻底而已。

（三）富于民本思想，官方主导慈善

自殷商时起，"民为邦本"的思想就已出现[①]。民本思想确立的是国家（政府）与老百姓之间的关系。"民为邦本，本固邦宁"，这是《尚书》和《春秋》中出现的关于民本思想的最早记载，后在《左传》《国语》等典籍中也有多处体现。民本思想是中国慈善文化的重要组成部分，受这种思想的影响，再加上古代社会频发的水灾、旱灾而形成的救助压力，官方政治伦理中必须包含"博施于民而能济众"的道德规范，由政府承担主要救助责任。"民本思想之于慈善的意义在于，它强调统治者或上层阶级对普通百姓的关注，主张通过济贫，扶困、扶老、慈幼等方式来救助底层的弱势群体，安抚民众，从而使国家长治久安。"[②]中国最早开国家救助之先河，政府承担了主要的社会救助任务，官办慈善构成了中国慈善事业的一贯传统和显著特色。官办慈善的优势在于它以国家财政为救助保障，还在于它具有因政府、官办慈善机构或专职人员的官僚身份而产生的公信力，因此"设义仓、办义学、收养孤幼"等依靠民间力量难以持续运作的慈善事业均由政府介入。以义仓为例，它的出

---

① 周秋光，曾桂林．中国慈善思想渊源探析[J]．湖南师范大学社会科学学报，2007（03）：135-139.

② 吕洪业．中国古代慈善简史[M]．北京：中国社会出版社，2014：5.

现即与官方主持的赈济行为有关。历史上自然灾害频繁发生，有学者统计过，仅秦汉 440 年的时间里，就发生过"灾患达 375 次之多。其中旱灾 81 次，水灾 76 次，地震 68 次，蝗灾 50 次，雨雹之灾 35 次，风灾 29 次；大歉致饥 14 次，疫灾 13 次，霜雪为灾 9 次"①。在高频次的灾后救济中，官方摸索出了经验，那就是必须要在丰年增加粮食储备以应对灾荒之需。西汉时期，官方开始设立常平仓，也就是最早的官方义仓。政府建立义仓，储备粮食，用于救济灾民，这种官办慈善与民间救助力量相比具有独特优势，主要体现为官办慈善财力更加雄厚、组织更为科学、动员更加高效等。官办慈善的传统被继承下来，到明清时期体现得尤为明显。仍然以仓储制度为例，明清时期，官方除了大力恢复被战乱毁损的常平仓、义仓外，还新建了济农仓、预备仓等新仓储以扩大丰年粮食平籴，用于灾荒之年救济民生。从康熙、雍正到乾隆年间，官方设立、管理、维护义仓的做法趋于成熟，"清朝的仓储制度，历经康、雍、乾三朝，最终得以确立并不断发展，到 18 世纪后期，已达到相当完备之境"②。

（四）重视慈善践履，强调知行合一

善念是思想意识，而善行则是慈善践履，善念落到善行上才是真正的慈善。《周礼》中提到六种善行，分别是孝敬父母、友爱他人、和睦相处、恩爱伴侣、诚笃可信、抚恤济贫（见《周礼·地官·大司徒》记载的"六行：孝、友、睦、姻、任、恤"）。儒家慈善文化不仅告诉人们为什么要行善，而且还告诉人们怎样行善。自宋代以来，扶贫济弱、行善积德的社会风气蔚然成风，知名大儒身体力行，或出谋划策定规立约，或慷慨解囊鼎力相助，积极领导并热心参加收族、保甲、扶贫、赈灾、济困等各种善行。就慈善能力而言，儒家认为行善贵在善心，而不在于财力大小，千金散尽做慈善是大善，力所能及助人于危急之中也是

---

① 邓云特. 中国救荒史[M]. 上海：上海书店，1984：30.
② 周秋光，曾桂林. 中国慈善简史[M]. 北京：人民出版社，2006：169.

大善。对于普通百姓而言，虽不能做到散尽千金救济危贫，但总可以做到"箪食豆羹，可以救人之命；贯钱斗米，可以保人之家，视守财虏终年计算者，岂不相去万万哉？"（《黄陂县志》卷9）就参与慈善的过程而言，儒家非常重视长期坚持行善，荀子在《劝学篇》认为，"积善成德，而神明自得，圣心备焉"。偶尔为之的善行不能称之为慈善，只有长期坚持才是真正的为善之道，才会对他人对社会有积极的影响和改变，即所谓"暂行之善不若常行之善之能广"（《大冶县志续编》卷4）。行善作恶就像佛家修行诫语所云，虽人处其中浑然不觉，但日复一日，点点滴滴的积累终能见德行增益或减损。"行善之人，如春日之草，不见其长，日有所增；作恶之人，如磨刀之石，不见其减，日有所损。"另外，传统社会里知行合一的慈善实践也体现在风俗习惯中，人们善于将慈善活动与丧葬、养老风俗相结合。中国人向来重视婚丧嫁娶，对于无依无靠的穷人来说，最担心之事莫过于身后之事无人操办。从周朝开始，官方便设立"蜡氏"一职，专门负责掩埋户外路边的倒毙之人，并分别进行信息登记，《礼记》中已有"掩胳埋胔"的记录，而宋代的义冢和漏泽园、明清时期的"施棺会"和"掩骼会"等则是后来出现的专事丧葬的慈善机构。

（五）追求理想社会，实现天下大同

儒家的终极社会理想是要构建大同世界，孔子生活在物力贫寡的时代，但他所憧憬的人类理想的社会状态远远超越了当时的社会条件，"故人不独亲其亲，不独子其子，使老有所终，壮有所用，幼有所长。鳏寡孤独废疾者皆有所养。男有分，女有归，货恶其弃于地也，不必藏于己；力恶其不出于身也，不必为己。是故谋闭而不兴，盗窃乱贼而不作，故外户而不闭，是为大同（《礼记·礼运》）。"孟子进一步描述了未来社会的理想图景，"出入相友，守望相助，疾病相扶持，则百姓和睦"[1]。中国古代向来不乏对未来人类社会的美好想象，庄子的"相濡

---

① （战国）孟子. 孟子[M]. 弘丰，译注. 北京：中国文联出版社，2016：104.

以沫，不如相忘于江湖"和陶渊明的"桃花源"都可以看作是古人对理想生活状态的勾勒。与儒家思想中的大同世界相比，这些勾勒诗意性有余而严肃性不足，大多是以诗意的浪漫幻想代替严肃的理论建构，因而欠缺逻辑上的严谨性和实践的可行性。儒家学说并不止步于描绘未来的社会图景，而是更进一步提出了实现这种社会图景的动力机制。孔子主张"泛爱众，能亲仁"，孟子则提出"亲亲而仁民，仁民而爱万物"，心怀仁爱，推己及人。从现代眼光来理解，儒家学说提倡将仁视为人与人之间的关系的本质，将爱视作建立这种人际关系的原初动力。从实践方面讲，爱的力量并不抽象。人生来具有自爱（或自利）的本能，此时的自我指个体本人，是未经社会化的"小我"。有人观察过依靠母乳生存的初生婴儿和刚学会主动进食的几个月的幼儿，两者虽有发育程度的不同，但有一点是相同的，就是表现出对食物的强烈占有欲望，这个时期婴幼儿处于纯粹的只爱自我的状态。人的成长过程实质上是他或她的社会化过程，对于个体来说，"我的"世界会逐步扩大，外在的人或物通过教育和教化被不断同化为"我的"世界里不可分割的一部分，最初的自我（小我）逐渐变成"大我"。因为最初爱自我的天性，所以个体会爱"我的"世界里的所有人或物。如果人类的同化能力足够强大，能够在自我的框架里容纳天下之人或天下之物，将世界同化为"我的"世界，天下同化为"我的"天下。那最后人与人、人与自然之间的关系都会超越现存的矛盾和冲突，变得和谐而美好，由不同个体构成的社会也会像费孝通先生所言，实现"美美与共，天下大同"。

（六）重义轻利，敦守慈善内心

义利之辨是儒家学说中的重要命题，对中国传统慈善文化产生着深远的影响。孔子多次论述义利关系，认为义重于利，并将这种义利观作为区分君子和小人的标准，即所谓"君子喻于义，小人喻于利"（《论语·里仁》），"君子义以为上"（《论语·阳货》）。慈善的本质是为了他人或社会部分甚至全部地让渡个人利益，无论这种利益是一般意义上的物质、精神利益，还是最高意义上的生命利益。坚持义先利后是圣人君子所为，而圣人和君子则是传统社会中文人们普遍追求的理想人格。儒家并非主张毫不言利，而是认为"君子爱财，取之有道"，如果遇到义利冲突则要敦守内心，舍利取义。儒家义利观对人们产生深刻影响的一个有趣现象是，传统社会人们对在商言利的商人往往有固守的成见，民间常有"无奸不商，无商不奸"的说法，用来形容商人锱铢必较，唯利是图。商人群体因其职业的特殊性素来受人轻贱，在士、农、工、商诸行业中只占四民之末。为了打破这种世俗偏见，有远见的经商世家便会让自己的子弟勤习儒家经典，强化不以利害义的道德观念，以便摆脱见利忘义的消极职业形象。在这些自幼受儒家义利观熏陶和教化的商人后代中，有相当一部分人能够摆脱狭隘的利益观，成为尚义好善、淡泊名利的儒商大贾，他们从扶助乡党、接济同仁开始，通过行会或会馆乐疏善资、散财种德、救急赈灾、扶危助弱，大兴慈善之风，带动了传统社会商界慈善事业的发展。

以上简要勾勒了以儒家慈善思想为核心的中国传统慈善文化的主要特征。传统慈善文化不仅推动了古代社会慈善事业的起步及发展，也对今天我国的公益事业产生深远的影响。周秋光教授指出，"以我们今天的眼光来审视，传统文化中的儒释道法诸家学说还存在着不少封建道德的说教和神鬼迷信的宣扬，但其蕴含极为丰富的慈善理论却并非糟粕，它闪耀了中华民族在长期的社会福祉事业发展过程中熠熠不灭的智慧之光"[1]。

三、古代社会慈善事业发展概况

传统文化为古代慈善事业的发展形成了良好的社会氛围和价值导向，博爱、仁政、民本、大同等慈善思想推动了传统社会慈善事业的有效开展。鉴于官方慈善在中国古代慈善事业中的特殊地位及作用，本部分内容拟以官方慈善为主简要梳理古代慈善事业的发展脉络。

---

[1] 周秋光. 近代中国慈善论稿[M]. 北京：人民出版社，2010：23.

（一）先秦时期：慈善事业起步阶段

在秦朝统一中国之前，作为阶级统治工具的国家已经出现。受当时思想文化的影响，"仁爱""民本"等思想被部分开明的统治者采纳，政府机构中的慈善救助职能分化出来，慈善事业开始萌芽。这个时期的慈善事业处于起步阶段，谈不上规模，更谈不上完善，但在中国慈善事业发展史上却占有非常重要的地位。可以说，先秦时期慈善事业探索出来的官方主导、政府保障并与民间救济相结合的慈善实践模式，为古代慈善事业的发展提供了非常宝贵的前期经验。中国慈善事业的发展不同于西方任何一个国家，官方主导始终是它最鲜明的特色，而这种特色最初便来源于先秦时期的慈善实践经验。

国家的基本职能之一是对处于危困状态中的民众施以救济援助，至于这种职能能否实现以及实现到什么程度则要受到多种因素的综合影响，譬如国家经济状况是否允许、执政者是否关注民生等。一般来讲，国家经济实力比较强大，君主又有仁爱之心，善于体察民间疾苦，国家才会更好地发挥社会救助的职能。

在中国历史上，夏商周处于比较特殊的历史阶段，即从原始社会迈向奴隶社会的过渡期，在这个阶段代表社会财富的土地和生产资料都掌握在统治者手中，《诗经》里有这样的记载，"普天之下，莫非王土；率土之滨，莫非王臣"。现引用几位史学大家对这句话的解读借以理解天子（王）对土地和生产资料的绝对占有：

> 周代的特征是一切生产资料均为王室所有（殷代也应该是这样），所谓"普天之下，莫非王土；率土之滨，莫非王臣"，一切农业土地和农业劳动都是王者所有，王者虽把土地和劳力分赐给诸侯和臣下，但也只让他们有享有权而无私有权。故到春秋年间，尽管周室已经式微，却还往往夺取臣下的田土人民而更易其主[1]。（郭沫若）

---

[1] 陈苏振，张帆. 中国古代史读本（上册）[M]. 北京：北京大学出版社，2006：25.

天子是最高的土地所有者，有权向每一个生活在土地上的贵族和庶民取得贡赋，也有权向土地接受者收回土地……《小雅·北山篇》说，"普天之下，莫非王土；率土之滨，莫非王臣。"[1]（范文澜）

（武王）革命军在占领殷朝首都获得决定性的胜利后，便一面解放奴隶，一面宣布土地为"王"所有，臣民都须从王所表征的革命权力原则（"诗"："普天之下，莫非王土；率土之滨，莫非王臣。"）土地都由王的名义册封。[2]（吕振羽）

周族克商以后，一面把商代的国有土地，转化为王的所有，另一方面，把商代的奴隶及自由民转化为农奴；同时，把残存于其他势力范围之内的诸氏族的土地与人民，也依照封建制的原理而改变其原来的属性。于是在周人的史诗上，便歌颂这一历史的胜利曰："普天之下，莫非王土；率土之滨，莫非王臣。"[3]（翦伯赞）

夏商周时期私有制的出现是人类社会发展的一般规律使然，但与西方社会的私有制表现形式不同：土地和生产资料并非归庶民私有，国王作为官吏阶层唯一的权力核心才是财产的最大私有者。这种私有制被部分学者称作"以国有制为形式的王有制"，其产生的根源在于"中国是必须建立庞大的治水工程和人工灌溉设施的所谓'治水社会'，国家及其政府是唯一能够承担如此大规模的治水工程和人工灌溉设施的兴建者，因而土地等主要生产资料归国家及其政府所有（亦即国有制和公有制）也是一种必然趋势。这两种相互矛盾的必然趋势——私有制与国有制或公有制都是必然趋势——势必造就一种独特的私有制，亦即全国土地等生产资料的所有者，形式上是国家及其政府，实际上却是能够代表国家及

① 范文澜. 中国通史（第1册）[M]. 北京：人民出版社，1994：77.

② 吕振羽. 简明中国通史[M]. 北京：人民出版社，1955：72.

③ 翦伯赞. 先秦史[M]. 北京：北京大学出版社，1990：257、258.

其政府的首脑人物、国王;以国有制为形式的王有制是一种必然趋势"①。

尧舜禹执政时期的德治理念和民本思想影响着先秦时期的统治者们,为官办慈善提供了思想基础,而"以国有制为形式的王有制"又决定了先秦时期官办慈善的效率,自此官办慈善的形式逐渐被确立下来,政府成为社会救助职能的主要承担者。在这个时期,官办慈善主要体现在三个方面,其一是通过包括恤老慈幼在内的一系列扶弱救孤措施体现仁政理念,引导社会风气;其二是通过保护妇孺促进人口增长,应对灾荒年景造成的人口减员;其三是采取临时性救荒措施并使之与其他荒政政策相结合,缓冲灾害对弱势群体的冲击力度。

"恤老慈幼"政策既是体现统治者仁爱情怀的良好载体,也是国家引导形成民间慈善风气的重要手段。夏商周尤其是商周时期在各级官职中都设置了负责养老的职位。比如《周礼》中记载,养老是由有组织的不同行政职级分别负责的。"太宰"是统管全国事务的最高职级,统筹安排"以生万民";其次是"大司徒",职责相对宽泛,主要负责慈幼、养老、振穷、恤贫、宽疾、安富;最后是"乡大夫",这是最基层的行政职级,负责登记上报免除赋役的老者等具体杂务。"以礼养老"是这个时期的首创慈善经验,即国家按照不同的年龄对年长者进行赡养,"凡五十养于乡,六十养于国,七十养于学,达于诸侯;八十拜君命,一坐再受。瞽亦如之。九十者使人受"②。春秋战国时期延续了对养老制度的重视,并使其更加完善可行。除了继承夏商周时期"以礼养老"的做法之外,很多诸侯国都按年龄标准对老人进行分类照顾,不管老人的身份如何,及至一定年龄,则可免除劳役、兵役之苦。具体来说,就是"五十始衰,六十非肉不饱,七十非帛不暖,八十非人不暖,九十虽得人不暖矣";"五十不从力政,六十不与服戎,七十不与宾客之事,八十齐丧之事弗及也";"八十者,一子不从政,九十者,其家不从政"(西

---

① 王海明. 夏商周经济制度新探[J]. 华侨大学学报(哲学社会科学版),2015(06):5-49.
② 邓国胜. 公益慈善概论[M]. 济南:山东人民出版社,2015:20.

汉戴圣《礼记·内则》)。纵观整个先秦时期，各诸侯国家对弱势群体的救助已不止于恤老慈幼，国家对老、幼、孤、疾、独、穷、困、绝等特殊群体都要进行定期救济。据相关史料记载，凡无依无靠的鳏寡孤独之人可以在仲春和孟冬时节取得国家发放的粮食用以维持生计；国家设有"掌病"一职专门负责对鳏寡孤独废疾之人"问病"，并对掌病"问病"的频次有具体规定：为国家做事的公职人员，掌病可以以国君的名义进行问病，按照病患的不同年龄确定问病次数；对于庶民，问病可以不必过于频繁，但至少5天要有一次；无论是官吏还是庶民，如果病情严重需要上报国君，国君会亲自探望病人。在这个时期，国家不但要拨出经费赡养老人抚养幼孤，还要照顾为国家遇难之人的父母和孩子。

战国时期，慈善事业的另外一个亮点是保护妇孺。七雄争霸造成的连年争战消耗了大量男丁，需要不断补充兵力。另外，成就霸业还需要以雄厚的国力为后盾，因此要大力推进农业生产。无论是补充兵源还是农业生产，都需要以持续的人口生产为条件，因而保护妇孺便成了各诸侯国普遍选择的人口政策。以"春秋五霸"中的越国为例，越王勾践采取各种有号召力的妇孺保护政策来鼓励妇女生育，增加越国人口。"将免（娩）者以告，公令医守之。生丈夫，二壶酒，一犬；生女子，二壶酒，一豚。生三人，公与之母；生二人，公与之饩（《勾践灭吴》)。"通过直接给予物质奖赏来刺激妇女生育后代的做法能够在较短的时间里迅速增加本国人口，恢复国力，从这个角度看，这些举措至今仍然有着积极的社会学意义。

另一方面，无明显针对性的慈善救济政策为普遍提升特殊时期的救助水平提供了制度保障。据《周礼》记载，当时政府推动以"'荒政'十二法"为主要内容的慈善救助措施。一是"散利"，即丰年聚财，灾年时则为灾民免费提供食物和衣服；二是"薄征"，即为百姓减轻赋税负担；三是"缓刑"，即缓判或赦免犯罪者；四是"弛力"，即减免百姓力役；五是"舍禁"，即放宽对山河湖泊的管禁，便于灾民寻找食物度过灾荒；六是"去畿"，畿同讥，意为关市的呵禁，去畿即减少关税和关市呵禁；七是"眚礼"，眚是减杀，即减少吉礼的礼数，避免浪费；八是"杀哀"，与"眚礼"相对应，即减少凶礼的礼数，同样为了避免浪费；九是"蕃乐"，即收藏乐器，不进行兴师动众的庆典等活动；十是"多婚"，意思是灾荒之年鼓励百姓多操办婚事；十一是"索鬼神"，即祈祷鬼神，以求减免灾害；十二是"除盗贼"，是说灾荒期间，盗贼较多，要从重从快搜捕打击，维护灾区社会治安。这十二项政策基本上能够囊括中国古代"荒政"的主要内容，后世在灾荒之年实行的慈善救济政策，虽因时因地有所不同，但大体都未超出这个政策的范围。中国自古以来地域辽阔，气候条件多变，洪水、台风、地震、蝗灾等自然灾害多发。相关研究数据显示，"周代最显著的灾害有八十九次"[1]；春秋时期总共发生较为严重的自然灾害"约75次，平均近4年发生一次"[2]。每次经历了自然灾害的严重破坏之后，灾民安置和救济就成为紧迫的民生任务。春秋战国时期，各个诸侯国新增了一些救济措施，其中最重要的措施是国家在灾荒之时临时性的开仓放粮。粮食是灾后救济最急缺的首要物资，开仓放粮是短时间内能迅速解决食物短缺问题的有效方式。另外，为了防止民间不良商贩灾后趁火打劫哄抬粮价，官府也采用"平籴通籴"制度防止粮食价格剧烈波动。带有临时性质的"临荒开仓"与"平籴通籴"等常态化荒政措施相结合，成为灾荒年景里有效实现减灾救灾的重要手段。

先秦时期的慈善实践初步奠定了政府主导办慈善的基调，这要归因于统治者们推行仁政以便实现"欲至于万年为王，子子孙孙永保民"（《尚书·梓材》）的政治目的，更要归功于传统慈善文化的浸润影响。值得一提的是，这个时期的慈善事业刚刚起步，但已开始尝试着实行制度化管理。春秋战国时期的"平籴""通籴"制度即是政府在灾荒年景用来平抑米价、救济民众的有益尝试。与遇到灾荒时采取的临时性救急

---

① 邓拓. 邓拓文集[M]. 北京：北京出版社，1986：14.
② 金双秋. 中国民政史[M]. 长沙：湖南大学出版社，1989：96.

措施相比，平籴通粜制度提供了一种更加稳定规范的常态化救助保障机制。规范的管理制度充满了中国式智慧，既能有效避免随意发放粮食财物带来的不公和浪费，同时又维护了社会秩序。虽然秦汉以后各个朝代在恤孤慈幼、社会养老、荒政救灾、保护妇孺等各方面的慈善工作都更加合理和完善，但先秦时期慈善制度设计所具有的基础性和初创性意义是无论如何都不能抹杀的。

（二）两汉时期：慈善走向制度化

夏商周之后，秦始皇统一天下，中国开始由奴隶社会向大一统的封建社会过渡，然而秦朝只历经两代便宣告灭亡，这一时期的慈善事业整体来看乏善可陈。

到了西汉时期，高祖刘邦吸取秦朝因暴政而加速灭亡的教训，实行休养生息政策。连年征战的士兵还乡务农，在战乱和饥荒中沦落为奴隶的人获释成为平民，这两部分人极大地补充了农业劳动力。不仅如此，从刘邦开始，汉代统治者陆续出台轻徭薄赋的政策，减轻农民税负、减免徭役及兵役，用以安抚民心，鼓励农业生产。经过汉初的无为而治、休养生息，社会生产力得到了一定的恢复和发展。文景之治以后，社会秩序逐渐稳定下来，汉代慈善事业发展具备了较好的经济基础。

另一方面，西汉武帝时期，董仲舒将儒家思想与当时的政治统治需要相结合，并吸收了其他学派的理论，创建了一个以儒学为核心的新的思想体系。新思想体系中既有孔孟之道，也糅合了董仲舒提出的"天人感应""大一统"学说。董仲舒认为汉代的政治统一局面尚不稳固，要实现真正的大一统关键在于统一思想。于是，他多次谏言要用孔子儒学统一天下，主张"诸不在六艺之科、孔子之术者，皆绝其道，勿使并进"（《汉书·董仲舒传》）。汉武帝采纳了董仲舒的建议，施行"罢黜百家，独尊儒术"政策，儒家学说在中国的主导思想地位得以奠定，儒学渐成正统。客观地看，所谓的"罢黜百家，独尊儒术"实则是以矫枉过正的方式消除秦代否定和压制儒家学说带来的消极影响，重新唤起人们对于儒家文化的关注和认同，这是社会慈善事业能够在官方和民间两个层面上继续发展的理论前提。慈善事业在经历了秦代的低谷期后重新振作起来，两汉时期的慈善制度建构获得了进一步的丰富、完善和提升。

首先是强化荒政救助制度的程序化要求。两汉时期，政府非常重视灾荒对社会生产力造成的破坏，为了摸清受灾情况，及时实施救助，政府制定了严格的灾情查报机制。"一旦发生灾害，地方官员要逐级将灾情上报到中央政府。然后核实受灾的范围和程度，根据受灾程度的不同，将灾民划分出不同的等级，等级不同，救助的标准也不一样。"①这些措施的落实有助于改善救灾效果：一是灾后救助目标群体清晰，信息收集快捷，有效减少了灾后救助在时间和财物上的浪费；二是有利于树立政府在处理公共事务中的权威形象。两汉时期还在不同级别官吏的具体职责中增加了新的要求，例如对旱灾的预防和干预，"自立春至立夏尽立秋，郡国上雨泽。若少，府郡县各扫除社稷；其旱也，公卿官长以次行雩礼求雨"（《后汉书》）。虽然扫除社稷行礼求雨之类的工作明显带有封建愚昧色彩，但从实现专人专职负责的角度来看，这也算是古代慈善事业的进步。

其次，探索多种仓储制度用于备荒。除继承先秦时期"临荒开仓""平籴通粜"的灾荒救济制度外，两汉时期的政府还结合当时的实际情况创立了"平仓制度"。"民以食为天"，粮食稳则天下稳。古时候因各种因素的影响，粮食产量并不稳定。汉宣帝时"岁数丰穰，谷贱，农人少利"，任大司农丞的耿寿昌上书奏请在陕西、山西、河南等地设立平仓。公元前54年，汉宣帝采纳耿寿昌的建议，在北部择址建立常平仓，随后在较大范围内进一步推广。设立平仓的作用在于可以根据当年的粮食产量和市面价格灵活调整粮食库存，平抑粮价。"以谷贱时增其贾而籴，以利农，谷贵时减贾而粜，名曰常平仓。民便之（《汉书·食货志上》）。"平仓制度既能防止谷贱伤农，也能避免谷贵伤民，同时还

---

① 谢忠强，李云．试论我国古代慈善事业的历史沿革[J]．延边大学学报（社会科学版），2010（02）：126–130.

完善了国家粮食日常储备方式，以备灾荒或战乱等不时之需，具有多重积极意义。

再次，推行"捐纳制度"筹集更多资金。为了增加国库收入，两汉时期政府建立了"捐纳制度"。"在传统中国，国家推行捐纳的目的是在正规财政收入（例如赋税、盐税）之外增加财政收入，其所采取的手段之一就是卖官鬻爵。具体地说就是政府根据相应的规定出卖国家最高学府——国子监——的入学资格、任官资格、封典虚衔以及各种官僚人事手续等等。"①捐纳制度迎合了富商大贾、乡绅贤士等有富余财力的人通过经济渠道获得官职的心理，政府则通过这种途径筹集了民间闲散资金，用以缓解财政压力。捐纳现象在汉代比较常见。譬如汉景帝时，"上郡以西旱，复修卖爵令，而裁其贾以招民；及徒复作，得输粟于县官以除罪"。再如汉成帝时期，农业连年歉收，据《汉书·成帝纪》记载，"关东比岁不登，吏民以义收食贫民、人谷物助县官振赡者，已赐直，其百万以上，加赐爵右更，欲为吏，补三百石，其吏也，迁二等。三十万以上，赐爵五大夫，吏亦迁二等，民补郎。十万以上，家无出租赋三岁。万钱以上，一年"②。卖官鬻爵固然有其弊端，但遇到较为严重的灾荒年景，若官方财政力有不逮，难以应对救灾救民的艰巨任务时，通过卖官鬻爵可以筹集社会闲散财力充任救灾资金，帮助政府暂时解决燃眉之急，从这个意义上来讲，捐纳制度也算是两汉时期政府利用社会资源对抗灾荒的制度创新。

除了制度方面的探索以外，官方主导的常规慈善活动也同步推进，继续针对鳏寡孤独、老幼病残等弱势群体开展救济扶助。除了为这些群体定期配给生活用品外，官方还多次下达政府救助行政诏令，基本上不到5年就会颁布一次，总计80多条。救助诏令的数量之多、颁布频率之高也反映了两汉政府对社会慈善救助事业的关注程度。以西汉为例，

---

① 王天友，徐凯. 纪念许大龄教授诞辰八十五周年学术论文集[C]. 北京：北京大学出版社，2007：552.

② （东汉）班固. 汉书[M]. 北京：长城出版社，1999：59.

统治者吸取秦代暴政亡国的历史教训，不断采用蠲免徭役、降减税赋等措施来体现对弱势群体的特殊关照。按照当时的官方律令，不足 15 岁者免交人头税，不足 23 岁者无须承担徭役，56 岁以上者则全部免除徭役和人头税；重疾者和残疾人可免除徭役。这样的措施大大减轻了社会弱势群体的负担。另外，在刑律处罚方面，汉代统治者们也充分考虑到了一些特殊群体。"汉惠帝时期推行的政策中包含'民年七十以上若不满十岁有罪当刑者，皆完之'。汉景帝时'年八十以上，八岁以下，及孕者未乳，师、朱儒当鞠系者，颂系之'。汉成帝时'年未满七岁，贼斗杀人及犯殊死者，上请廷尉以闻，得减死'。东汉光武帝时'男子八十以上，十岁以下，及妇人从坐者，自非不道，诏所名捕，皆不得系'"①，这些措施类似于现代刑法制度关于特殊群体的刑事责任年龄和刑事责任能力等问题的特殊规定，在汉代能提出这样的观念，无疑是非常超前的。

两汉时期的宗族救助也有所发展。宗族救助源于宗族内部族人宗亲之间的相互扶助，从性质上来讲属于在特定血缘或亲缘范围内自发开展的民间慈善。受自周代开始形成的宗法观念以及传统慈善文化的双重影响，宗族慈善的形成具有较为坚实的民间基础。宗法观念决定了人们更倾向于对自己的族人宗亲施以援手，传统慈善文化中善恶有报的观念则使人们更为乐见受助者可能提供的直接回报，这种回报主要不是物质上的，而是精神上的，比如强化救助人在宗族内部的权威地位、形成互帮互助的家族传统以及提升家族对外的整体形象等。宗族救助发挥着增强宗族成员凝聚力、调和宗族内部矛盾、维护宗族秩序等作用，对内有助于提升全宗族成员的整体福利，对外则有助于展示良好的宗族形象，从而形成示范效应，引发其他宗族大户的效仿甚至超越，促进民间慈善事业的发展。

① 谢忠强，李云．试论我国古代慈善事业的历史沿革[J]．延边大学学报（社会科学版），2010，43（02）：126-130.

两汉时期与先秦时期相比，生产力水平有所提升，但新的社会问题也不断增加。如果说先秦时期的社会慈善事业还是处于萌芽状态的话，到两汉时期已经开始积累经验。相应地，这个时期的慈善事业具有更多的制度性创新，解决社会问题的方式更加多样化。经由这个阶段，中国古代慈善事业逐渐走向制度化，政府设置的慈善机构及其职能越来越完善。另外，在官方主导慈善救助的大前提下，以宗族慈善为代表的民间慈善崭露头角，扩展了官办慈善之外的民间路径。

（三）唐宋时期：古代慈善事业的成熟期

从东汉开始，中国社会陷入长期的动荡不安。"魏晋南北朝时期，由于佛教思想的影响，社会福祉事业虽未完全停辍，但终因时局动荡而在整个慈善事业的制度建设方面乏善可陈。在我国古代慈善事业的发展史上，集前朝慈善之大成而终致其思想、制度等成熟的阶段，则是代表中国封建社会顶峰的唐宋时期。"[1]唐宋时期慈善事业的亮点颇多，在官办慈善走向成熟的同时，宗教慈善和民间慈善的发展也可圈可点，三者结合起来成就了颇具规模的慈善事业。

其一，成熟的仓廪制度形成。从夏商周时期萌芽，经由两汉时期发展起来的储粮备荒的国家慈善救助制度进一步完善，形成成熟的仓廪制度。贞观初年，尚书左丞戴胄建言太宗李世民，"为百姓先做储贮以备凶年"[2]，太宗采纳后下令在各地广建义仓。到唐天宝八年（749），义仓储量已较为可观，"天下义仓无虑六千三百七十余石"[3]，手里有粮，心中不慌，政府在应对灾荒方面有了较多的底气。宋代进一步发展仓储建设，宋太祖、宋真宗、宋仁宗都在推进常平仓、惠民仓、义仓或广惠仓建设，政府的粮食仓储数量持续增加。在北宋中期到南宋末年数百年的时间里，各种粮储仓库基本上都处于稳定有序的运行状态。在古代中

① 谢忠强，李云. 试论我国古代慈善事业的历史沿革[J]. 延边大学学报（社会科学版），2010（02）：126-130.
② 李文海，夏东方. 中国荒政全书·第一辑[M]. 北京：北京古籍出版社，2003：384.
③ 邓拓. 邓拓文集[M]. 北京：北京出版社，1986：315.

国，农业和粮食是关系到封建统治是否安稳的两大关键因素，一旦发生灾荒，粮食是最重要的应急物资。仓储制度的成熟和完善，一方面折射出唐宋时期强大的国家安全保障力量，另一方面也折射出这个时期慈善事业发展的规范化程度。

其二，官方主办的常设性慈善机构稳定运行。常设性慈善机构的出现标志着中国古代慈善事业从单纯的临时救助转变为临时救助和日常保障相结合且以后者为主，消极的被动型慈善转为积极的主动型慈善，慈善救助的社会保障意义大大凸显。常设慈善机构的出现丰富了慈善救助方式，细化了慈善事业分工，扩大了救助对象范围，提升了慈善救助成效。唐代的官方常设慈善机构中最具代表性的是"悲田养病坊"，它几乎能够承担所有弱势群体的救助工作。依据佛典的解释，"悲田"的意思是"施贫"。武后长安年间（701—704），武则天批准了宋璟等人的奏请，由朝廷设置安养设施来收容孤老贫病者，先后在长安、洛阳及各地寺庙中建起为数不少的悲田养病坊。唐玄宗执政时期，悲田养病坊的救助功能日益增强。开元五年（717），朝廷除了继续在寺庙设置悲田养病坊之外，还将这些慈善机构的实际管理权责交由僧侣，并从僧侣中直接任命"悲田养病使"，这充分体现了朝廷对佛家经办慈善事业的信任。自六朝以来，佛门僧侣承继佛家教义，以慈悲为怀，追求普渡众生，致力于发展社会慈善事业。佛门慈善因民间信众多有呼应而拥有稳定的群众基础，因此朝廷在佛寺中设立悲田养病坊也算是顺应民意之举。悲田养病坊一经设置，便在提升社会福祉、扶贫济困等方面发挥重要作用，官方愈加重视，并拨付大量财帛予以财政支持，"至（开元）二十二年，断京城乞儿，悉令病坊收管，官以本钱收利给之"[1]。悲田养病坊带有官办慈善和宗教慈善的双重特点，即官方主办寺庙管理。需要指出的是，虽然这个时期的宗教慈善有所发展，但它在财力上还依赖官方支持，因此并不构成独立的慈善力量。武宗会昌排佛时期悲田养病坊受到冲击，

① 杜文玉. 唐史论丛[M]. 西安：三秦出版社，2006：263.

官方甚至取消了此类机构中的"悲田"二字来弱化佛教色彩，这从侧面说明官方在中国慈善事业中一直占据主导地位。

宋代初期沿袭了悲田养病坊的旧制，但不再沿用旧名，而是依据不同救助对象分类设立不同慈善机构。与唐代相比，宋代的慈善事业又有新发展，概括起来说有几个方面，即常设性慈善机构的设置更加合理完善，形式更加多样，经费筹集渠道更加多元，救助内容更加人性化，选址也不再局限于寺院范围内。宋朝初期，京城周边出现了官方出资设置的福田院，发挥着与唐代养病坊相类似的作用，所收养的多是鳏寡孤独残障之人以及流落街头的乞丐。到了北宋仁宗时期，居养院在各地相继建成，贫困而无法独立生存者、鳏寡孤独废疾者均可以进入居养院获得救济。居养院的日常维护经费除了来自官方拨付外，还有一部分来自无主房屋资产充公所获得的钱财。针对当时社会上时有发生的溺婴弃婴事件，宋代中后期专门设立了育婴慈善机构，收养被遗弃的婴幼儿及孤儿，"慈幼局""举子仓""婴儿局""慈幼庄"等纷纷出现。另外，宋代慈善救助机构里还设置了具有官方公墓性质的"漏泽园"，为孤苦无依、无力购买墓地和棺木的老人解决去世后的安葬问题。

其三，民间慈善成为官办慈善之外的重要慈善形式。两汉时期宗族慈善等在民间已经出现，魏晋南北朝时，随着佛教在中国的不断传播，传统慈善文化中原有的仁爱、积善等理念之外又多了慈悲济世、普渡众生、因果业报的宗教信条和行为戒律。在本土和外来慈善文化及宗法观念的长期浸润中，民间慈善蔚然成风。宋代民间慈善事业从管理上来看比唐代更为规范成熟。除了继承唐代由士大夫们出钱出力推动宗族救助的前朝先例以外，宋代在筹集宗族救助所需物质条件方面开辟了更多渠道，比如在宗族内部专设"族产""族田"和"族学"，为救助对象提供长期稳定的经济保障，并以各种形式的宗族内部制度将其固定下来。宗族慈善的初衷是通过保障和改善族群部分困难群体的生活，维持宗族人口的可持续发展，实现"敦本收族"的目的，但随着宗族慈善的不断发展，其影响已经远远超过宗族层面。北宋范仲淹创办的范氏义庄除了为宗族内部成员提供教育、医疗服务外，也面向家族之外有需要的人提供恩惠，成为宗族与社会互动的典范。不仅如此，范氏义庄救助贫困弱势群体、热心地方慈善事业的做法引起了许多家族的争相效仿，设义庄、做慈善一时间成为江南地区几乎所有名门望族的标配，在社会慈善救助中发挥了巨大作用。唐宋时期民间慈善事业发展的另一个重要表现是许多地方出现了以地缘慈善救济为主旨的"乡约"，即在一定区域内（乡里）共同居住的人们自发形成且共同遵守的互助性条款。《宋史·吕大防传》中记载，"尝为乡约曰：凡同约者，德业相劝，过失相规，礼俗相交，患难相恤"。乡约里所涉及的慈善救助已经超越血缘亲缘关系所决定的宗族界限，因此更能体现民间慈善因面向非特定对象提供无偿救助而具有的重要社会价值。乡约中的互助救济内容非常丰富，盗贼、水火、孤弱、贫困、疾病、死丧或其他以个人或家庭之力无法应对的情况，皆被囊括其中。乡约一般都对如何启动救助程序设定要求，"遇灾按事情缓急，由本人或亲戚或其他知情者，报告灾情给主事人，申请救助，而在需要救助者数量较多时，则按损失的轻重情况予以区别对待"[1]。

总之，成熟的仓廪制度和常设性慈善机构的出现标志着唐宋时期官办慈善事业的专业性程度；寺庙慈善、义庄的兴起和乡约的出现则意味着除了官办慈善之外，宗教慈善和民间慈善也渐成气候。三者结合起来，唐宋时期的社会慈善事业格局基本上已经搭建起来。

（四）明清时期：古代慈善的鼎盛期

明清两代是古代慈善事业的集大成者，无论是官办慈善还是民间慈善都达到了古代慈善事业发展的鼎盛期，这与明清时期官方的继续推动有关，体现了古代慈善事业整体向前的发展规律。

明清时期继承了传统荒政制度并不断加以完善，构建起一整套较为

---

[1] 谢忠强，李云. 试论我国古代慈善事业的历史沿革[J]. 延边大学学报（社会科学版），2010（02）：126-130.

完备的灾荒预防、灾荒救济、恤贫安置制度。明太祖朱元璋时期，政府创立了预备仓，这是基于传统荒政制度的新探索，"令州县东西南北设预备仓四，以振凶荒……选耆民运钞籴米，即令掌之"①。预备仓制度最大的创新之处体现在管理方面，政府不直接任命地方官员做预备仓的管理者，而是选择耆民（即德高望重的年长者）担任该职务。这样做的目的在于引进社会力量监管仓储，以便"尽可能减少州县官吏对乡村事务的干预，以杜绝其生事扰民，从中渔利之弊"②。这种创新的出发点显然是有积极意义的，初期确实起到了防范官员过度干预地方事务以及从中营私谋利的作用，但同时也引发了另外一个难度更大的监管问题，即如何对民间管理者进行有效监督。事实上，古代社会对民间管理者的监督难度远大于对官员的监管难度。古代官僚制度中存在着形式上相对健全的官员监督管理机制，即以相互制衡的方式来实现对官员的监督。秦代设立的御史府、明清时期设立"都察院"都属于官员监督部门，官方可以通过最高统治者亲自巡视督察、督察官员奉旨督察、以办文时限制度催报督察等多种形式对中央和地方大小官员实施监督。设立民间库房管理者虽然是一种新尝试，但这种创新因过于倚重民间管理者的道德自律和相互约束，最终不可避免地走向失败。到永乐年间，各地的预备仓便因各种原因出现大面积亏空，其中最主要的原因是监管制度的缺乏，"乡之土豪大户侵盗私用，却妄捏作死绝及逃亡人户借用，虚立簿籍，欺瞒官府"③。为了避免类似情况再次发生，官方不得已再次加强对预备仓的管理，即预备仓官方化。

一度被中断的社仓在明代也恢复运行，只是时间上较晚，嘉靖八年（1529）才予以在全国推广④。社仓的设立和管理与预备仓有相似之处，区别在于官方加强了对社仓的监管。官方规定"令民二三十家为一

---

① 龙文彬. 明会要[M]. 北京：中华书局，1956：1073.

② 余兴安. 朱元璋的乡治理想与洪武年间的乡政[J]. 史学集刊，1987（01）：23-28.

③ 江立华，孙洪涛. 中国流民史·古代卷[M]. 合肥：安徽人民出版社，2001：109.

④ 王圻. 续文献通考[M]. 杭州：浙江古籍出版社，1988：3042.

社。择家殷实而有行义者一人为社首，处世公平者一人为社正，能书算者一人为社副。每朔望会集。别户上中下，出米一斗至四斗有差，斗加耗五合，上户主其事。年饥，上户不足者，量贷，稔岁还仓，中下户酌量振给，不还仓。有司造册，送抚按岁一察核。仓虚，罚社首出一岁之米"①。另外，唐宋时期兴起的乡约从明代开始逐渐与社仓结合在一起发挥作用。明朝时期的沈兰先撰写的《社仓议》里提道，"凡社仓，每里一乡约，既一社仓"。乡约是共同居住在某一区域的人们约定俗成的行为准则，提倡礼俗相交、过失相规、德业相劝、患难相恤。乡约与社仓相结合的必要性在于，乡约虽然提倡乡里彼此患难相恤，但若无坚实的物质基础作保障则容易流于空洞说教，社仓的日常储备恰好能够弥补这一缺点，能够在邻里乡亲遇到困难时提供实质性物质援助，乡约与社仓相结合，可以在济难纾困的过程中起到相互弥补、相辅相成的作用。

明清处于中国传统社会末端，自先秦以来历经两汉、唐宋等历代积累的荒政治理经验加上相对牢固的经济基础，如果再有国家的重视和推动，慈善事业的发展走向鼎盛是必然的。在农耕文明时代，频发的自然灾害是国家防灾备荒工作的天然驱动力。以清代为例，统治者思想上的重视以及政府通过官僚机制的推动落实是保障慈善事业不断发展的主观条件。首先是备荒仓储体系的建立和完善。至雍正年间，"省会以至州郡俱建常平仓，乡村则建社仓，市镇则设义仓，而近边有营仓之制，所以预为之备者，无出不周"的局面基本形成，备荒仓储体系空前完备②；其次是通过制度和程序使临灾救济更加规范有序，一旦灾荒发生，应急救济制度迅速发挥作用，通过蠲免田赋、安辑流民、移民另居、调粟、赈济、施粥、居养、赎子等形式启动减灾救灾程序，最大限度减少灾荒带来的消极影响；明清时期在全国大多数州县范围内继续推进官方倡设的"育婴堂""养济院"等救济扶助专门机构，关乎人民"病""死"的

① 龙文彬．明会要[M]．北京：中华书局，1956：1077.
② 谢忠强，李云．试论我国古代慈善事业的历史沿革[J]．延边大学学报（社会科学版），2010（02）：126-130.

"惠民药局"、栖流所和漏泽园也依照唐宋时期的旧例——设立,"与普、育二堂一起构成了明清两朝关注人们生老病死的一套较为完整的社会慈善救济体系"①。

单就官办慈善的制度创新来讲,明清时期并没有本质上的超越,甚至可以说,不仅仅是在管理制度上,明清时期的官办慈善在规模和设施上也没有超越唐宋年间,这个时期的官办慈善主要依靠唐宋时期既已成熟的制度框架所带来的惯性继续向前发展。官办慈善为数不多的创新性探索当属预备仓制,虽然设立预备仓并交付有威望的耆民进行管理是为了防止地方官员插手慈善营私谋利,但这种制度同样面临了诸多难题,如"有威望""德高望重"如何评判,谁来评判,标准是什么,对德高望重之人有无约束或监管,等等。在原有的仓廪制度中,由地方官员担任管理者固然有风险,但这种风险主要来自监管制度不健全,而让民间人士担任管理者的风险则来自毫无监管制度。从理论上来讲,前者风险要小于后者,所以明朝的预备仓制到明永乐年间便无法坚持下去,最后不得已再次转为官办慈善。

既然官办慈善在制度上并无多少创新,在规模和设施上也无超越,那为什么说明清时期是慈善事业发展的鼎盛期呢?笔者认为,经历了先秦、两汉时期以后,古代社会的官办慈善在唐宋时期已经接近成熟,在这个方向上留给明清两代的发展空间确实有限,但这个时期慈善事业发展最大的亮点并不在官办慈善,而是在民间慈善上。明代后期,由团体机构主持的民间慈善事业开始出现,各种同善会、救生会、放生会、育婴会、掩骼会等民间慈善组织层出不穷。另外,由宋代开始兴起的宗族慈善在明清时期得到了延续发展。为了维护封建宗法制度,明清两代不少名门望族修建祠堂,创立族田义庄,规模和数量明显扩大。除此之外,由民间个体或组织自发进行的捐资助学、修桥架路、扶贫济困等慈善活动普遍出现,经济富庶地区的慈善风气尤为浓郁。民间慈善组织的

---

① 周秋光,曾桂林. 中国慈善简史[M]. 北京:人民出版社,2006:111.

数量、慈善经费数额、参与慈善组织的人数及其在社会不同阶层中的分布等方面都表现出了显著提升，民间慈善事业发展已经达到传统社会的最高水平。

从文化的角度来看，古代慈善事业的发展要归功于慈善文化的精神滋养。中国有着五千年的灿烂文化，在四大文明古国中是唯一没有经历过文明断裂的国家。可以说，世界上没有哪个国家发展慈善事业有着如此得天独厚的文化资源。慈善文化为古代社会发展守望相助、恤贫扶倾的慈善事业提供了坚实的精神基础和理论支持。当然，传统慈善文化再优秀，如果不能被群众接受，那也无法转化成推动慈善事业发展的精神力量。"批判的武器当然不能代替武器的批判，物质力量只能用物质力量摧毁，但是，理论一经掌握群众，也会变成物质力量。"[1]完善的古代教育体系在慈善文化"以文化人"的过程中发挥了关键作用。如果要深入挖掘传统慈善文化涵养古代慈善事业的经验，就要研究古代社会的教育体系如何行之有效地传播慈善文化、培育慈善行为。

---

[1] 马克思恩格斯选集（第1卷）[M]. 北京：人民出版社，1995：19.

第二章
传统慈善文化教化与人文精神传承

文化的功能在于文以载道，而文化的价值则在于以文化人。传统慈善文化要转变为现实的慈善资源，必须通过有效的社会教化，深入群众直抵内心，引起情感共鸣和理性认同。慈善文化的社会教化要促进人们将外在的文化规范转变为内心的道德动机，继而转化为慈善行动，在全社会范围内形成普遍的慈善风尚，为慈善事业的发展营造文化氛围，提供制度支撑和精神涵养。慈善文化的社会教化属于道德养成过程，它主要依靠国民教育体系将文化层面上的知识、理念和价值追求转换为人们行为层面上的自觉行动。

第一节　传统慈善文化教化的历史经验

传统慈善文化的社会教化是通过一整套体系化的制度性设计来实现的。概括起来说就是以慈善文化中的人文精神为价值内核，"通过合法性论证的话语基础、理性化的制度设计和生活化的文化外壳，形成了内外包裹、彼此支撑的圈层结构"①，在这个圈层结构中，既有多元化的主体协同参与，也有多领域的教育体系形成合力，借助多层次多形式的生

---

① 范赟. 传统社会儒家核心价值观教育路径探析及其现代启示[J]. 石河子大学学报（哲学社会科学版），2021（03）：96-101.

活化教育方式，将慈善文化进行有机整合和有效转换，使其内化为"百姓日用而不知"之道。古代慈善文化的社会教化给我们留下了诸多可资借鉴的有益经验。

一、多元主体协同参与

传统慈善文化的社会教化是一项复杂的系统工程，需要多元主体共同参与才能取得良好的效果。统治阶级与社会精英有效互动并借助国家权力予以推行固然是最为直接的方式，但让每个个体在接受和认同慈善理念之后主动担负起传播和教化的责任更能体现制度设计之妙！

首先，统治阶级是慈善文化社会教化的主导者。统治者以"天人合一"的名义为自己推行"仁政"进行合法性论证，以此牢牢确立慈善文化教育的话语基础。在上古时期，人类对自然界的认知相对缺乏，对于未知世界存在极大的恐惧感，认为神秘力量主宰一切，对"天""天命"等抱有极大敬畏，这种原始而朴素的观念顽强地存在于民众的心理层面。历代统治阶层正是充分抓住了民众的心理，将人道与天道合二为一，借天道弘扬人道。统治者在推行教育教化时，必将自己等同于"天子"，先赋予"天"以道德属性，并以"德"作为连通普通民众与"天"的媒介。早在殷周时期，周公就提出"以德配天"的说法，即"皇天无亲，唯德是辅"[1]。在孔子之前，已出现多种关于"天"的解释，如将"天"理解为一神（上帝或天）、多神（天地鬼神），或者将其理解为"天人合一"。从周代开始，统治阶层的最高统治者就有了"天子"之称，此后"天子"便成为最高统治者的专属尊称。《诗经·大雅·江汉》里面有"明明天子，令闻不已"的记载，《史记·五帝本纪》里司马迁亦以"天子"称呼上古时期尧舜两帝，"於是帝尧老，命舜摄行天子之政，以观天命"。在中国传统文化中，天是人格化的自然界，被认为是

---

① 李民，王健. 尚书译注[M]. 上海：上海古籍出版社，2004：334.

宇宙最高的主宰，世间万物都是天地孕育的后代，天为父，所以号"皇天"，地为母，所以叫"后土"。天子即天之元子，是天的嫡长子，天子的权威性一旦确立便很难被动摇。

其次，统治阶层与知识精英有效互动并借助国家权力推行慈善文化的教化。统治者宣称要替天行道，实行仁政，但完成文化教化还有赖于核心统治层的高级官僚，即传统社会中的文人精英。统治者是"义理之天""伦理之天"的代言人，那么文人精英的工作则是依照"天道"构建出与之相对应的理论体系，号召人们"钦崇天道，永保天命"①。孔子以"吾从周"表达对周公天命观的继承，"天命"说成为贯穿儒家思想始终的重要命题。及至西汉时期，董仲舒甚至提出了"天人感应"学说，将天道孕育万物统统归因于其"仁爱"的本质属性，从此确立了儒家思想的天然合法性和权威性。汉武帝实行"罢黜百家，独尊儒术"之后，儒家学者不遗余力地推广儒家思想，使"仁者爱人"变成被广泛认同和接受的价值理念，以忠、恕、孝、敬等价值理念来创设和谐秩序、维护社会稳定，将"仁、义、礼、智、信"等作为处理人与自然、人与人、人与社会之间关系的行为准则，最终在协助统治阶层建构"大一统"政治秩序的同时也建构了统治阶层本来就有意塑造的广施"仁政"的权威形象。

最后，普通百姓接受慈善思想之后又主动承担了民间慈善思想的传播和教化任务，成为自觉传播慈善思想的主体。客观地说，慈善文化的社会教化离不开统治阶层与知识精英的积极推动，但如果这种举动在普通百姓层面上得不到呼应就意味着教化的不彻底。真正的教化普及必须获得成员的广泛接受和认同，但又不能一味自上而下地强制性"灌输"，哪怕以"天命"的名义。"'天命'的威慑虽然强大，但当神秘化的'天'失效之后，纲常名教便不可避免地遭遇合法性危

---

① 李民，王健. 尚书译注[M]. 上海：上海古籍出版社，2004：113.

机。"①自隋唐开始，统治者和文人精英逐渐认识到，只有社会成员对慈善文化产生情感共鸣，获得不同程度的认知，并进一步转化为慈善行为，慈善文化的教化才算完成。也就是说，慈善文化教化必须通过教化对象由外而内的认同和由内而外的践履才能产生效果。学校教育是进行文化教化最直接的方式，古代慈善文化传播必须借助私学、义学、官学等教化机构进行。另外，民间百姓通过各种戏剧小说、神话传说、民间传闻等形式也推动着慈善理念的传播，这些形式与正统的学校教育相比，更容易受到底层百姓的欢迎，因此传播速度快、教化效果好。在"天命"观照和文人精英的推动之下，借助于无数个民间个体的传播扩散，仁爱慈善逐渐成为人们共同的价值追求。在传统慈善文化传播和教化的过程中，多元主体虽然作用不同，但却能够协同参与，形成合力，共同提升了古代社会普通民众对慈善文化的接受程度和接受效率。慈善风气赖以形成的群众基础有了，民间慈善行为才能蔚然成风。

传统社会慈善文化的社会教化是一项复杂的系统工程，多方主体各有分工。在慈善文化的内容供给上，统治阶层是排他性的主导力量，由统治者及其高级幕僚完成慈善文化核心价值观念的体系构筑，并通过国家的权威政治手段建章立制，强化宣教话语的权威性及统一性。在慈善文化的具体传播和教化环节上，则充分发挥家庭—学校—社会"三位一体"的育人体系相互衔接、相互补充的作用，由家庭的以"训"（此处指家训）立教开始，学校接力进行规范的道德教育，而社会教育则全程发挥作用。参与慈善文化教化的主体既包含统治者、以文人为代表的社会精英，也包含家族长辈、慈善名人以及难以计数的民间个体。在由慈善文化教化体系编织的社会网络中，任何主体都是不可或缺的微观节点。统治阶层的政治权威、文人精英的精心论证和群众层面上的呼应支

---

① 范赟. 传统社会儒家核心价值观教育路径探析及其现代启示[J]. 石河子大学学报（哲学社会科学版），2021（03）：96-101.

持，多元主体共同发挥作用，打通了整个社会的慈善文化教化渠道。

二、学校—家庭—社会"三位一体"的合力教化

传统慈善文化是传统文化的重要组成部分，因此古代慈善文化的教化与传统文化教育本质上是一体的，儒家学者在这个过程中起到了相当重要的作用。"儒者，所以助人君明教化者也。圣人之教，非家至而户说，故有儒者宣而明之。其大抵本于仁义及五常之道，黄帝、尧、舜、禹、汤、文、武，咸由此则（《隋书》卷二十九）。"中国是世界上较早形成学校—家庭—社会"三位一体"教育体系的国家。以私学为例，孔子创办了中国第一所私学，将知识的大门向普通民众开放，为文化的传播开辟了新途径。通过由学校、家庭和社会构成的教育系统发挥合力作用，才能实现以文化人，最终发挥传统文化积极向善的社会功能。

（一）规范有序的学校教育

学校发挥教育主渠道的作用。与家庭教育和社会教育相比较而言，学校教育更为系统、专业和规范。此外，无论官学还是私学官方都可以通过教育内容、教育方法对教育过程全面施加影响，间接实现官方对教育过程的控制。

古代私学的创办时间早于官学。最早创办私学的孔子提出"有教无类"的教育原则，主张教育的平等性，极大地扩展了学校教育的对象范围。汉朝官学出现后，官方出于维护封建统治和稳定社会秩序的需要对官学实施管控，除设立专门教育行政管理机构和教育管理职务来管辖中央官学外，还通过规范教材体系和教学体系实现对教育过程的管理。汉武帝时期"罢黜百家，独尊儒术"的政策确立了儒家思想的正统地位，无论是官学还是私学，都要服从于宣传教化儒家思想的政治目的，两者在教育目标上达成一致。在教育内容上，儒家典籍是学校教育的必修书目，"四书""五经"成为学校经典教材，以"仁"和"礼"为核心的儒家学说成为学校儒生日常学习的主要内容；在教学安排上，坚持将诵读

儒家经典作为读书人最重要的学习活动，将通晓圣贤之道作为对他们最基本的要求和评价标准，将知识的传授与道德教化有机融合起来。除了儒家经典之外，对儒家经典及对儒家思想进行解读、注释的各种文本也成为古代读书人的必读书目，儒家思想的传承因拥有相对固定的载体而保持了稳定性和连贯性。

在宣教话语方面，从汉武帝时期开始，官方针对儒家经典的宣讲教育建立起一套相对固定的话语体系。汉武帝设置了《诗》《书》《礼》《易》《春秋》五经博士，专门研究并教授"五经"。博士讲学需要遵循师法，师法指的是一家之学创始人的说经；然后博士在太学各以家法教授于弟子，所谓家法，则是指一家之学继承人的说经。师生传承教授经学之时都要恪守本分，按照既定的师生关系严守秩序，此即所谓的"守师法"和"守家法"。师法与家法之间也有先后顺序，先有师法，后有家法。譬如西汉时期的大儒董仲舒因精通公羊学而被立为博士，他的说经即为师法；董门弟子若为章句，又衍出多个小派别，如"颜氏公羊""严氏公羊"，由创始人董仲舒的亲传弟子向再传弟子的讲经就是家法。师法与家法之间等级森严，如有僭越当事人便失去被任博士的资格，即便侥幸升任博士，一旦事情败露，最后也会被逐出太学，失去讲经资格。五经博士的设置是官方掌控经学的重要途径，这种近乎严苛的机制可以有效地保证讲经内容自上而下的规范性和稳定性。汉宣帝和汉章帝时期先后召开了"石渠阁会议"和"白虎观会议"，初衷就是为了防止"章句之徒破坏大体"。石渠阁会议的主要议题之一是强调章句之学的不可违逆，鉴于当时经学各派内部因师承不同，对儒家经典的解说并不统一，章句歧异的情况较为多见，宣帝乃"诏诸儒讲五经同异，萧望之等平奏其议，上亲临制决"(《汉书·儒林传赞》)。章帝建初四年（79），依议郎杨终奏议，仿照西汉石渠阁会议的办法，召集各地有名的儒生聚于洛阳白虎观，讨论五经异同。这次会议由章帝亲自主持，参加者有魏应、淳于恭、贾逵、班固、杨终等。会议由五官中郎将魏应秉承皇帝旨意发问，侍中淳于恭代表诸儒作答，章帝亲自裁决。这样考详同异，连月始罢。当年冬十一月壬戌，章帝再次邀集名儒、诸王集于白虎观，依旧由五官中郎将魏应代表皇帝发问，其后各家儒生加以讨论，形成共识后由侍中淳于恭加以回答，此后章帝再亲自决定对此答案是否满意。召开两次会议的目的是一致的，即通过国家最高政治权威郑重明确学校要统一使用官方指定的儒家宣教话语，以便进一步夯实儒家文化"永为后世则"[①]的地位。

官方在统一教材和宣教话语后，又着手推动考试内容的标准化。"以《白虎通义》的官方颁布为标志，'君为臣纲'为首的纲常名教得以体系化、绝对化。其后历代帝王都非常重视经典文本及其解释的官方颁定，如唐代初期编撰《五经正义》，唐玄宗亲自为《孝经》作注，清代修《四库全书》，乾隆亲自主持。同时，经典文本及其标准解释也成为科举考试的主要考核内容"[②]。统一使用的教材、标准化宣教话语和标准化考核方式为古代社会核心价值观的培育提供了制度化保障，为"仁政"思想、伦理纲常理念、宗法等级制度、社会纲纪规范等提供了规模化输出路径。隋唐时期发明科举制度之后，官方通过将知识分子读书进仕的人生追求与能否熟练掌握科举考试的官方指定内容相结合，在强化对学校教育直接控制的同时也强化了对知识分子的思想控制。经过学校规范教育的知识分子有一部分入仕为官，也有一部分成为官学或私学里面的教书先生，继续以他们过去接受教育的方式传授相同的知识内容给学生。相比较社会教育，学校教育内容具有一定的集中性和封闭性，造成了一定程度的思想禁锢，但它却以更高效的方式实现了教化百姓、培养社会精英的目的，保证诸如仁爱和合、守望相助、与人为善等核心价值向下传承的连贯性和稳定性，并推动传统文化研究在纵深方向上的不断发展。

古代社会的官学和私学在传统文化教化尤其是在儒家思想的教育和

---

① （东汉）班固. 后汉书[M]. 北京：中华书局，1997：1559.
② 范赟. 传统社会儒家核心价值观教育路径探析及其现代启示[J]. 石河子大学学报（哲学社会科学版），2021（03）：96-101.

传承方面发挥了不可替代的作用。既有官学的"学在官府",也有私学的"学在四夷",前者集中而封闭,后者开放且灵活,两者互为补充,都服务于传授正统儒家思想。"在传统社会,培养儒家提倡的孝悌仁爱、忠信节义的美德成为人们共同的价值追求,儒家核心价值观得到普遍认同,甚至内化为中华民族的民族心理,这与'官'、'私'各类学校开展的富有成效的道德教育是分不开的。"[1] 不仅如此,古代学校还非常注重培养读书人的担当意识和坚韧意志,对读书人来说,十年寒窗苦读亦是立德、立言、立身的实践过程,知行合一方能行稳致远,这对当代学校教育有着深刻的启示意义。

(二)独具特色的家庭教育

家庭教育是个人道德养成的首要环节,承载着最基础的育人责任。家庭教育固然可以通过父母对子女、长辈对晚辈的言传身教进行,但古代社会的家庭教育还有一种更为独特的方式,即通过家风家训来实现长辈对晚辈的思想引领和道德训诫。家族权威长者从传统文化中抽取道德资源,结合家族延续发展的目标、经验或教训,形成对后代子孙有警醒或启发意义的道德律令,经由数代人的传承形成稳定的家风家训。所谓"家风是一个家庭传承下来的价值观念、行为方式、道德规范的总和"[2],是"在世代繁衍的历史过程中逐步形成的较为稳定的家庭风气、家族风尚",所谓家训则是"家风的语言载体和表现形式"[3],是"言居家之道,以垂训子孙者"[4]。家风家训经常连用,一般不作严格区分,笼统地指"一家之法度、一家之学问与一家之精神所在"[5]。家庭是社会的最小

---

[1] 范赟. 传统社会儒家核心价值观教育路径探析及其现代启示[J]. 石河子大学学报(哲学社会科学版),2021(03):96-101.

[2] 韩文乾:用中华优秀传统家风家训涵养新时代青年价值观[J]. 河北大学学报(哲学社会科学版),2021(06):12-18.

[3] 陈寿灿,于希勇. 浙江家风家训的历史传承与时代价值[J]. 道德与文明,2015(04):118-124.

[4] 辞书编辑委员会. 辞海[Z]. 上海:上海辞书出版社,1997:1151.

[5] 陈亚丽. 家风家训对精神文明建设的作用与实践路径研究[J]. 广西民族大学学报(哲学社会科学版),2017(06):162-167.

单元，因此家风家训是传统社会伦理道德规范的微观载体，在家庭教育中起到教家立范、训诫子孙的作用。家风家训也可直接取自族规族约，内容主要关乎尊老爱幼、勤俭持家、待人接物、勉学成才、修身进德及仁爱护生等。家风家训要突出家族属性，因而内容不尽相同、形式也非常多样，但都体现了家族成员共同的价值观念和行为规范，对家族成员来讲具有独特的感召力和约束力。

家是小的国，国是大的家，中国人自古重视家庭在社会生活中的作用。黑格尔曾经考察过中国传统社会的历史文化，认为中国的人际关系实质上是君臣关系，而这种关系又可以进一步划归为家庭关系，"这种关系表现得更加切实而且更加符合它的观念的，便是家庭的关系。中国纯粹建筑在这一种道德的结合上，国家的特性便是客观的'家庭孝敬'"①。黑格尔所感受到的实际上是中国古代社会的家国同构性。对于中国人来说，家庭作为社会生活的最小单位，不仅是人们进行日常起居和从事社会生产的基本单元，也是个体走向社会的起点。家庭教育作为教育的首要环节承担着道德教化的任务，因此古代社会的家风家训大都坚持"德"字为先。"'立德'，是祖先对后人的要求，'德'字为先，'德'字是基本遵循。"②家庭成员要在家庭中获取能够促进其成长与发展的物质资料和精神资源，而家风家训能够给予个体的就是道德教化的精神资源。

相比较家风，家训多以文字方式表达，更容易代代相传。家庭向外的延伸和扩展是社会，因此家训承载的不仅仅是个别家族的道德理念、价值追求和行为规范，它还承载着社会教育需要通过家庭来实现的那部分德育内容，"在家国同构的传统社会，家训既是家庭道德教育的主要形式，同时也承担着社会道德教育的重要职能"③。不同家族的家训影响

---

① [德]黑格尔. 历史哲学. 王造时，译[M]. 上海：上海书店出版社，2006：114.

② 韩文乾. 用中华优秀传统家风家训涵养新时代青年价值观[J]. 河北大学学报（哲学社会科学版），2021（06）：12-18.

③ 庄梅兰. 传统社会培育儒家核心价值观的经验与启示[J]. 邵阳学院学报（社会科学版），2014（03）：18-22.

力各不相同，有的仅限于家族内部，但也有一些名人家训的影响力远超家族范围，成为广为流传的经典范本，受到其他家族的引用借鉴，北齐时期颜之推所著《颜氏家训》、三国时期诸葛亮所著《诫子书》和明朝时期朱柏庐所著《朱子家训》均属此列。此类家训在持家、勤学、廉政、经营等诸方面普遍表达着关爱他人、宽容相处、扶助贫弱的道德要求，潜移默化地影响了家族成员，在家族内外形成和谐的人际关系。

古代家训强调要正确处理家族成员之间的关系。首先是提倡对父母兄长的"孝悌"，即要求子女对长辈做到"孝"，弟妹对兄长做到"悌"。"孝"和"悌"的实质是要求人伦秩序中的下位尊敬上位，而"悌"则可以视为"孝"的拓展。孝悌教育是整饬门风家教、树立家族权威的第一步。《颜氏家训》开篇提到，"吾家风教，素为整密"，坚持"孝悌"教育是家风严格缜密的重要标志。孝敬父母、尊重祖先、顺从兄长，是古代社会伦理之要，也是个体走向社会、成之为人的必要条件。"孝悌之至，通于神明，光于四海，无所不能（《孝经》）。"曾国藩在家书中曾经要求其弟，"吾所望于诸弟者，不在于科名之有无，第一则孝敬为端"，明代姚舜牧则将孝悌看作人之本，"孝悌是人之本，不孝不悌，便不成人了。孩提知爱，稍长知敬"（《药言》）。其次，古代家训鼓励家庭成员之间的相互扶携，这是传统家庭美德的固有要求。南宋时期的袁采在本门家训《袁氏世范》中提出，"父母见诸子中有独贫者，往往念之，常加怜恤，饮食衣服之分，或有所偏私。子之富者，或有所献，则转以与之"。当子女生活陷入困境时，父母应当对他们施以援手，适当加以照拂，即便是略有偏爱也属正常；子女中如果有生活上比较富足的，则父母可以拿出这些子女孝敬自己的东西送给生活困难的子女。"兴盛之家，长幼多和协"（《袁氏世范》），每个成员的生活得到妥善安顿之后，作为社会最小构成单元的家庭才能稳定下来，由无数个家庭所组成的国家才会稳定有序。家不安则国不宁，由小见大、由近及远，这也符合以儒家思想为主的传统文化中推己及人的仁爱差序格局。最后，古代家训体现了由孝悌到亲仁爱众的超越性道德要求。"孝悌为行仁开源，行仁为达道之本"①，意思是说，恪守孝悌目的是为践行仁爱开辟道路，而后者才是最终要达到的道义之本。"首孝悌，次谨信。泛爱众，而亲仁（《三字经》）。"做人由孝悌而至亲仁，由对父母兄长的孝和敬延伸到对他人的仁与爱，所谓"孝悌也者，其为仁之本与"（《论语·学而》），故而仁爱也是历代知名家训中的核心内容，所谓"一家仁，一国兴仁；一家让，一国兴让"（《大学》）。

积善行德的道德要求经常出现在名人家训中，比如刘备在遗书中叮嘱儿子"勿以善小而不为，勿以恶小而为之"。有些家训则将积善行德与佛教、道教中的因果业缘、善恶有报观念结合起来以强化对家族成员行为的统摄，例如宋朝梁焘所作《家庭谈训》中提醒后人，积善或作恶最终都会有巨大的福祸之报，"积善之家，必有余庆；积不善之家，必有余殃。善不积不足以成名，恶不积不足流，积为江河；星星之灼，燎于原野，其始至微，其终至巨"。

家训的价值不在于其有无，而在于其践行。在袁了凡的家训中，了凡父母以自己的言行率先垂范，给子女及后代做出正面引导。据记载，"参坡（了凡之父袁仁）博学淳行，世罕其俦；（了凡母亲）李氏贤淑有识，磊磊有丈夫气"，袁仁坚信"积善余庆"，以"吾家积德不试者数世矣，子孙其有兴焉者乎"来表达对了凡等人的期望和鼓励。身教重于言教，袁仁夫妇两人日常多有善行，在当地留下了极佳口碑。袁氏后人曾经记载，"远亲旧戚每来相访，吾母（即李氏，笔者注）必殷勤接纳，去则周之。贫者必程其所送之礼加数倍相酬，远者给以舟行路费，委曲周济，惟恐不逮。有胡氏、徐氏二姑，乃陶庄远亲，久已无服，其来尤数，待之尤厚，久留不厌也。刘光浦先生尝语四兄及余曰：众人皆趋势，汝家独怜贫。吾与汝父相交四十余年，每遇佳节则穷亲满座，此至美之风俗也"②。

---

① 牛文明. 我国古代家风家训慈善思想及其现代启示[J]. 中学政治教学参考，2017（27）：87-89.
② 杨越岷. 了凡及其善学思想二十六讲[M]. 上海：上海三联书店，2016：281.

　　无独有偶，清代名儒阮元同样也来自秉持扶困济贫理念的慈善之家，灾年捐赠、关心民瘼是阮氏家族的祖上遗风，到阮元一代，又颇得父辈对家风家训的耳提面命。《仪征阮氏家承》里描述阮元父亲阮承信"拾金不昧，好义励节，义方教子，捐资助赈，救活灾民"。深受阮家慈善家风家训及父亲阮承信慈善行为的影响，阮元为官时体恤民意，热心慈善，"贫民有除夕不戒于火者数十家，府君往视之，罄所蓄资给之，使结舍"①。阮元不遗余力地开展恤灾赈贫、扶助老病、拯婴救寡等活动，还主持设置了"普济堂"和"恤嫠会"等慈善机构，亲手制定管理章程，对清代民间慈善事业贡献颇多。

　　综上所述，中国古代家庭重视通过家风家训来完成道德教育。家风家训既是一个家族文化的标志性旗帜，也是世家子弟言行举止背后的价值标签，对家族成员为人做事具有潜移默化的浸润影响。

（三）卓有成效的社会教育

　　完整的教育体系是由学校、家庭和社会教育构成的。除学校教育和家庭教育之外，古代中国的社会教育也值得认真研究。总体上来看，古代中国社会教育的主要目标是实现思想统一，维护政治秩序和社会秩序；主要任务是促进传统文化的宣传和教化，营造良好的社会舆论氛围，夯实传统社会伦理道德的群众基础。考虑到社会阶层的不同需求，社会教育主要采取文以载道、雅俗共赏的方式，实现教育内容的多样化供给，兼顾知识分子等社会精英和中下层民众。在推进方向上，社会教育采取了纵向传导和横向扩散相结合的教育路径。统治者多采用榜样示范、以上带下、层层传导的教育路径，将上层为了维护封建统治而精心设计的纲常伦理观念传输渗透到民间层面，同时民间个体之间又相互传播道德理念和伦理规范，形成社会教化的微小单元。厘清传统中国社会教育的主要目标、主要任务、教育方式和教育推进路径，基本上就能够把握古代社会教育的整体轮廓。

---

① 张鉴．阮元年谱[M]．北京：中华书局，1995.

首先，看社会教育的主要目标和任务。中国古代重视社会教育，在不同的历史时期都有着不同的教育目标和任务。经历过先秦时期思想多元化发展阶段之后，秦统一中国。为了维护封建大一统的政治统治，秦始皇亟须解决统一思想的问题。统一思想是对先秦时期思想界百花齐放、百家争鸣局面的一次大冲击。"焚书坑儒"以激进的方式反映了当时推行社会教育的主要目标，即通过统一思想来维护封建政权统治，维护社会秩序的稳定。自秦代以来，整个封建时期的社会教育目标无疑都是相同的，只不过传播教化的思想内容各异。根据后世朱熹等人对"焚书坑儒"的考古辨正，尽管焚书坑儒造成了严重禁锢民智的消极后果，但儒家的思想火种并没有完全湮灭，经历了诸子百家的思想折中融合及后世汉武帝时期的"罢黜百家，独尊儒术"，儒家学说最终成为封建时代最重要的社会教育内容。儒家学说之所以能够在较长时间内牢牢占据传统文化的核心地位，根本原因在于儒家学说可以为封建专制统治提供理论基石和合理性辩护。儒家学说中的伦理纲常观念经西汉董仲舒、宋代朱熹等人的扩展和强化后被赋予强烈的政治含义，董仲舒甚至借助于他的天人感应和阴阳五行之说赋予纲常理论以天然的合理性，"三纲五常"成为维护宗法等级秩序的重要思想支柱。以"三纲"为例，它主张人伦关系的尊卑、高低与主从关系，确立了人与人之间不平等的单向度权力关系，即权力走向永远都是由君到臣、由父到子、由夫到妻。在这种单向度的权力关系中，权力走向是不可逆的，权力下端一方只能顺应和服从权力上游一方而不能质疑和挑战其行使权力的合理性。不止儒家，其他学派中也有类似观点，如先秦法家代表人物韩非子认为，"臣事君，子事父，妻事夫。三者顺，则天下治；三者逆，则天下乱。此天下之常道也"（《韩非子·忠孝》）。"三纲"调整的是处于不平等权力结构中的个体之间的关系，"五常"调整的则是所有个体之间的关系，认为人与人之间相处要遵循五种基本行为规范，即"仁义礼智信"，"三纲五常"对于建立封建时代的稳定社会秩序与和谐人际关系有着积极的作用。如果将以"仁""礼"为核心的儒家学说看成古代社会的核心价值体系的话，那"三纲五常"则可以被看作古代社会的核心价值观。在维护封建专制统治和稳定的社会秩序方面，"三纲五常"与儒家学说所发挥的作用本质上是相同的，但相比较儒家学说的一整套复杂理论体系，"三纲五常"表达起来更加凝练易懂、朗朗上口，因此更容易走出书斋，成为社会教育可资利用的文化资源。

其次，看古代社会教育的主要方式和推进路径。文以载道是古代中国最常见的社会教育方式。其最初是指作为载体或形式的语言文字可以用来表达作为内容的某种"道"，后来又进一步引申为文章是用来表达和传播思想理念的，这就是所谓的形式服务于内容。对于古代中国的社会教育而言，内容已经具备，还需要选择适合的形式将其表达出来，达到"以文化人"的效果。社会教育具有发散性的特点，它不同于学校或家庭教育，后两者一般都有明确的培养目标、稳定的教育内容和可持续的制度性支持（譬如学校教育的管理制度或家庭教育的家规家法等）。社会教育面对的是全体社会成员，教育对象的复杂性使得教育的实施过程充满着各种不确定性，而且也缺乏对过程实行规范管理的统一措施。在古代中国，以文人为代表的社会精英是推广儒家文化的先行者和倡导者，他们著书立说，设坛讲学，既是社会教育的推动者，也是社会教育内容的制定者和提供者。社会教育的压力主要来自底层百姓，尤其是其中人数众多的文盲群体。这些人目不识丁，无法通过阅读的方式直接获取道德教育资源，因此需要专门针对这个群体提供他们喜闻乐见的艺术形式，最好能做到声情并茂、寓教于乐、通俗易懂。说书唱戏能满足这些条件，因而这两种文艺形式自古就有，而且一直拥有极为不错的观（听）众基础。"从许多地方志的记载看，在中国历史上，除了一些极为偏僻落后的荒野孤村之外，几乎是没有一个村落集镇与书场和戏台无关。"[①]各种戏曲和说书并非仅仅在讲故事，而是要借助故事的外壳传递仁义忠恕等伦理道德以及"三纲五常"等核心价值观念。生动的形式服

---

① 钱广荣. 中国道德国情论纲[M]. 合肥：安徽人民出版社，2002：150.

务于抽象的内容，最终让社会底层老百姓通过听书听戏的方式接受社会道德教育。底层民众接受儒家伦理道德观念和行为规范具有重大的社会意义，一方面有助于将其转化为实际行动，维持和谐人际关系，维护社会稳定；另一方面有助于形成向上向善的温暖力量，营造良好的慈善道德风气和慈善文化氛围。

除了精英群体和底层民众外，社会教育还要兼顾两者之间的中间阶层。造纸术和活字印刷术的发明为社会教育提供了便利的纸质载体，书坊、书肆可以为粗通文墨的读者提供印刷版本的传奇、通俗小说等文学作品。虽然这些文学作品内容良莠不齐，但绝大多数都离不开积善行德、善恶有报的思维框架，家国情怀和市井意趣、圣人气度和草根情结在不同的作品中都有体现。对于普通大众来说，通俗小说最受欢迎。这些小说的作者通常都是一些科举失意的落魄文人，多年的传统教育在他们的作品中留下了浓重痕迹，褒扬忠孝节义之士，鞭笞缺德无良之徒，主动迎合老百姓对功德圆满美好结局的惯常期待，有意契合传统文化中"善恶有报"的道德观念。除了通俗小说外，各种劝善书和杂字等传统社会地方乡土教材也较受欢迎。劝善书和杂字大多以浅显的语言讲述深刻的道理，通过将道德观念、价值判断融入通俗易懂、口口相传的文字作品中，潜移默化地培养人们的道德情感，强化人们对主流道德观念的认同，推动主流道德思想的移植传输。劝善书经常以非常形象的比喻震慑有意谋取不义之财的人，警醒他们人一旦抱有不良之念，就有如饮鸩止渴、服毒止饥，不仅不会实现预想目标，最终反而会让自己走上死路一条（"取非义之财者，譬如漏脯救饥，鸩酒止渴，非不暂饱，死亦及之"）。杂字本来就是传统社会底层百姓自发编撰的启蒙教材，其作用是立足当地人的风土人情教老百姓读书识字，同时也灌输思想道德、人生经验、知识技能等方面的内容。

总之，古代社会教育克服了对象发散性特征带来的不利影响，针对不同教育对象选择不同方式开展社会教化，基本做到了让不同群体都能够接触到主流的社会意识形态，为传统慈善文化在民间的快速传播奠定了群众基础。

在学校—家庭—社会"三位一体"的传统慈善文化教育体系中，学校、家庭和社会三者相辅相成，各有侧重，互相补充，缺一不可。学校教育最为规范，但并非所有人都能进入学校接受教育；家庭是人的第一所学校，父母是孩子的第一任老师，但家庭教育成效如何还要取决于每个家庭的具体情况，如父母或长辈的学识、眼界甚至家庭的成员构成或经济状况，等等；社会教育面向所有社会成员，但与家庭教育和学校教育相比又比较松散，规范程度明显较低。只有将学校、家庭和社会教育结合起来，才能互相弥补三者各自的缺陷，发挥各自的优势，形成教育合力，全方位促进慈善文化的接受与转化。

三、坚持道德教育的生活化

除了以上提到的多元主体协同参与以及学校、家庭和社会"三位一体"的合力教化以外，传统慈善文化的传播和教化还有一个非常重要的经验，即道德教育的生活化。所谓道德教育的生活化，是指将道德教育嵌入到人们的日常生活中去，通过将道德规范"生活化"为"百姓日用而不知"(《易传·系辞上》)[1]之道，潜移默化地影响人们的价值观念，促进道德行为。

从历史上讲，人类社会原本没有专门的教育领域，生活是个体成长的最好摇篮，人类想要获得生存知识和技能就要从生活中习得，是非观念和道德观念也是来自生活。"道德领域是在生活早期，通过儿童与其他人普遍而不可避免的相互作用经验而建构起来的"[2]，"任何原始部落或任何最先进的文明民族中，人类的行为都是从日常生活中学来的。不论其行为或意见是如何奇怪，一个人的感觉和思维方式总是与他的经验有

---

① 周振甫. 周易译注[M]. 北京：中华书局，1991：269.

② [美]拉瑞·纳希. 道德领域中的教育[M]. 刘春琼，谢光夫，译. 哈尔滨：黑龙江人民出版社，2003：264.

联系的"①。著名的教育家夸美纽斯提出"教育是生活的预备"②，他主张要将教育融入生活中去，实现教育的生活化。按照马克思主义的观点，人类所有活动都源自生活，人类的存在就是生活本身。"人们的存在就是他们的现实生活过程"③，教育是人类社会活动的重要组成部分，绕开生活谈教育教化只会导致空洞的说教。美国教育家杜威认为，"教育即生活，生活即教育"。教育从本质上来讲是生成性的，它是需要在生活场景中完成的知识、技能、经验的习得过程以及个人素质修养的培育提升过程。

道德教育不同于今天我们所熟悉的自然科学和工程领域里的"科学"教育，不能够按照"科学的德育"方式进行。所谓"科学的德育"是指将德行的培育看作可以让教育对象脱离生活而单纯掌握道德知识的过程，它是专门化教育带来的负面效应。"科学的德育"倾向于认为"道德教育过程，就是接受、理解道德概念、原理的过程，就是传授道德教育课程的过程"④。从教育方式上看，"科学的德育"习惯采用灌输式教育。与"科学的德育"不同，道德教育生活化本质上是教育主体将道德知识和道德观念内化为生活中的价值引领和行为示范，引导教育对象通过观察或模仿进行体验式学习。

古代社会较早形成了学校—家庭—社会"三位一体"的教育体系，但在实现教育专门化的同时最大限度地避免了让教育脱离日常生活和劳动实践。虽然古人并没有进行过教育生活化的专门研究，但富于智慧的他们始终将教育与丰富多彩、活泼生动的日常生活相联系，与来自生活的鲜活体验相联系。

家庭德育注重引领和示范。家族长辈和权威人物通过言传身教将家

---

① [美]鲁思·本尼迪克特. 菊与刀——日本文化的类型[M]. 吕万和，熊达云，王智新，译. 北京：商务印书馆，1990：8.

② [捷]夸美纽斯. 大教学论[M]. 傅任敢，译. 北京：人民教育出版社，1999：49.

③ 马克思恩格斯选集（第1卷）[M]. 北京：人民出版社，1995：72.

④ 叶文梓. 从"知识世界"走进"生活世界"——对学校道德教育基础的反思[J]. 浙江社会科学，2001（03）：103-106.

风家训中的行为规范、价值理念融入后世晚辈们的成长过程，由上而下、由先而后地引领他们去观察、模仿、体验、成长。《颜氏家训》认为风化是由上而施于下，由先而施于后，一个良好的风尚就是这样形成的①。在家庭治理中，"父不慈则子不孝，夫不义则妇不顺，兄不友则弟不恭"，因此家庭生活中父亲、丈夫和兄长应当以身作则，为儿子、妻子和弟弟做好榜样。如果父、夫、兄能够善待在人伦秩序中与自己相对应的子、妻和弟，在他们的示范及感召下对方应该也能够尽到相应的道德义务，主动孝敬父母、合顺丈夫、敬重兄长。"父爱我，孝何难，父憎我，孝方贤"（《弟子规》)，所谓的父慈子孝，正常情况下是父慈在先，子孝在后，这就是父亲由上而下、由先而后的引导所产生的理想后果；父若不慈，则极有可能子不孝。如果父亲、丈夫、兄长已经做了良好表率，但儿子却不孝敬父母，妻子不顺从丈夫，弟弟不尊重兄长，那就不是道德教育方式出了问题，而是道德教化已经失去意义，只能诉诸家法惩戒或者刑罚处置来解决问题。

将家庭德育与生活化场景结合起来是家庭教育的重要特色。与学校和社会领域不同，家庭是相对私密的生活空间，家庭道德教育虽然需要树立权威，但要尽可能将权威管束与个体生活体验相结合。如前所述，通过家风家训来教育后人是行之有效的德育生活化途径，因为家风家训是在家族一代代人的人生经历中总结出来的生活智慧，本身就充满生活气息。书桌旁边的座右铭、家谱的封面或扉页文字、家族祠堂悬挂的匾额、春节门楣上贴的对联、鸿雁往来的家书和宅院里的装饰布置，凡此种种，不一而足，都能成为体现家风家训的日用之物。另外，将道德教育与重要节日相结合而举办各种仪式也是家庭教育生活化的重要方式，"春节焚纸、清明扫墓、中元放河灯承载报本反始、慎终追远之情，是孝悌之道的折射；除夕守岁、上元观灯、清明踏青、重阳登高是举家同游的盛会，利于营造温馨和乐的家庭氛围；春节年糕、元宵汤圆、端午

---

① 颜炳罡. 立身治家之道颜炳罡品读颜氏家训[M]. 北京：中国工人出版社，2018：90.

粽子、七夕巧果、中秋月饼等节日食物，或表达对家人的美好祝福，或寄托对先贤的钦慕缅怀，伴随四季变迁周而复始地出现在民众生活中，形成无时不在、无处不有的感召和牵绊"①。当然，重要节日并不止这些，各个家族还可以根据实际情况选择某些固定时间节点开展庆祝或纪念活动，例如浦江郑氏家族的家训《郑氏规范》里规定每个月初一、十五是郑氏家族的重要节日，按照惯例要举行家族聚会，家族成员要集体诵读家规祖训以及道德歌诀，未成年子弟则要去家族的"有序堂"熟读男女训诫之词。

社会教育同样讲究以上范下，统治者和高层的观念言行就是普通百姓的风向标和指挥棒。推行仁政的君主、投身慈善的官员或者民间人士一般都是民间口碑良好的"善人"，从尧舜禹汤等仁君圣主到尽捐家财的陶朱公范蠡，从设立义庄的范仲淹到热心慈善的林则徐，这些人不仅因统治智慧或者社会影响而受人尊重，同时也因富有慈善情怀而被载入史册。借助于统治者或高层的影响力，慈善理念实现了向民间的渗透，融入了广大民众的日常生活。除此以外，官方还通过制定人才选拔制度形成褒奖忠孝仁义的导向，汉代察举制尤其是其中的"举孝廉"即属此类制度。道德因素在人才选拔标准方面的优先性极大地激励了民间的慈善热情，社会意识形态最大限度地融入百姓的市井生活。

与学校和家庭教育相比，社会教育载体更多、形式更丰富、生活化色彩更浓郁，这仍然是由社会教育对象的多元化和差异性所决定的。德育需要根据不同的教育对象，设计相应的操作形式和有效的推进路径。古代社会底层民众群体数量庞大，绝大多数都没有接受过规范教育，接受不了经典文本的抽象义理，更没有能力去推进和丰富社会的伦理道德框架。在社会规范给定的活动空间里，底层民众的角色定位只能是社会主流意识形态的接受者和追随者，这也决定了社会教育必然要采取更为

---

① 范赟. 传统社会儒家核心价值观教育路径探析及其现代启示[J]. 石河子大学学报（哲学社会科学版），2021（03）：96-101.

灵活和多样化的教化措施，从底层民众最为熟悉的生活世界里寻找德育载体。社会教育仍以儒家伦理道德观念为主要内容，但在教化过程中要有意消除儒家学说被统治者和社会高层所赋予的神秘色彩，打消人们对高高在上的圣贤言论的畏惧心理，让儒家学说里富含慈善道德的内容穿上朴素的外衣走近百姓。"儒家思想作为国家意识形态，在传布中却没有拘泥于'雅文化'之外观，而是主动向'俗文化'渗透，以实现在人们物质生活、精神生活、社会生活中的价值引导……当面向目不识丁的底层民众时，儒家干脆剥离了文字外观，而化身说唱艺术、民间传说、文艺表演等场景形式。"[①]事实证明，只有放下高高在上的姿态，使道德教育与现实生活充分关联和衔接，才能够拉近与民众的距离，让生活的外壳包裹下的传统伦理道德、纲常名要成为普通大众自觉秉持的精神力量。

学校教育是最正统严肃的，但它同样没有脱离生活。学校德育始自儿童启蒙时期，学校使用《百家姓》《千家诗》《三字经》《弟子规》《增广贤文》等简明读本，用读起来韵律感极强、充满童趣的歌谣、短句或榜样故事为载体传授道德知识，突出寓教于乐。随着儿童年龄增长，学校教育方式会随之调整，将道德品行和语言文字的学习融入书法、武术、音乐、棋类、曲艺及节日民俗等日常活动，让儿童通过切身体验来理解所学知识和德行的意义。富有生活情趣的教育极其容易引起情感共鸣，马克思认为，"激情、热情是人强烈追求自己的对象的本质力量"[②]，情感并不是纯粹的非理性表达方式，其中也渗透着理性道德要求。当人类用充满情感的眼光去审视身边的世界以及生活于其中的人们时，理性的道德要求往往会激发他们的共情能力，使他们感同身受地去理解身处贫厄或危难处境中的同类，释放道德情感，践行道德行为。中国古代这种生活化的教育方式走在了同时期的西方国家前面，庄泽宣在研究西方教育的时候曾经感慨，即便已经到了中古时期（500 年—1500 年左右的

---

① 范赟. 传统社会儒家核心价值观教育路径探析及其现代启示[J]. 石河子大学学报（哲学社会科学版），2021（03）：96-101.

② 马克思恩格斯文集（第1卷）[M]. 北京：人民出版社，2009：211.

历史阶段），西方教育与生活脱节的情况仍然存在，"西洋中古的教育是死教育，学的是死文字，一切功课都与生活毫无关系"[①]。或许正是基于这种深刻的历史原因，西方社会自进入现代以来才格外重视对教育生活化的理论和实践研究。

第二节　传统慈善文化人文精神的传承

文化是人类实践活动的结果，文化的丰富性来源于人类实践活动的多元性和特殊性，慈善文化也是如此。"慈善"本身就是一个内涵较为复杂的概念，它既可以指无偿为他人和社会贡献个人财物、贡献个人劳动的慈善行为，也可以指社会在规范上述行为时形成的一系列慈善制度以及基于两者之上的自愿、无偿地扶助他人和造福社会的精神追求。有观点认为，"慈善"作为文化概念至少包含七个层面的要素。"①意愿或者情感，这属于精神道德层面的内容，慈善具有道德基础，在中国，这种道德意向建立在传统的儒释道的思想资源之上，在西方，这种道德意向来自基督教思想；②行动，即意愿在现实中的实现，也就是捐助钱物或者提供义务的劳务等行为；③主体，即意愿的持有者和实现者；④客体，即受助者，是指那些因为贫穷、疾病、残疾或自然灾害等原因而深陷困境，无法自我摆脱困境的人；⑤财物，可以是资金、实物，也可以是劳务（如义工的服务）；⑥途径，将以上各因素联系起来的机构或组织，比如各种慈善基金会；⑦制度，即支持、保护和鼓励慈善业发展的法律、政策等。"[②]还有观点认为慈善文化具有三个层次，分别是表层、中间层和里层，"一是表层，就是物的层次，主要由两个内容组成。一个内容是财富和支配财富的人，即捐赠方的人和物；另一个内容是被救

---

① 庄泽宣. 西洋教育制度的演进及其背景[M]. 民智书局，民国十七：224.
② 胡芳肖，等. 社会救助理论与实务[M]. 西安：西安交通大学出版社，2015：325、326.

助的困难群体及被救助、改造的人的生存环境（土地、房屋、水源、粮食、交通设施）。二是中间层，是心物结合的层次。这主要是将慈善理念和行为相结合，用组织和制度的形式规定下来，确立一定的行为规范，供从事慈善的人去运作与遵守，如慈善组织、慈善章程、慈善法规等。三是里层，即心的层次。这主要是慈善思想、慈善理念、慈善价值观。它是慈善文化最核心的层次，是慈善的灵魂"[①]。笔者认同以上两种关于慈善文化具有层次结构的观点，七种要素说也罢，表中里三层次也罢，其实都可以看作慈善文化在物质、制度和精神三个层面上更为具体的表现形式。慈善文化的三个层面既互相联系又互相区别，三者相辅相成，共同构成统一的有机整体。

物质层面的慈善文化主要表现为具有慈善文化象征意义的器物或载体，是慈善文化的具象表达，是制度和精神层面的慈善文化的物质载体。为了倡导守望相助的社会风气、激励助人为乐的慈善行为，古代官方和民间设置了多种慈善文化的物质载体，如以实物形式设立的碑刻、木刻、牌坊，或印制售卖的各种劝善书、记载善人善事的小说、传记等文献资料。物质层面上的慈善文化（也称慈善器物）因其形式比较直观、感性，故可以作为弘扬慈善文化的活教材。慈善器物虽然不足以表现慈善文化"质的规定性"，但却能够丰富其"量的规定性"，因而可以通过累积方式实现对慈善文化的表达和传承。

制度层面的慈善文化主要指慈善活动组织方、管理方制定的与慈善活动相关的行为规范，既包括临时性活动流程、注意事项和参与方法，也包括较为规范的管理制度，比如仓储管理制度、慈善组织章程、慈善法规等。中国古代慈善制度的发展具有几个特点：一是慈善管理制度出现的时间较早，西周时期的文献中有记载，"国有饥馑，卿出告籴，古之制也"（《国语·鲁语上》）；二是官方较早地设置专门职位来管理慈

[①] 浙江省民政文化研究课题组. 大民政时代浙江民政文化发展研究[M]. 北京：北京联合出版公司，2017：61.

善事务，例如西周时期所设地官司徒的职责是"修六礼以节民性，明七教以兴民德，齐八政以防民淫，一道德以同俗，养耆老以致孝，恤孤独以逮不足"①；三是设立各类慈善组织的流程和章程，如前面所提及的慈幼局、养济院等；四是对不同救助对象实施分类赈济的相关规定，如拯婴、慈幼、养老、宽疾等；五是建立荒政仓储制度，如以平抑物价为目的的"平籴、通籴制度"；六是以立法促进慈善事业管理，据《后汉书》记载，汉武帝曾经对发生自然灾害时部分奸商哄抬粮价造成口粮紧缺的情况进行整治，"诏曰：往岁水旱蝗虫为灾，谷价腾跃，人用困乏……其命郡国有谷者，给禀高年、鳏寡孤独及笃癃、无家属、贫不能自存者，如律"。

制度层面的慈善文化是对物质层面上的慈善文化的超越，它具有慈善文化部分的"质的规定性"，反映了古代慈善事业的发展水平。当然，如果客观地评价古代社会慈善制度，我们要看到它的两面性：一方面，要承认它对于古代慈善事业所具有的历史作用，另一方面也要看到它的局限性，如制度体系不健全，制度化水平不高，各种管理制度、政策、措施之间的衔接不合理等。无论是传统慈善制度的历史作用还是历史局限性，我们都既不能视而不见，也不能无限度夸大。

在慈善文化的三个层面中，精神层面的慈善文化最具传承性和超越性。传承性主要体现在，慈善精神是慈善文化最深层次的组成部分，体现了人类在社会发展过程中普遍追求的慈善价值共识，它作为慈善文化的"硬核"受到外围制度文化的保护，具有相对稳定的继承性。超越性与传承性相关联，它主要体现在，随着时间的推移和历史条件的变化，物质层面的慈善文化可以自然消亡或被人为摧毁，制度层面的慈善文化可以被不断修改、完善最终面目全非，但精神层面的优秀慈善文化却可以超越器物和制度两个层面的差异相对稳定地保存下来。正因如此，优秀传统慈善文化可以为新时代中国特色志愿文化提供必要的人文精神和

---

① 李源澄. 诸子概论[M]. 北京：北京理工大学出版社，2020：27.

历史经验。这里所说的人文精神，是指超越不同学派慈善文化具体观点的普遍价值共识，主要包括"祛自我中心主义"的世界观、集体主义的价值思想、家国天下的格局担当以及大同世界的理想追求；这里所说的历史经验则是指传统慈善文化成功涵养古代社会慈善事业并能够流传至今继续发挥作用的原则、方式和路径。

一、祛自我中心主义的世界观

人类如何看待这个世界？这是世界观要解决的首要问题。在中西方文化中，看待世界的出发点不同，由此形成了两种迥然相异的世界观：一种是从自我出发，以自我为原点建构世界图景，形成自我中心主义的世界观；另一种则将自我视为自然或宇宙的一部分，形成整体主义世界观。

根据让·皮亚杰的认识发生论，人类认知发展存在一个普遍的客观规律：人首先关注自身，习惯从自己的立场出发看待问题，这种视角就是以自我为中心，它的形成有一定的合理性。英国哲学家、历史学家汤因比曾经从认识论和生存论的角度论证"自我中心"的必然性和合理性，"一方面，自我中心显然是地球上生命的本质……对于每一个生物来说，自我中心是生物存在不可缺少的，是生命的必要条件之一"①，"人类观察者不得不从他本人所在的空间某一点和时间某一刻上选择一个方向，这样他必定是以自我为中心的"②。自我中心主义则是指无论在什么情况下都倾向于从"自我中心"视角看待问题，一般是个体不成熟时才会有的心理表现。"自我中心主义"之所以产生，是因为人类与生俱来的先天自我性，它的出现是自然形成的而不是后天习得的，从这个意义上来讲，"自我中心主义"具有部分的合理性。以自我（不论是个体自

---

① [英]阿诺德·汤因比. 一个历史学家的宗教观[M]. 晏可佳，张龙华，译. 刘建荣，校. 上海：上海人民出版社，2016：4.

② [英]阿诺德·汤因比. 一个历史学家的宗教观[M]. 晏可佳，张龙华，译. 刘建荣，校. 上海：上海人民出版社，2016：3.

我抑或是群体自我）为中心是一切生命或群体的普遍现象，人类也不能例外。从伦理学角度讲，"自我中心主义"会导致行为上的利己性，即个体首先会关注自身需求和利益。换句话说，自我中心主义者的行为会受特定的自我需求或利益所驱动，他们的社会交往首要原则是自我利益优先。自我中心主义者普遍存在，这是诸多思想家的共识。早在汤因比之前，马克思就肯定了"利己性"的存在，认为"现实的人只有以利己的个体形式出现才可予以承认"①，他认为，"利己的人，是市民社会的成员，是政治国家的基础、前提"②。这些肯定自我中心主义客观存在的权威观点，后来成为很多自我中心者自我辩护的理由。他们倾向于坚持，人类客观上存在着趋利避害的本性，单个主体或群体在追逐利益的过程中，一般会采取两种行为，一是较低层次上的自我中心主义，即忽视或破坏他人和社会利益的极端自我中心主义；二是较高层次的自我中心主义，即追求自我利益但不妨碍他人和社会利益的互利共赢式自我中心主义，它是成熟个体或群体在社会交往中所遵循的基本原则：追求自我利益时要兼顾他人利益，实现自我利益但并不损害他人利益。

自我中心主义的部分合理性容易掩盖其利己逻辑的消极本质，如果脱离对自我中心主义的全面审视而仅仅强调它的合理性无疑会导致片面的认知结论。基于此，汤因比在肯定自我中心主义客观合理性的同时又对它的消极性进行了批判，他认为将自我中心视作一种信仰变成极致的"自我中心主义"既是理智的错误也是道德的错误，"自我中心是一种理智的错误，因为没有一种生物真正是宇宙的中心；自我中心又是一种道德的错误，因为没有一种生物有权利以宇宙的中心自居。它没有权利把他的同胞、宇宙、上帝和实在视为仅仅是为了满足一种自我中心的生物需求才存在。坚持这样一种错误的信仰并照此行事是一种狂妄自大的罪恶"③。

---

① 马克思恩格斯文集（第1卷）[M]. 北京：人民出版社，2009：46.
② 马克思恩格斯文集（第1卷）[M]. 北京：人民出版社，2009：45.
③ [英]阿诺德·汤因比. 一个历史学家的宗教观[M]. 晏可佳，张龙华，译. 刘建荣，校. 上海：上海人民出版社，2016：4、5.

在汤因比看来，自我中心主义构建了一个极端化、教条化的"自我中心"，并以此作为看待世界以及处理自我与他者关系的世界观和方法论。人一旦陷入自我中心主义，他或她所观察到的世界图景必然是歪曲怪异的，就像有的学者指出的，"被幻觉所控制并产生幻觉的人已不再拥有正常的世界图景，在正常的世界图景里一切实在都在自己的位置上，并处在与存在及存在的结构一致的关系之中。在幻觉的世界里，一切实在都改变了自己的位置并相互混淆，都被歪曲，存在的结构遭到破坏，一切都成了被各种欲望所控制的自我中心主义的存在物"①。在现实社会生活中，无论是群体自我中心主义（如国家或民族自我中心主义）还是个体自我中心主义都容易滋生极端的利己主义。"自我中心主义从合理的'自我中心'出发，却在实践中将其推向了极端，把自我中心的'为我性'变成了'唯我性'，这表明，自我中心主义实则是彻底的或极端的利己主义，其实质就是自我利益的最大化。这种最大化在空间上表现为以自我占有和支配'他我'，在时间上表现为以当前垄断或透支未来，从而造成了时空上的'孤岛化'和'断代化'的后果；在价值关系上，这种最大化就是只索取不回报，只关注自我的利益和需求，忽视自我所应承担的责任和义务，造成了权利和义务、获利与责任的割裂以及价值关系上的单向单边的利益索取关系"②。

如何走出自我中心的窠臼，以更大的格局和更开阔的视野看待这个世界，传统文化为我们建立了一个"大爱"视角，儒家思想中认为"仁者，人也"，将"仁"视作人的本质。人的本质并不是单个个体在成长过程中就能自然获得的，而是在人与他人交往的过程中通过个体与他人的关系形塑出来的，这可以说是传统慈善文化与马克思主义在人的本质问题上最为曲意相通的地方。不止于此，"仁者爱人"还道出了实现人的本质，"从字形上来看，'仁'为两人并立，反映了人与人之间的团

---

① [俄]别尔嘉耶夫. 论人的使命——神与人的生存辩证法[M]. 张百春，译. 上海：上海人民出版社，2007：121.

② 邱耕田. 从自我中心主义走向共生主义[J]. 学习与探索，2015（10）：8-14.

结、尊敬、和睦、亲善、友好的关系,与对立、分裂、敌视、猜忌、攻击等相对立"①。人之所以为人,在于他们能够克服自我中心状态,将关注自身利益的情怀推延于外,转而去关爱更多的人。就近取譬,仁之"方"也,"所谓'能近取譬',就是能够由近推远、由己推人去实行,一个热爱生活、追求幸福的人,应该想到他人也会有这样的想法和追求,一个人尊重并孝敬自己的父母,就应该以此为例而对待所有年长的人,一个对自己的子女慈爱的人,那么就应该由此推及对待其他年幼的人;退一步讲,则至少应做到'己所不欲,勿施于人'"②。推己及人,就是以仁爱之心,"在把握、调节人际关系时,将心比心,从他人对自己的行为中切身感受这种行为给自己带来的利弊,从而认识到自己对他人的需要,并由此决定自己行为的准则"③。以仁爱之心推己及人,才能逐渐摆脱自我中心视角,摆脱只为一己之利的狭隘观念。冯友兰先生认为"'推己及人'之所以能推,就是以为它不是出于私心,而是出于公心""没有私心就可以'推己及人'"④。儒家的推己及人有助于克服"爱有差别"观念的先天不足,使"仁爱"与其他学派的核心概念融汇而成"大爱"理念,达到"视人之国若视其国,视人之家若视其家,视人之身若视其身"(《墨子·兼爱》)的境界。

从仁爱、兼爱到超越学派具体观点的大爱,传统文化建立起"祛自我中心主义"视角的世界观,将自我或人类看作世界的组成部分而非世界的中心,提升了人类认知世界的客观程度以及与世间万物共情的能力,并在这个基础上形成慈善意识、践行慈善行为。人最初是通过观想产生共情,并进而产生慈善意识的。第一步是观想,观想陌生人或者有生命的动植物,看到他/它遭受痛苦的时候自己会有强烈共情感,不断的观想和不断的共情会催生慈善意识;第二步在是观想和共情之后发现

① 武东生. 和而不同、推己及人与团结友善[J]. 道德与文明, 2002 (02): 52-55.
② 武东生. 和而不同、推己及人与团结友善[J]. 道德与文明, 2002 (02): 52-55.
③ 车钟鉴. 儒学价值的新探索[M]. 济南: 齐鲁书社出版社, 2001: 91.
④ 冯友兰. 中国哲学史新编 (上) [M]. 北京: 人民出版社, 1998: 157.

被观想对象很痛苦，于是刺激自己想办法去保护他们，慈善意识开始萌发为行动的催化剂；第三步是将上两步的观想所催生的慈善意识转变为行为动力。西方学者也关注过类似现象，并认为只有抛除了自我中心主义的视角，人才会通过各种行为表达出包括共情、同情、同感、慈善等在内的"利他的冲动"①。

克服自我中心主义之后，人们观察世界的角度变了，人与人之间的关系获得全新建构。马丁·布伯认为，"我"与世界其他存在者的关系，不外乎两种，即"我—他"关系和"我—你"关系。在"我—他"关系中，"我"习惯于将世界看作对象、客体，是满足"我"利益、需求的工具。而在"我—你"关系中，"我"以"发自本心的意志和慈悲情怀主宰自己"②。儒家通过"推己及人"实现了对"我—他"关系的超越，走向了"我—你"关系，由此可以摆脱工具性思维的桎梏，实现个体与他人、个体与社会的和谐共处。当然，推己及人并非完全否定自我的存在，相反，它的出发点恰恰与自我中心主义一样，只不过同样以"自我"为出发点的中国传统哲学，最终扬弃了自我中心主义的原生桎梏，走向更为包容的"大我"世界，"这种注重他人存在，反对一味以自我优先的精神气质与近代西方哲学大相径庭"③。

二、集体主义的价值思想

在儒家思想中，"推己及人"具有方法论意义，它不但有助于形成世界观，也有助于建构和谐关系，促进个体与他人相统一、个人与社会相统一、家与国相统一、国家与天下相统一。这种由己及人、由个体到集体的过程，"转换的不仅是个体的空间格局，更重要的是促进了个

---

① Warriner, C. K. 1972. "The Altruistic Impulse and the Good Society." pp.343-355 in D. H. Smith（ed.）*Voluntary Action Research*, Lexington, MA： D. C. Heath.
② [德]马丁·布伯. 我与你[M]. 陈维纲，译. 北京：生活·读书·新知三联书店，1986：21.
③ 陈来. 仁学本体论[J]. 文史哲，2014（04）：41-63.

体与集体之间关系的搭建"①，最终"从'亲亲'之'爱'和个人利益出发，在'推己及人'的过程中实现'成己成物'的双丰收，从而成功地将个人与集体之间的鸿沟连接了起来"②。

古人很早之前就认识到人只有在群体中才会变得强大，并由此开启关于人与集体关系的思考。荀子认为群体能够赋予个体以超乎自身的力量，"人，力不若牛，走不若马，而牛马为用。何也？曰：人能群，彼不能群"（《荀子·王制》）。人类超越动物的地方在于其社会性，只有在集体中，人才能够获得超越于一般动物的能力，才会使"牛马为用""多力胜物"。这种早期的集体主义意识为传统文化中的集体主义价值观念埋下了思想种子。

什么是集体主义？根据美国学者哈里·特里安迪斯的观点，集体主义是由关联紧密的人们共同组建起来的一种社会结构，人们分别属于一个或多个集体。集体主义要求个人目标要服从集体目标，并认可集体赋予个人的义务，这里的集体既可以指一个部落，一个国家，一个种族，也可以是一个家庭或者一个工作团体③。集体主义视角下每个人都隶属于若干个群体，并在个人与他人的关系中定位自己的角色，满足自己的需求，实现自己的利益，但集体利益高于个人利益。

"人只有在相互作用之下，才能使自己的情感和思想焕然一新，才能开阔自己的胸怀，才能发挥自己的才智。"④ 在任何一个集体中，个体之间都存在着千丝万缕的联系，彼此之间互相作用、互相影响，个人的角色、地位、作用及个人的自我价值的实现都是以集体的存在为前提。个体认可自己是集体的一员，就会自觉将集体中的自我与独立的自我区分开来，并将集体利益置于自我利益之前，这是人的社会属性的必然体

---

① 钱广荣. 推己及人：儒学和谐伦理思想的核心价值[J]. 合肥师范学院学报，2012（02）：37-40.

② 万远新. 儒家"修齐治平"理想与中国现代公民观念的形成[J]. 社科纵横，2018（08）：74-77.

③ Harry C. Triandis, *Individulism and Collectivism*, Boulder: West Press, 1995, 128.

④ [法]托克维尔. 论美国的民主（下卷）[M]. 董果良，译. 北京：商务印书馆，1988：671.

现。日本学者作田启一指出，"所谓集体主义，简单地说，就是把维护集体中的秩序放在第一位，其成员即使在满足个人的欲望和追求人的理想时，也应兼顾到他在集体中的职责"①。

集体主义在西方文化中也有支持者，但它在西方文化中的地位远不及个体主义，与之相反，中国传统文化强调集体主义的重要性，个体主义则是相对边缘化的价值理念。中国古人重视集体的传统观念与长期的生产方式有关系，"中国的文明产生于大陆内地，以农耕为主，农耕把人聚集在以血缘为纽带、以家族为基础的氏族社会的集体之中，以集体的力量抵御自然灾害"②。另外，古代中国水患频发，早在大禹治水的时候，就曾经有召集各方，发挥集体智慧商讨如何治水的相关记录。到了商代，甲骨文"田其丰年"中人们用"×"这个符号表达集体劳动之意，记录当时集体参与的农业耕种场景。早期社会建立的集体耕作方式延续下来，逐渐稳定，形成了利益一体、休戚与共的集体主义思想，并成为古代社会调整个人与集体之间关系的基本价值准则。在传统社会里，人们按照尊卑长幼的伦理关系建立社会等级秩序，为社会生活的有序运行提供条件，但其弊端是会导致人与人之间的关系疏离。集体主义则使人们因归属于同一个集体而相互产生亲近感和信赖感，因此可以适度平衡社会等级秩序所导致的疏离感，形成同舟共济、休戚与共的共同体意识。

个人与集体的关系是相辅相成的，一方面，个人离不开集体，个人在集体中才能获得更好的生存和发展条件；另一方面，集体是由不同的个体构成的，集体的存在有赖于个人对集体的奉献以及个体之间的团结互助。"集体主义的核心思想是重视集体的力量，以爱护集体为荣，强调组织成员之间相互关心、相互帮助。"③作为古代社会的精英群体，文

---

① [日]作田启一，吴晓林. 个人主义与集体主义再认识——西方文化与日本传统[J]. 国外社会科学，1987（09）：24-31.

② 任洪舜. 关于集体主义的中华民族优秀传统文化研究[J]. 牡丹江大学学报，2009（01）：6-8.

③ 魏钰桐. 中国传统文化的集体主义思想与社会主义核心价值观[J]. 改革与开放，2015（09）：96-98.

人们一般都有着超乎常人的思想高度和视野，他们居安思危，未雨绸缪，常怀忧国忧民之心，关注国家和民族的前途命运。文人们的忧患意识是集体主义价值思想的集中体现。

忧患意识既可以体现为对国家、民族整体安危和未来发展的关注，也可以表现为对老百姓生计问题的担忧。在传统文化中，忧患意识并非对自我利益的患得患失，它是在集体主义语境中将个人与国家、民族、社会和他人的前途命运相关联而产生的风险意识和防范意识。《礼记》提醒当政者要时刻牢记百姓疾苦，"虽危，起居竟信其志，犹将不忘百姓之病"；屈原目睹百姓生活艰难遂发出沉重叹息，"长太息以掩泣，哀民生之多艰"；杜甫虽身居陋室却牵念百姓冷暖，"安得广厦千万间，大庇天下寒士俱欢颜"；范仲淹体察民生，看到谷帛踊贵、民不聊生，而权贵们奢靡无度时，他忧心如焚，"上忧宗上，下忧生灵""尝推其俸以食四方游士，诸子至易衣而出"；魏源目睹家国飘摇，黎民受苦，感慨"不忧一家寒，所忧四海饥"……忧患意识来源于文人们的社会责任感，"忧国忧民的社会责任感是忧患意识产生的内在动力。忧患意识从来都是与主体的社会责任感联系在一起的，它不仅体现为一种居安思危的高超智慧，而且表现出人们改造世界的一种责任感和能动性。这种责任感既是忧患意识的具体体现，也构成忧患意识萌发的原动力。强烈的社会责任感首先表现为勇于承担社会责任，而承担责任即是在悲天悯人的基础上所引发的自我关怀和群体关怀"。①

中国传统文化属于典型的农耕文化，它的主要品格体现为"可以自给，无事外求，并必继续一地，反复不舍，因此而为静定的、保守的"②。忧患意识与民族品格的结合使得中国古代社会中的人们拒绝一切影响稳定生活状态的因素，习惯于防患于未然。有鉴于此，开明的统治阶层会心怀忧患，未雨绸缪，推行仁政之治，勤于疏浚河道、兴修水

---

① 李晓社. 传统忧患意识的形成及思想内涵[J]. 攀登，2006（03）：92-96.

② 钱穆. 中国文化史导论[M]. 北京：商务印书馆，1994：2.

利、筑仓屯粮，必要时也会减免税赋，安顿民生，这样既能防范一般的天灾人祸，也能将重大灾荒或连年战乱的影响降到最低。

三、家国天下的格局担当

儒家思想重视道德践履，强调要通过"格物、致知、诚意、正心、修身、齐家、治国、平天下"的八条目实现"内圣外王"。在八条目中，"格物、致知、诚意、正心、修身"是内圣之道，经由它可以获取格物致知的能力，养成良好的道德品格，但"内圣"不是儒家追求的最终目的，通过内圣而成就"齐家治国平天下"的外王之业才是最高境界。尽管八条目包含着丰富的内容，但最核心的部分还是人们所熟知的"修身齐家治国平天下"，其中"修身"既是"内圣"的终点，也是"外王"的起点，将两者关联起来。可以说，"家国天下"既是儒家的道德境界，也是其政治格局，个体通过"修齐治平"将道德理念外化为政治主张，既体现道德责任，也体现政治担当。从发展方向和递进逻辑上来看，"家国天下"与"修齐治平"是完全一致的，因此两者无须区分哪是格局哪是担当，也可以说，格局即担当，担当即格局，两者相互嵌入，共成一体。

在中国传统文化中，"家"是个有着特殊意义的重要概念。家既是人们生活的物理空间，也是被人们寄予感情的精神空间；家是人们社会生活的起点，也是实现"天下一家"的终点。"家"的概念超越了它作为一般意义上的社会生活单元的含义，包含着诸多复杂的感情色彩。家庭伦理是中国古代伦理道德规范的基础内容，分量颇重，对应着"家"在人们心目中的独特位置。中国人最先在家庭中建构了基于血缘和亲缘关系的伦理规范，用来调整家庭中的父子、兄弟及夫妻关系。儒家学说建立了推己及人的方法论原则将小我推向大我，按照相似的机制和家国同构的原理，将行之有效的家庭生活伦理规范外推到社会层面，在更大的社会生活空间中构建适合于国家乃至世界的行为准则和秩序要求。

家、国和天下相互关联，共成一体，人在其中需要遵守怎样的行为规范才能建立起稳定有序的生活状态？虽然儒家的礼法制度中包含着关于治国理政的法律、法规，但历代儒家思想家均主张以德治国、寓法于礼，所以人们仍需借鉴家庭生活经验以伦理道德规范来管理国家和社会。《礼记·礼运》里强调个体要尽到十条基本义务，"何谓人义？父慈、子孝、兄良、弟悌、夫义、妇听、长惠、幼顺、君仁、臣忠，十者谓之人义"。在家国天下的格局中，家是起始单元，是建立家国天下格局的起点，所以《礼记》将十条人义中的八条与家庭伦理关联起来，借以折射家庭伦理的重要性。孟子在对社会关系进行分类时也突出了家庭关系的重要性，他认为最重要的社会关系莫过于父子关系、君臣关系、夫妇关系、长幼关系和朋友关系，相对应地，调整这五种关系的伦理要求分别是"父子有亲，君臣有义，夫妇有别，长幼有序，朋友有信"（《孟子·滕文公上》）。孟子不仅认为最重要的社会关系是家庭关系，而且还认为应当将父子关系排在君臣关系之前，在这一点上明显区别于西汉董仲舒的纲常理论对父子和君臣关系的排序。以孔孟为代表的早期儒家主要论证家国同构的演变脉络，阐释由家及国乃至天下的推演发展过程，因此重视基于血缘而建立起来的家庭关系，并由此探讨家庭成员要遵守的伦理规范。在家庭关系里，父子关系是首要的，这是男权社会的显著标志，并构成了家庭中其他权威关系的起点和基础。至于君臣关系，则是在家国同构的前提下，将父子关系类推至国家层面而建立起来的权威关系，用以治理国家和形成社会秩序。家是最小国，国是最大家，国君相当于家长，遵循家的治理逻辑来治理国家和社会，因此父子关系在前，君臣关系在后。到了汉代，儒家理论已经逐渐走向成熟，国家、天下的概念早已形成，君权最大已成定论，接下来是要建立权力组织和配置的基本框架，以便夯实君王的统治基础，故董氏的纲常理论主要论证权力自上而下的走向，即由君到臣、由父到子和由夫到妻，强调权力的单向度输出及其不可违逆性。

一些从事跨文化研究的学者也注意到"家"在中国传统文化中的特

殊意义。韩国学者洪元植认为家国天下是时空的延展和扩大。"儒学对'家'在两个方面持有特殊的观点：一方面，儒学没有把'家'只局限于血缘关系，而是积极地将之与非血缘的'国'相联结；另一方面，没有把血缘关系仅止于父母和子女，而是积极地进行溯及。"①家与国的联结意味着家在"空间上的扩大"，从较小的"家"到扩大后的"国"。家在"时间上的扩大"则强调家庭关系在时间上的追溯，家庭成员对父母尽孝还不够，还要根据血缘关系追溯至故去的祖先，而追溯过往的最好形式就是祭祀。洪元植从时空两个维度来揭示儒家对于"家"的深刻理解，横向上使家与国联成一体，由"家"成"国"、"国"也是"家"，纵向上将家与祭祀联结起来，与中国人的宗教情怀联系起来。

由家到国再至天下，始于小家，达致大家，家国天下本质上是"天下一家"，这既是中国传统时代的国家观，包含着对于家国关系的理解，也是"古代中国人的世界观"②，包含着人们对世界关系的基本认识。"顺天孝父和爱赤子为中心的关爱伦理，被补充进按才分工、各尽所能和各得其所的社会公正的内容。人类社会在'大道既隐'之后，并以仁义的教化引导和礼制的作用来保障此天下的稳定。要突破各自小家而走向天下一体的'大家'，不但需要道德的劝善和关爱，更需要形而上的理论支撑，即当从一气、一理或一心出发去看天下。天下一家不仅是情感和德性的调适舒展，也是为引向王道政治的贯彻和圆满。"③"天下一家"的思想已经具有当代"人类命运共同体"概念的雏形，即便放在当代，其中蕴含的思想理念和政治智慧在处理国与国之间的关系方面仍然具有重要的参考价值。

如果说家国天下是个体生活物理空间的扩大和精神境界的提升，那"修齐治平"则是个体在空间扩大和境界提升过程中"有所作为"的具

---

① 洪元植，林海顺．"家的发见"与儒学中"家"的特殊性[J]．中国人民大学学报，2017（03）：2-8．

② 向世陵．儒家视域中的"天下一家"观[J]．中国人民大学学报，2017（03）：9-15．

③ 向世陵．儒家视域中的"天下一家"观[J]．中国人民大学学报，2017（03）：9-15．

体方式，体现着个体逐渐增强的责任意识。关于"修齐治平"的思想最早出现在《礼记·大学》开篇有关"三纲领、八条目"的论述里，所谓"大学"指的是"大人之学"，也即"君子之学"。众所周知，君子是中国传统社会知识分子的理想人格，那么什么样的人才能成为君子呢？这就是"三纲领"要回答的问题。"大学之道，在明明德，在亲（新）民，在止于至善。""明明德""亲民""止于至善"这三句话开宗明义，提纲挈领地概括了君子养成的途径和目标，即首先要唤醒个体自我层面上内在心性的良知与善性，弘扬光明磊落的品性，并在此基础上实现推己及人，即自我力量由内向外推动善良品性的不断外化，最后以光明磊落的品行影响他人，这是"'一个由先知之'圣贤'推己及人、教化大众、感化众生的过程"，是'将个人道德理性转化为社会道德的集体理性'"①的过程。作为"八条目"的"格物、致知、诚意、正心、修身、齐家、治国、平天下"是对"三纲领"观点的具体展开和详细阐述，对应着家国天下物理空间和精神境界的提升转换。与家国天下的演进过程一样，"修齐治平"也有循序渐进的发展顺序，即"物格而后知至，知至而后意诚，意诚而后心正，心正而后身修，身修而后家齐，家齐而后国治，国治而后天下平"。家国天下与"修齐治平"通过"八条目"融为一体，相互促进，最终形成有积极担当意识的宏大格局。

四、大同世界的理想追求

人类自古就有对未来理想社会状态的设想，如西方文化中柏拉图的理想国、黑格尔的绝对精神的世界、空想社会主义者的"太阳城"和"乌托邦"，中国哲学中老子的"小国寡民"、庄子的"无何有之乡"、陶渊明的"世外桃源"以及孔子的大同世界等。

---

① 万远新. 儒家"修齐治平"理想与中国现代公民观念的形成[J]. 社科纵横，2018（08）：74-77.

《礼记·礼运》中对大同世界的描述是这样的："大道之行也，天下为公，选贤与能，讲信修睦。故人不独亲其亲，不独子其子，使老有所终，壮有所用，幼有所长，矜、寡、孤、独、废疾者皆有所养，男有分，女有归。货恶其弃于地也，不必藏于己；力恶其不出于身也，不必为己。是故谋闭而不兴，盗窃乱贼而不作。故外户而不闭，是谓大同。"在中国传统文化关于未来社会的所有设想中，大同世界最具代表性，它不仅描绘了一幅美好的社会生活愿景，而且也试图给出实现这种愿景的可行机制。之所以说"大同"思想不纯粹是理论空想，是因为其中包含了"天下为公"的思想觉悟、"选贤与能"的管理体制、"讲信修睦"的人际交往规则、"各得其所"的社会保障机制和安全有序的社会秩序。除此之外，孔子还将大同世界理想建立在"仁爱"原则基础之上。如果说"仁"体现的是人与人在社会生活中共生共存的关系及由这些关系所决定的人性，那么"仁者爱人"则体现了以"爱"为出发点的人性向外发展的无限敞开性。"'大同世界'在儒家的'仁爱'思想的指导下，从人的情感出发，将'人不独亲其亲，不独子其子''老有所终，壮有所用，幼有所长，矜、寡、孤、独、废疾者皆有所养'作为衡量标准，实质上就是在向往一种感性上的人与人之间的生命共在。"①

大同世界并没有明确的部族界限，这是钱穆先生的观点。他认为中国古代人在家庭共同体生活中互相亲近的关系不断外扩，使得其关心的对象不断增加，最终导致中国人对世界乃至全人类的关心远超对一般个体或一部一族的关心，"中国古代人，一面并不存在着极清楚极明显的民族界线，一面又信有一个昭赫在上的上帝。他们关心整个世界、整个人类之大群全体，而不为一部一族所私有。事实上，儒家的大同，从亲其亲到人不独亲其亲，老吾老以及人之老，大同乃是将家庭共同体的感性生活扩大到整个人类的共同生活层面。从此两点上，我们可以推想

---

① 晏扩明."真正共同体"与"大同世界"之比较——立足于人的类本质的感性回归[J].温州大学学报（社会科学版），2019（02）：19-26.

出，一种基于普遍的人文关怀的理想的共同体生活，一定包藏着对于人之自由的朴素理解"①。

到了汉唐以后，儒家的仁爱思想融入了佛教"慈悲为怀""众生平等"的观念，大同思想从内容上来讲更加丰富包容，并在宋明时期延续发展。张载的"民胞物与"思想将天地宇宙之间的人与万物囊括于父母、同胞和朋友的概念之中，他认为，天地是人之父母，禀受天地之气而成性，但人很渺小，与万物共同生存；天下之人皆同胞兄弟，万事万物都是同伴朋友。所以，人类应当像对待人一样关爱万物，"凡天下疲癃、残疾、惸独、鳏寡，皆吾兄弟之颠连而无告者也"（《西铭》）。明代儒学家王阳明继续发展这种观点，认为"大人者，以天地万物为一体者也，其视天下犹一家，中国犹一人焉"（《大学问》）。"大同"世界思想产生于物质生产条件较为落后的农业文明时代，考虑到当时交通和信息技术的不发达所导致的人们之间的陌生和疏离，中国古人能有世界大同的超越境界实属难能可贵。

明清之际的西学东渐之后，西方文化对天下大同思想产生了一些影响和冲击。晚清时期，仁人志士们先是尝试学习西方的技术而不成，后又尝试引进西方的社会制度而无果，于是转而开始引进西方的人文思想，其中包括西方思想家对未来社会状态的理论构想。来自西方的社会思想与儒家的大同世界相结合，为大同世界理想增加了新内容。清末的维新主义者康有为积极宣传大同思想，他在《大同书》中描述道，"因有家之故，必私其妻子而不能天下为公"，"故家者，据乱世人道相扶必需之具，而太平世最阻碍相隔之大害也……故欲至太平独立性善之美，惟有去国而已，去家而已"②。康有为把从现有世界走向完美世界的阶段比作公羊"三世"："据乱世"、"升平世"和"太平世"，走到最后的太

---

① 钱穆. 中国文化史导论[M]. 北京：商务印书馆，1994：48.
② 康有为. 康有为全集[M]. 姜义华，张荣华，编校. 北京：中国人民大学出版社，2007：91.

平大同之世，"最紧要关键，在毁灭家族"①。康有为接受西方君主立宪制、人权理论以及进化论的部分理念，对大同世界的理解出现相应变化，譬如受西方自由、平等、博爱思想的影响，康有为认为要对封建家族宗法等级制度进行批判，并试图以此来克服早期儒家思想中的"家"与"家国"概念的局限性，使大同思想更趋完善。

俄国十月革命一声炮响，为中国送来了马克思主义。共产主义是马克思主义政党的终极奋斗目标，自从中国共产党成立的那一时刻起，中国共产党人便开始了为共产主义奋斗的伟大历程。1949年新中国成立前夕，毛泽东在《论人民民主专政》中使用了充满中国色彩的大同概念，号召工人阶级、劳动人民和共产党"努力工作，创设条件，使阶级、国家权力和政党很自然地归于消灭，使人类进到大同领域"，这里的大同领域实质上就是共产主义理想的中国式表达。此后，以邓小平、江泽民、胡锦涛为总书记的中国共产党人将大同思想与共产主义的奋斗目标结合起来，并与时俱进地进行理论和实践创新。2017年，习近平总书记在党的十九大上提出要"推动构建人类命运共同体"，将这个充满时代气息的理念与"大道之行，天下为公"的大同世界理想关联起来，为加强国际交流与协作、实践共产主义贡献了更具说服力和兼容性的新内容。人类命运共同体理念与大同世界理想历史相联，观念相通，价值相融，可以说，大同世界是几千年前中华民族建构的观念人类命运共同体，而在今天，中国共产党领导的中华民族正在把这个构想一步步变成现实。为人类谋进步、为世界谋大同，源自中国古代的大同世界理想超越时空与今天的人类命运共同体理念乃至共产主义伟大理想相融合，共同熔铸了抱薪成火、守望相助的人文精神，成为中华民族精神的重要组成部分。

---

① 梁启超. 清代学术概论[M]. 北京：东方出版社，1996：74.

第三章
新时代传统慈善文化的现代转化

优秀传统文化是中华民族在几千年的历史中积淀下来的宝贵精神财富，是对传统文化的批判性继承。习近平总书记谈到，不忘历史才能开辟未来，善于传承才能善于创新，优秀传统文化是一个国家、一个民族赖以传承和发展的精神财富。我们要善于把弘扬优秀传统文化和发展现实文化有机统一起来，紧密结合起来，在继承中发展，在发展中继承。以科学的态度看待传统文化中的精华和糟粕，以自信的心态实现传统文化的现代转化，才能够最大限度地实现传统文化的当代价值。

第一节 正确看待传统慈善文化的双重品格

传统慈善文化同其他传统文化形态一样，都面临着如何实现其现代转化的问题。任何历史上形成并在今天还产生影响的传统文化都呈现出鲜明的"双重性共生品格"，即一方面传统文化包含着即便在当今时代也仍不过时的合理性要素，这是传统文化积极的一面；另一方面，传统文化毕竟是产生于古代社会的思想文化体系，符合传统社会发展要求，反映传统社会经济基础，但当它被移植到新的社会条件下的时候，对新的文化土壤便会产生排斥作用，传统文化不适应现实社会的消极作用便会体现出来。在挖掘传统慈善文化的当代价值之前，需要以正确的态度对待它的双重性品格。

首先，要厘清传统慈善文化的双重品格因何而来。"貌似矛盾、其实相互补充的'积极性'与'消极性'之于传统文化，同源于自然经济基础这个内核，是在这个特定内核中共同衍生的价值体系。这种'积极性'与'消极性'的区别就其思想体系的构建者而言并不存在，而是一种基于当代价值理性的分析判断。"[①]积极性和消极性对于传统文化来说，犹如一个硬币的正反两面，相辅相成不可分割，而时空转变是形成传统慈善文化双重性品格的根本原因。传统文化离开原来赖以产生的社会历史条件被移植到现代社会之中的时候，原本并不存在或者表现并不突出的问题会随之产生，基于当代价值视角对传统文化做出的判断相应地也会发生变化。当对传统慈善文化起决定作用的经济基础这个"历史内核"发生了变化时，传统慈善文化对经济基础的反作用表现得尤其明显，因为它无法完全适应新经济基础的"现实内核"，因此在它对经济基础所起的反作用中便表现出不合时宜的消极作用。

其次，要摒弃对待传统慈善文化的两种错误态度。其一是虚无主义，认为传统慈善文化的合理性是与古代社会的经济基础和历史文化背景相并存，一旦这些条件发生变化，传统慈善文化便彻底失去赖以存在的根基，其意义和价值便不复存在。持有这种观点的人认为，现实的社会无论是在经济、政治、文化还是其他方面都与古代社会迥然相异，因此传统慈善文化在当代社会中已无用武之地，故而需要建构全新的慈善文化。虚无主义态度割裂了历史与现实之间的关联与继承关系，过度强调两者的不可通约性，在历史和现实之间人为筑起了一道不可逾越的鸿沟。按照虚无主义的逻辑来推论，既然传统慈善文化并无价值（此即"虚无"之意，意味着彻底的否定），而当代慈善事业的发展又需要慈善文化的滋养和支撑时，最后的结果只能是走向全盘西化，即全面接受西方慈善文化。事实证明，罔顾实际接受西方文化不仅会丧失文化的民族特色和本土优势，而且也会导致外来文化与本土文化相互排斥而造成

[①] 孙燕青.从两重性共生看传统文化扬弃的三个维度[J].现代哲学，2013（05）：125-128.

很多现实问题，全盘西化是不可行的。另外一种对待传统慈善文化的错误态度是复古主义，即主张全面再现和复兴传统慈善文化。持有复古主义态度的人认为中国传统慈善文化既然有涵养古代社会慈善事业的成功经验，那就可以直接复制、移植到今天的社会中，发挥其对慈善事业的推动和促进作用。"回到过去，回归传统"是复古主义者常挂在嘴边的口号，他们忽视了传统和现代社会在经济、政治、文化等方面的巨大差别，抹杀了历史和现实之间的界限，认为从历史到现实只是时间的自然流淌，现代人可以从传统慈善文化中找寻诊治慈善事业流弊的现成方案和通用智慧。无论是虚无主义还是复古主义，其共同的错误都在于脱离实际，不能以历史的眼光看待慈善文化的存在和发展。尽管两者在表现形式上看起来背道而驰，但实质上都是以矫枉过正的方式暴露了不自信的文化心态。两者"都没能对传统文化的积极性与消极性加以科学的辨析，没能对传统文化的意义给予恰当的定位。虽然一者以否定传统的方式试图促成民族文化的浴火重生，一者则以拔高传统的方式期待民族文化的返本开新，但都没能对传统文化以客观而全面的评判。在文化心态上，它们都是缺乏自觉与自信的表现"①。复古主义和虚无主义要么停留在过去无法自拔，要么站在当下却斩断了历史，这两种观点都是从极端的立场出发去审视和理解传统慈善文化，都是需要果断摒弃的错误态度。

最后，要做到对传统慈善文化的自信扬弃。扬弃这个词本身就包含有取有舍的意思，即我们通常所说的"取其精华，去其糟粕"：吸收传统慈善文化中的合理要素，剔除或放弃不好的文化内容或形式。之所以在扬弃前面加"自信"一词，是因为我们对待传统文化的态度和方式已经进行了一种"扬弃"。以前的文化语境中的"取"多是因为所取对象的工具性价值，可以拿来所用；"舍"多是因为所舍对象已无利用价值，所以弃之不用。当前对传统慈善文化的态度，"取"是一种自信，因为可以从绵亘数千年的传统慈善文化中为新时代慈善文化建设寻找智慧；

---

① 孙燕青. 从两重性共生看传统文化扬弃的三个维度[J]. 现代哲学，2013（05）：125-128.

"舍"也是一种自信，因为这意味着建构当代慈善文化需要有摆脱原有的制度束缚和精神桎梏的态度与力量。

传统慈善文化是中华民族慈善事业发展最重要的精神资源和思想宝库，但传统慈善文化并不等于优秀传统慈善文化，两者存在很大的差别。传统慈善文化只有完成其现代转化之后才能成为时代精神的精华，而转化的前提是要鉴别文化中的精华与糟粕。早在抗战时期，毛泽东就提出要辩证地看待中国传统文化并区分其良莠，"中国的长期封建社会中，创造了灿烂的古代文化。清理古代文化的发展过程，剔除其封建性的糟粕，吸收其民主性的精华，是发展民族新文化提高民族自信心的必要条件；但是决不能无批判地兼收并蓄，必须将古代封建统治阶级的一切腐朽的东西和古代优秀的人民文化即多少带有民主性和革命性的东西区别开来"[1]。习近平总书记在谈到传统文化时高度评价其当代价值，但也认为要"结合新的实践和时代要求进行正确取舍，而不能一股脑儿拿到今天来照套照用"，对待所有传统文化的正确态度是，"我们要对传统文化进行科学分析，对有益的东西、好的东西予以继承和发扬，对负面的、不好的东西加以抵御和克服，取其精华，去其糟粕，而不能采取全盘接受或者全盘抛弃的绝对主义态度"[2]，"坚持有鉴别的对待、有扬弃的继承……努力实现传统文化的创造性转化、创新性发展，使之与现实文化相融相通"[3]。一句话，传统慈善文化要经过现代转化才能褪去原来的旧时印记，蜕变为具有创新内涵的优秀文化，服务于新时代慈善事业的发展。

---

[1] 毛泽东选集（第2卷）[M]. 北京：人民出版社，1991：694.

[2] 习近平. 牢记历史经验历史教训历史警示为国家治理能力现代化提供有益借鉴[N]. 人民日报，2014-10-14（002）.

[3] 习近平. 在纪念孔子诞辰2565周年国际学术研讨会暨国际儒学联合会第五届会员大会开幕会上的讲话[N]. 人民日报，2014-09-24（002）.

第二节 传统慈善文化重在精神价值

中西方对文化含义的理解不尽相同。《易经》里讲"观乎人文，以化成天下"，包含了中国哲学对文化的普遍理解，即侧重于强调文化以人伦礼仪、道德规范来教化蛮夷，走向文明开化的作用。西方的文化概念源自拉丁语，最初之意是耕作，与土地开垦和作物种植有关，后来又衍生出培养、教育之意。从这个意义上来说，西方文化最初侧重于物质生产及物质财富，但后来内涵逐渐变得丰富起来，到18世纪时西方的文化概念中已经包含了人文素养、社会知识、思想观念及文学艺术等诸多元素，集中反映了一定时代特定领域中人类社会生活的主要内容及其方式。

近代以来中国人使用的文化概念来自日本，而日本自明治维新时期已经开始学习和接受西方思想，因此日语中的"文化"一词带有西方色彩。在文化的交融碰撞中，中西方对"文化"概念的理解出现趋同，即认为内涵中都包含着物质和精神两个层面的内容，梁启超、梁漱溟、钱穆等文化大家均对这个问题进行过考察，关于文化概念的层次论应运而生。在钱穆等学者的观念中，文化概念存在三个层次：一是人类所创造的全部物质和精神财富，二是历史上形成的各种有迹可循的典章制度，三是作为与政治、经济、军事等相并列的独立的文化样态。

传统文化指的是从历史上流传至今的文化形态。"传"意味着传承性和延续性，强调文化沿着纵向的时间轴线从过去到现在的延续发展，"统"则意味着文化所具有的权威性或统一性，强调文化对人类实践活动的内在深刻影响。从结构上来说，传统文化可以体现为器物层面上的文献典籍、建筑碑刻、古董器具等实物性质的文化载体，也可以表现为制度层面上的规章律令，如经济制度、政治制度、科举考试制度等，或者表现为精神层面上的知识、理念、信仰，如伦理道德、价值追求、宗教观念等。物质层面、制度层面和精神层面上的文化相辅相成，共同构成了传统文化的有机统一整体。当然，三个层面的关系不是并列的，而是遵循从器物到制度到精神的顺序表现出有次有主的特征，其重要性依次增强。器物层面上的文化载体只有极少数能够流传至今,一般来说它们都具有异常坚固不易被销蚀或破坏的物理特性,除此之外绝大多数器物的物理形态会随着时间的推移不断被销蚀直至最终完全消失。器物层面的文化属于浅层文化,它可以作为传统文化存在并发挥作用的佐证,但却不能反映传统文化的本质。制度层面的传统文化最大的价值在于它的工具属性,或曰阶级性或意识形态属性,揭示了制度的存在价值乃在于维护统治阶级的利益。从传统到现代,社会经济关系发生了质的变化,传统社会制度赖以存在的经济基础已经不复存在,因此这些制度对于现代社会而言基本丧失了原有的工具性价值,只保持着一定的学术研究价值和有限的实践参考价值。总的来说,物质层面和制度层面上的传统文化都无法完全延续至今,能够跨越历史被世代传承的只能是精神层面上的传统文化。换句话说,精神层面的文化是传统文化中生命力最顽强的部分,它不同于器物的易于消逝,也不像制度那样易于变化。作为文化中最内核的构成部分,精神层面上的文化主要以心理特征、思维习惯、审美情趣和价值观念的方式存在,即便有变化也是非常缓慢的,有的内容甚至能够长期保持不变。所谓的文化传承指的就是精神层面上这些相对稳定的内容在历史和现实之间的延续性发展。

根据以上分析,传统慈善文化的结构也对应地分为三个层面:其一是物质层面的慈善文化,表现为承载慈善理念和精神的物质载体,如各种宣传慈善文化及慈善人物的善书善本、人物画像,为纪念慈善名人而修建的塑像和故居,为传播慈善文化设立的各种学堂等;其二是制度层面的慈善文化,表现为古代社会在不同时期所制定的民政官僚制度、仓储备荒制度、慈善机构管理制度等;其三是精神层面的慈善文化,表现为古代社会儒道释等各家学说所包含的慈善理念,而这些慈善理念中又有着慈善精神内核,即如前所述各家慈善理念中的价值共识。这些价值共识既存在于中国传统慈善文化中,也存在于今天的志愿文化中,是传统慈善文化与现代志愿文化之间建立联系的前提和基础。

传统慈善文化的精髓在于它的精神内核，传统慈善文化的当代价值在很大程度上也取决于其精神价值。挖掘传统慈善文化的当代价值决不能只停留在肤浅的器物层面上进行所谓的"复古"，比如效仿古人设棚施粥。作为一种仪式，在重九、腊八等特殊时间节点上偶尔为之是可以的，但每做慈善必将主要精力放在这种表象化的仪式上显然是舍本逐末。一是现在的物质生活条件已经大有改观，平时人们不会有特别的赈济需求，停留在表层宣传慈善文化显得不伦不类；二是真正的慈善行为绝不是形式上的重现式表演，而是要使慈善文化成为慈善行为真正的驱动力量。传承传统慈善文化要深入到核心的精神层面，将古人"日用而不觉"的慈善理念总结出来，并与今天的时代文化、核心价值相对接，剔除其中宣扬封建、腐朽、落后思想的内容，保留以仁爱友善为核心的慈善理念，实现传统慈善文化对现代慈善文化、现代公益文化和现代志愿文化的渗透辐射，为今天的文化建设提供持续的精神涵养和价值守正。在此基础上还可以再进一步，实现传统慈善文化传承发展的最高境界，即通过总结概括传统慈善文化的核心价值，提炼出兼具中国特色和世界意义的精神元素，让中国的慈善文化理念走向世界，为人类共同价值增砖添瓦，实现慈善文化的"美美与共"。

第三节 传统慈善文化的现代嬗变

在正确认识传统慈善文化双重品格的基础上，当前要积极推动传统慈善文化的现代嬗变。传统慈善的伦理特征较为突出，理性程度不足，不适应现代慈善制度化或法治化发展要求。此外，曾经作为传统慈善驱动力量的功德意识也已经与现代慈善格格不入。以制度慈善取代伦理慈善、以公德意识取代功德意识，这是当前推动传统慈善文化现代嬗变的两项主要工作。

一、实现从伦理慈善向制度慈善的转化

传统慈善主要体现为伦理慈善而非制度慈善，其特征是突出对差序格局中相关个体和群体的现实关怀，以宗法血缘关系的亲疏作为处理人际关系的基本依据，由近及远、由亲到疏地推己及人，受助对象或因与慈善行为主体在血缘、族缘、乡缘、地缘关系上的远近亲疏不同而被区别对待。与现代伦理学所包含的理性、科学、公共意志等元素和属性相比，传统慈善文化的伦理观念多集中于道德、人文情怀等个人修养方面的要求，缺乏对公共意志的理性关注，更缺乏为了体现和维护公共意志从制度层面进行的科学设计。伦理慈善产生了两方面的消极后果，一是伦理慈善使得民间慈善行为多限于熟人社会范围内，慈善行为带有较强的随机性和主观性；二是伦理慈善形成了慈善主体与对象之间不平等的关系，造成两者的权利和义务意识较为淡薄。从长远来看，伦理慈善不可能发展成为规模化的社会事业，其发展方式也不具有可持续性。在传统慈善文化进行现代转化的过程中，必须推动传统伦理慈善在原有基础上转化为现代制度慈善。

首先，解决传统伦理慈善救助范围有限和救助行为非理性的问题。伦理慈善多是在"熟人社会"中进行，即所谓先"爱亲"再"泛爱众"，限制了慈善受助对象的范围，并使慈善行为带有非理性的感情色彩。在伦理慈善理念影响下，选择自己较为熟悉、信任的受助对象进行物质方面的支持是比较常见的慈善救助方式，捐助人与受助人直接对接。在伦理关系决定的社交圈子里，人们更倾向于帮助自己圈子里的熟人，对圈子外面的陌生人则抱有防范戒备之心。伦理慈善的形成与古代社会的经济发展状况、社会交往状况及社会信任发展状况都有关系，因此有其存在的历史必然性。在古代社会中，无论选择为官、经商还是务农，每个人所处的社会阶层虽有差别，但有一点是共同的，那就是个体的社会活动半径相对确定，由活动半径所决定的熟人圈子也相对确定，因此慈善救助对象明显会受慈善主体的活动范围、交往对象等因素的影响。现代社会人员流动加速，原来的熟人社会圈子被打破，"半熟人社会"①甚至"无主体熟人社会"②等社会新领域纷纷出现，陌生人社会里的交往与互动成为人类社会生活的常态。如果仍然坚守熟人社会中的慈善救助方式，即慈善主体需要通过对慈善受助对象"知根知底"的了解而产生信任感，依"血亲情谊"和"人情面子"来决定是否实施慈善行为，那么最终只会限制慈善救助对象范围，降低慈善救助效率，这显然无法适应现代慈善公益事业发展的需要。现代制度慈善通过契约方式重新构建慈善主体与慈善救助对象之间的信任关系，按照陌生人社会的交往规则，遵循双方在保障各自权利与利益的基础上所达成的交往共识与规范，以制度慈善来提高救助效率及其专业性，使慈善救助覆盖到尽可能多的弱势群体，同时也可以最大限度地规避慈善救助的盲目性和非理性。

其次，解决传统伦理慈善主体与受助对象之间地位不平等的问题。伦理慈善与制度慈善之间最明显的区别体现在慈善主体与受助对象之间的关系上。伦理慈善行为中当事人的地位并不平等，双方分别是施恩者与受惠者的关系。慈善主体相对于受助对象而言处于道德高点，虽然前者未必是有意地持俯视视角，但后者则被要求有心保持仰视视角。虽然从现代法律视角看，慈善救助是典型的民事行为，慈善主体和受助对象之间应当按照平等原则参与活动，但这种原则在古代社会中并不存在。究其根源，伦理慈善更强调慈善行为的道德属性，而这是导致慈善救助双方的地位和关系不平等的重要原因。对伦理慈善主体而言，行善不吝物力、付出不求回报是他们的道德义务；如果富有但却不"仗义疏财"，就会因"为富不仁"而受到批评。受这种观念的深远影响，对财产富有者的道德批判和道德绑架时有发生，即便在现代社会中，逼捐骂捐现象也屡见不鲜。对于伦理慈善的受助者而言，他们往往被看作受人恩惠的人，并且会因接受救助而背负上"滴水之恩，当涌泉相报"的巨大心理

---

① 贺雪峰. 新乡土中国——转型期乡村社会调查笔记[M]. 桂林：广西师范大学出版社，2003.03.
② 吴重庆. 无主体熟人社会及社会重建[M]. 北京：社会科学出版社，2014.06.

负担。伦理慈善使慈善行为双方都承受着沉重的道德压力，这种压力甚至也不会因为双方的关系较为密切而有所减轻。事实上，即便是在宗族内部，不同分支的族人也会因贫富不同、人丁旺淡等诸多方面的现实差距而产生心理上的微妙变化，贫弱族人将来如何回报宗族成员的救助始终是一个不可回避的问题。诸如此类的问题不断暴露，倒逼很多宗族不得不采取各种形式寻求解决之道，譬如经常采取不同方式进行感恩教育，并将受众扩展至全族族众而非个别宗族分支；宗族成员中出现光宗耀祖的旌表之事时则借助官府的力量予以道德表彰。虽然这些方式都有助于体现宗族决策者在对待不同族人态度上的中立立场，但仍然无法完全避免部分受助族人的心理失衡现象。从长远来看，慈善主体会因为社会舆论中过于严苛的道德要求而感觉力不从心，而救助对象则会因"受人恩惠"而背负沉重压力，一旦突破各自的心理承受限度，便会导致慈善行为走向终止，因此伦理慈善较难实现可持续发展。

以制度慈善代替伦理慈善需要强化慈善的制度化发展方向，将科学与理性作为现代慈善文化的两块重要基石，弱化伦理慈善中过于突出的道德色彩，以适应现代慈善的发展需要。制度慈善借助于科学理性的规则设计，一则可以突破伦理慈善囿于熟人社会而导致的发展桎梏，扩大民间慈善的覆盖面，将陌生人社会中的交往规则导入慈善领域，以规则和制度提升现代慈善公益文化的专业性水平，避免熟人社会中的人情世故和道德情感等非理性因素对慈善行为的影响；二则可以改变伦理慈善中过于强调道德义务带来的角色错误定位的现象，按照现代慈善法规的立法精神和原则，科学合理地界定慈善行为主体和慈善救助对象之间的权利与义务关系，使慈善主体和慈善对象免受"无限慈善"之累。

二、实现从功德意识向公德意识的现代转化

"功德"一词本来是宗教用语，在道教佛教里均有使用，指的是因行善而意外获得的非物质性回报。佛教也将功德称为"福德"，福即福

泽。佛教和道教一方面鼓励人们广行善事，另一方面又以荫功积德、福泽厚报来坚定信众的行善信念，打消他们因暂时看不到回报而产生的顾虑和动摇。"功德"一词与伊斯兰教中的"回赐"意思比较接近，有学者对此有过研究。"回赐也称'色瓦布'（阿语方言音译），用当地人的话说，就是做一件善事的好处。当地一个阿訇曾说：'我们穆斯林所做的一切善功都是为了获得安拉的喜悦和回赐。'"①

从常理角度分析，没有不求回报的付出，也就是说回报与付出是对称的。莫斯曾经就礼物馈赠的对称性（symmetry）进行研究，认为不指望回报的礼物无法创造人际关系，违反了人兼有馈赠与接受双重义务的对称性法则②，人们无法从经济学视角来解释不求回报的慈善捐赠行为，因此只能从其他角度寻找解释资源。功德概念的出现在一定程度上解决了这个问题，一是功德这个词包含"利益"或者"好处"之意，是一个比道德更容易理解的通俗概念；二是功德一词对于坚信"善恶有报""善因善果"的普通百姓来说更具说服力和吸引力。将慈善行为解释成"荫功积德"，宣传行善是为了获取个人好的福报或泽被后世的"功德"，这是古代慈善文化中"善恶有报"理念的进一步发展，它比单纯从道德层面发动民众投身慈善更容易获得支持。

中国古代伦理慈善严格地讲不能算作道德行为，因为道德行为有赖于主体的主动性和自觉性。塞涅卡认为，"对行善来说，计算是很简单的，行善只是付出，不要求任何回报，任何回报都是绝对的收获。假如不要求回报，那就不会有所损失。我对别人行善，只是为了行善而行善"③。纯粹道德意义上的行善是值得珍视的，"善良意志之所以善良，并不是因为它引起或产生好的后果，或者因为它能达到所追求的目标。确切地说，它之所以是善良，只是因为它自身就是善良的，或者因为它的活动是努力于善的，它比任何别人的爱好，都有着不可估量的重大价

---

① 李隆虎. "功德"：不求回报的礼物？[J]. 西北民族研究，2017（02）：69-79.

② Mauss M. *The gift* (trans. W. D. Halls). London：Routledge，2002.

③ 王晓朝. 希腊哲学简史：从荷马到奥古斯丁[M]. 上海：上海辞书出版社，2017：300、301.

值"①。道德意义上的行善能为行善者带来精神上的愉悦感和满足感，但除此以外再无其他，"行善就是赐给别人快乐并能从中得到快乐的仁慈的行动"②。如果一定说行善是有回报的，那这种回报不是物质回馈而是精神满足。可以看出，纯粹的道德意义上的行善充满理想化色彩，一般人很难做到，所以伦理慈善强化了行善积德的结果，默许了期待回报的慈善行为。当然，回报一般都是精神层面的，它可以是正面的社会评价（譬如好名声、好口碑等），但最好是对行善者更有吸引力的"修功德"（譬如伊斯兰教讲的"安拉的喜悦"或者佛教里讲的"好来世"）等。以今天的视角来看，讲究功德福报是古代伦理慈善的又一软肋，尽管它在古代社会慈善文化宣传与教化中确实发挥过相当明显的促进作用。从本质上来说，宣扬带有宗教甚至迷信色彩的功德福报观既不科学也不理性，并不符合现代慈善理念。

现代慈善公益活动背后的动机是什么？传统伦理慈善理念要进行怎样的调整和转变才能适应现代慈善公益活动？能否找到能够替代"功德"作为慈善行为动机的现代文化资源，来实现传统伦理慈善的现代转身呢？

传统伦理慈善与现代制度慈善相比，无论在组织规模上、受益群体范围上还是慈善救助质量上，两者都存在巨大差距。如果说伦理慈善是"小慈善"，那制度慈善就是"大慈善"。"大慈善"大在哪里？恐怕首先要体现在规模上。制度慈善已经超越了熟人社会层面，变成社会参与度极高、影响广泛的"大"事业，包括功德在内的个人情怀显然不足以支撑大慈善的持续健康发展。大慈善需要大情怀，现代慈善事业的发展需要社会推动"功德"意识向"公德"意识的转变。这个过程涉及人的思想观念层面的深刻变化，远比技术和制度层面上的转变要复杂得多。

在中国传统社会中，个体的道德修养备受重视，但个体道德修养

---

① 王晓朝. 希腊哲学简史：从荷马到奥古斯丁[M]. 上海：上海辞书出版社，2017：301.
② 王晓朝. 希腊哲学简史：从荷马到奥古斯丁[M]. 上海：上海辞书出版社，2017：301.

多涉及私德的养成，重在培养个体对家庭、宗族或国家的责任意识，缺乏对家庭和国家之间的公共空间的关注，因此人们的公共意识和公德意识都较为淡薄。梁启超曾经在《新民说》中感慨，"吾中国道德之发达，不可谓不早，虽然，偏于私德，而公德殆阙如"。他认为人们不乏对国家伦理中的国家观念和爱国主义的认识，但对社会伦理中个人的社会义务却没有足够的认知。《伦理教科书》的作者刘师培则概括出常见的几大类有失公德的行为，即"污秽公共道路，损折公共之花木，乘舟车则争先，营贸易则作伪"。章太炎、马君武、费孝通等人也都关注过私德和公德问题，但大都对中国的公德状况表示担忧。费孝通认为，中国乡土社会的结构是差序格局，与西方的"团体格局"不一样，"只是维系着私人关系的道德""很不容易找到个人对于团体的道德要素"①。文化学者余秋雨认为，中国文化对于公共空间一直比较黯然，总是强调上对得起社稷朝廷，下对得起家庭亲情，但是朝廷和家庭之间存在着的辽阔"公共空间"却是中国文化的盲区。以上种种，最终造成了一个比较矛盾的现象，即中国人崇尚集体主义却缺乏公共精神，更缺乏参与式的公民道德行为。培养国人的公德意识刻不容缓，这已成为自新中国成立以来党和国家的一项重要工作内容。"1949年中华人民共和国成立后，公德的问题也立即受到最高领导人的注意。新的人民政府必然也要关注新的国家对公民的要求。1945年9月29日，毛泽东在《新华月报》创刊号题词：爱祖国、爱人民、爱劳动、爱护公共财产，为全体国民的公德。同月，由毛泽东起草并由中国人民政治协商会议全体会议通过的《共同纲领》之四十二条：'提倡爱祖国、爱人民、爱劳动、爱科学、爱护公共财物为中华人民共和国全体公民的公德。'说明新中国成立伊始，在和各方面的合作中，还是很重视现代国家建设和'国民公德'的问题"②。为了加强公民道德建设、提高全社会道德水平，继

---

① 陈来. 中国近代以来重公德轻私德的偏向与流弊[J]. 文史哲，2020（01）：5-23.
② 陈来. 中国近代以来重公德轻私德的偏向与流弊[J]. 文史哲，2020（01）：5-23.

2001年印发《公民道德建设实施纲要》之后，中共中央、国务院2019年10月再次印发《新时代公民道德建设实施纲要》，社会公德建设持续进行。经过长期不懈的努力，我国公民的社会公共道德意识普遍提升，为传统伦理慈善从"功德"意识向"公德"意识的现代转化提供了必要条件。

"功德"意识向"公德"意识的转化具有重要的现实意义。首先，慈善不再是个人受"功德"观念驱动并带有私德性质的行为，而是个人承担社会责任的行为方式。这种责任并不区分你我，是生活在这个社会当中的每个公民的"分内之事"。其次，"功德"到"公德"的转化能够使个体摆脱功利心理的束缚，使他们不再基于追求"功德福报"，而是基于自己的社会责任投身慈善，这样就能够促进社会公共空间中个体公民责任意识的提升。再次，以公德作为慈善动力使得"人人皆可慈善"，社会公共道德是面向全体公民的道德规范，其普遍性特征决定了践行社会公德不需要刻意努力就能做到，因而降低了做慈善的门槛，使慈善"飞入寻常百姓家"。最后，将现代慈善建立在公德基础上弱化了给慈善人物带来的道德压力，消除公众参加慈善活动的后顾之忧，这一点对于解决当前某些慈善乱象、培养成熟的慈善观念尤有必要。除了特定的宣传需要之外，慈善人物和慈善事迹无须特意放大和刻意张扬。动辄给捐赠者冠以"大善人""首善"等称号，或者让受助对象在众目睽睽之下上台发言感谢捐赠者，都是于慈善有害无益的不恰当做法。当越来越多的个体将投身慈善视作应当承担的社会责任、越来越多的受助者能够坦然接受社会帮助的时候，整个社会的慈善意识才能走向成熟。"慈善就是履行责任的方式，这样的观念才是现代慈善观念，在这样的观念指导下的行为才是现代慈善行为。反过来，正因为慈善是责任，所以才能在一些慈善事业发展良好的社会看到'悄悄的慈善'，而没见到对巨额捐赠的道德溢美之词。把慈善提到过高的道德水平，不是慈善文化的先进和成熟的表现，反而表现了其滞后和幼稚。现代慈善文化不在于突出善行的个人德行品质，因此需要我们以平常心看待慈善，这也是重建中国慈善文化必备的一种心态。"①

第四节　西方慈善文化合理要素的融入

　　传统慈善文化的创新转化意味着从传统向现代的历史蜕变，这个过程既需要实现传统慈善文化的自我更新，也需要借鉴西方慈善文化中的部分合理要素，最终"使人类创造的一切文明中的优秀文化基因与当代文化相适应、与现代社会相协调，把跨越时空、超越国度、富有永恒魅力、具有当代价值的优秀文化精神弘扬起来"②。

　　传统慈善文化是典型的内生性文化，是在中国几千年的历史文化土壤上发展起来的具有民族特色的独特文化样态。西方慈善文化是近代以来围绕基督教中的理性精神和以"博爱"观念为核心的宗教价值观而产生的，它是通过慈善理念、慈善制度和慈善实践所表现出来的罪感文化、罪富文化和互济文化的综合体。值得一提的是，在从近代向现代社会的迈进过程中，西方慈善文化的核心内容基本都得到了继承和延续，其中的公民意识、财富即责任的观念以及理性精神不仅适用于西方社会，也适用于所有踏上现代化之路的国家和民族。

　　传统慈善文化的创新转化要融入西方慈善文化的合理要素。传统慈善文化与西方慈善文化的融合发展并不是以一方取代另一方，也不是以西方慈善文化改造传统慈善文化，而是传统慈善文化与时俱进适应现代慈善发展要求的必经路径。西方慈善文化要素的融入需要坚持两个基本原则，其一是存异，融入并非同化，不能让西方慈善文化冲击传统慈善文化的核心价值；二是求同，借鉴和吸收西方慈善文化中的合理要素是为了补充和丰盈传统慈善文化在现代社会中的表现形态，发掘中西方慈

---

① 浙江省民政文化研究课题组. 大民政时代浙江民政文化发展研究[M]. 北京：北京联合出版公司，2017：60.

② 习近平. 在哲学社会科学工作座谈会上的讲话[N]. 人民日报，2016-05-19（002）.

善文化的共同价值追求，体现传统慈善文化的世界意义。从具体内容上来看，传统慈善文化的现代转化要注意吸收西方慈善文化中的公民参与意识、公民的权利观、财富即责任的理念以及科学治理机制、外部监督机制和项目管理制度，强化中国传统慈善文化中较为薄弱的公民意识和制度意识。总之，传统慈善文化的创新转化是在坚守民族文化根基的前提下，融合西方慈善文化的合理要素，重建适合当代社会的新型慈善文化，服务于中国现代慈善事业，同时也为世界慈善文化的多样性存在和发展做出贡献。

在传统慈善文化中融入西方慈善文化的合理要素，可以考虑主要从以下三个方面推进相关工作。

一、在传统慈善文化的现代转化过程中融入公民意识

公民意识是指进入近代社会以来首先在西方文化中逐渐觉醒并形成的对公民身份、地位、权利和义务等问题的自我认知，其中包括公民的政治地位和法律地位如何以及与之相对应的公民应当享受的权利和应当履行的义务是什么。"公民意识包括参与意识、监督意识、责任意识和法律意识等，其中责任意识是公民意识的核心。在中国漫长的封建社会，小农经济及专制主义导致社会大众权利意识、平等意识、责任意识、法制意识不足，民众主动参与社会事务治理、维护公共利益的意识不强，面对灾难和困难，民众习惯于自我救济，而且以不为国家和政府增加负担为美德。民众既没有把得到国家和社会的救助当成一种权力（此处应为'权利'，笔者注），也没有把维护社会的公平与和谐作为一种社会责任。尽管自古以来，中华民族就有扶危济困、乐善好施的慈善传统，但是这种传统意义上的救助行为更多的是基于人们的道德情操，而不是一种社会责任和义务的选择。"[①] 传统社会欠缺公民意识，人

---

① 王俊秋，许维江. 社会治理视域下的慈善组织发展道路研究[M]. 北京：科学技术文献出版社，2019：78.

们不会从享受权利的角度看待官府的赈灾、施粥、安辑、移民等赈济行为，而是习惯性地视之为浩荡皇恩。与公民意识的欠缺相对应，政府也习惯于将上述济贫行为归因于其自身推行仁政的道德需求和维护社会稳定的政治需求。民国之后西方社会相关理论大量传入国内，政府才逐步改变观念，将社会救助视为自身要履行的法定职责之一。南京国民政府社会部社会福利司首任司长谢征孚提出，"今日的社会救济并不纯是一种以悲天悯人为基础的慈善设施，而是在义务与权力对等的观念中，以及在社会的连带政府与人民应有之职责"①。传统慈善文化的现代转化必须要在融入公民意识方面下大功夫，这关系着慈善文化从传统到现代的转型是否成功。只有真正实现以"公民"取代"臣民"，并继而实现以"法理"取代"伦理"，以"法治"取代"人治"，以"他律"取代"自律"，以"社会公德"取代"个人美德"，才能从根本上改变传统文化观念的消极影响，最终实现慈善文化的现代转型。

二、在传统慈善文化的现代转化中融入财富即责任的理念

西方慈善文化的主要观念多带有宗教性质，其中来自新教的一种观点认为财富虽然从法律上来讲是私有的，但它的所有者只是财富的临时管理者。从道德角度看，财富的社会价值发挥出来才是富人应该追求的目标，所以超过生活需要的多余财富不能留在家里或留给子女，要把钱捐给社会上有实际需要的人。美国富豪卡耐基的座右铭是"如果富人死的时候仍然富有，那他死得可耻"，他在《论财富》中提出，"有钱人在道义上有义务把他们的一部分财产分给穷人，因为所有超过家用之外的个人财产都应该被认为是让社会受益的信托基金"。西方社会中的财富观值得借鉴，可以适当引入到我们的慈善观念中来。传统文化中的差序格局和宗法观念导致了迄今仍普遍存在的一种慈善悖论：一方面，中国

---

① 谢征孚. 中国新兴社会事业之功能与目的[J]. 社会工作通讯（创刊号），1944. 14-20.

社会自古至今都不乏乐善好施的传统，但另一方面，人们又希望尽可能多地把财富留给自己的后代或亲人。现代慈善文化需要引导民众将处置私有财富与发挥财富的社会价值关联起来。一要充分挖掘传统文化中对待个人财富的积极观点（譬如《资治通鉴·汉纪》中提到"贤而多财，则损其志；愚而多财，则益其过"），借以帮助人们克服传统财富观的消极影响，二要在国家法律当中体现对公民合法的财产权及其处置权的保护，其中包括公民将私有财产用于慈善捐赠的处分权。西方在这方面是先行者，部分国家甚至通过立法鼓励公民从事将个人财富与社会福利相结合的慈善行为。早在 1919 年德国的《魏玛宪法》中就有规定，"财产伴随着义务，其行使必须同时有益于公共福利"，1949 年联邦德国的《基本法》继承了该法条的精神。我国宪法在 2004 年进行修改时首次提出"公民的合法的私有财产受法的保护"，2016 年 9 月 1 日起正式实施的《中华人民共和国慈善法》第三十六条规定"捐赠人捐赠的财产应当是其有权处分的合法财产"，第四十一条规定"捐赠人公开承诺捐赠或者签订书面捐赠协议后经济状况显著恶化，严重影响其生产经营或者家庭生活的，经向公开承诺捐赠地或者书面捐赠协议签订地的民政部门报告并向社会公开说明情况后，可以不再履行捐赠义务"。从目前的立法情况看，宪法和相关法律保护公民使用合法的私有财产进行慈善活动，消除了公民将合法的个人财富用之于慈善或者不用之于慈善的后顾之忧，但暂时还没有提倡公民将合法私有财产与提升社会公共利益相关联的具体内容，这或许可以成为引导公民树立财富即责任意识的制度突破口。

三、在传统慈善文化中融入理性精神

理性精神的表现形式很多，它可以反映在认识论上，也可以反映在方法论上。西方文化中的理性主义传统源自古希腊，其形成与古希腊人的生产方式密切相关。号称"海上民族"的古希腊人漂洋过海，较早地开展与其他民族之间的海上贸易，并在这个过程中逐渐淡化了氏族社会固有的血缘亲缘关系的束缚，建立起以契约为主要形式的社会关系。"跨海迁移的一个显著特点是不同种族体系的大混合，因为必须抛弃的第一个社会组织是原始社会里的血族关系……跨海迁移的苦难所产生的另一个成果……是在政治方面。这种新的政治不是以血族为基础，而是以契约为基础的。"①突破氏族血缘关系的希腊人以契约形式来协调和保障各方利益，为处理人与人、人与社会的关系提供了经济高效的行为准则。"在我们生活其间的社会中，我们之所以能够成功地对我们自己做出调适，而且我们的行动也之所以有良好的机会实现我们所指向的目标，不仅是因为我们的同胞受着已知的目的的支配，或者受着手段与目的之间已知的关系的支配，而且是因为它们也受着这样一些规则的约束。"②西方慈善文化强调个体要有社会责任和契约意识，严守做事规范，并且还要出于对上帝的敬畏和对教义的虔诚而力戒虚伪和欺骗。现代慈善文化建设必须是在理性基础上的、依靠人的自觉和自律的文化建设。可以说，西方理性精神的最初张扬是伴随着跨种族、跨文化的契约交往而发生的，而这一前置性条件在中国传统社会并不具备。"中国"这个词在古代文献中主要强调空间方位和地理范围，指先民们相对固定的生活区域。在西周及春秋早期，"中国"主要指黄河中下游及淮河流域的范围，这个范围在秦一统天下之后扩大到长城内外、临洮（今甘肃）以东广大地区，并最终在清乾隆二十四年（1759）扩展到西起帕米尔高原，东至库页岛，北起萨彦岭，南至南海诸岛的历史最大疆域版图。中华民族在较长的历史时期内活动范围相对固定，且主要依靠农业耕作的方式谋生，"春耕夏耘，秋收冬藏"，熟人社会里延续了几千年的生活方式延缓了宗族血缘亲缘关系的嬗变，以情感判断为主的思维方式深刻影响着人们的行为选择，"中国哲学的特点之一，是那些可称为逻辑和认识论的

---

① [英]汤因比. 历史研究[M]. 曹未风，等，译. 上海：上海人民出版社，1986：130-132.
② [英]弗里德利希·冯·哈耶克. 法律、立法与自由[M]. 邓正来，等，译. 北京：中国大百科全书出版社，2000：17.

意识不发达"①。在伦理观念方面，宗法血缘观念以一种相互矛盾的方式影响了慈善事业的发展。一方面，慈善始自家庭或宗族的观念构成了中国早期慈善事业发展的强劲动力，"仁爱"思想及推己及人也为慈善事业的扩张和发展提供了理论基础和方法原则；另一方面，带有浓厚宗族血缘特征的慈善观念是以感性的情感判断为出发点的，从其产生的根源上来讲与理性主义关联不大。然而，熟人社会也罢，固定的生活区域也罢，都已经被现代化的进程彻底改变，原先的思维方式和行为习惯都要随之改变。在这种大背景中，现代慈善事业的发展无论如何都不能缺失理性精神的引导和约束；理性精神融入传统慈善文化的现代转化既是自身所需，也是大势所趋，无法回避，只能拥抱。

"传统文化有赖于现代化的实践而使之得到提升和超越，现代化也有赖于传统文化的作用而使之具有民族的特色。"② 传统慈善文化要实现现代转型，必须立足自身已有文化资源，积极建构新的文化体系，并充分吸收其他文明中具有一定普适性的文化要素，取长补短，为我所用，发展出适合新时代中国慈善事业发展新需求的文化样态。中国特色志愿文化就是这样一种植根于传统慈善文化，立足于中国现代志愿服务的实际发展过程，揭示中国本土志愿服务发展规律和本质特征的现代慈善文化。

① 金岳霖，钱耕森. 中国哲学[J]. 哲学研究，1985（09）：38-44.
② 邵汉明. 中国文化研究30年[M]. 北京：人民出版社，2010：111.

第四章
中国特色志愿文化的实践基础
与本质内容

马克思认为，"物质生活的生产方式制约着整个社会生活、政治生活和精神生活的过程"①。中国特色志愿文化并不是一座飞来峰，它是由中国特色志愿服务实践所决定的。志愿服务是源自西方的现代慈善形式，中国特色志愿服务既是现代慈善全球化的必然结果，也是传统慈善经由近代向现代蜕变的过程中率先发展出来的现代公益形式。

第一节　从传统慈善转向现代志愿服务

中国古代慈善事业的发展有坚实的文化基础，同时也在实践中积累了相对成熟的发展模式和组织经验，这为中国近现代以来慈善事业的发展奠定了必要的物质、制度和文化基础。新中国成立以后，由于各种历史原因，现代慈善事业并未如期发展起来。然而，志愿服务却在中国获得了相对顺利的发展。

---

① 马克思恩格斯文集（第2卷）[M]. 北京：人民出版社，2009：591.

一、新中国成立后几近停滞的慈善事业

古代慈善事业的发展从秦开始，经两汉和唐宋时期，及至明清达到巅峰状态。进入近代社会后，随着西方思想的入侵，传统慈善文化受到一些冲击，但来自西方的传教士和教会人员不断将西方慈善模式引入中国，因此近代中国的慈善事业虽然发展速度放缓，但也并未完全停滞。新中国成立之后，慈善事业的发展陷入了较长时间的停顿。究其原因，主要有如下几个方面：

其一，与新中国成立初期全能政府的角色设置有关。新中国建立初期，社会生产力水平整体上比较落后。在这样一个人口众多、资源有限、经济落后、国际安全环境并不乐观的国家，解决一切问题只能依靠发展，因此国家必须立足高远，统筹全局，精打细算过日子。在当时的社会经济条件下，国家实行的是高度集中的计划经济，一切社会和经济资源归国家所有和支配，与此相对应的是，国家建立了政府兜底的社会保障制度。政府大包大揽，承担了几乎所有的社会职能，成为社会事务的最主要承担者。慈善事业在社会主义新中国没有存在的现实意义，这种状况一直维系到改革开放之前都没有改变。

其二，跟冷战时期的思维方式有关。冷战时期资本主义阵营和社会主义阵营长期对立，非此即彼，水火不容。西方国家的现代慈善事业较为发达，这是一个不争的事实。从冷战思维出发会产生当时看来相当正常的一种观点，即认为西方慈善事业天然带有"伪善性"和"欺骗性"的标签，因此不发展慈善事业似乎是社会主义国家的必然选择。另外，来自西方学者对慈善事业的批判也坚定了国内不发展慈善事业的决心。英国空想社会主义者约翰·格雷在其经典名著《人类幸福论》中指出，西方资本家从事慈善事业绝非善心发作，而是"醉翁之意不在酒"的作秀与炒作："富人很愿意从事慈善事业，只要这种方法能够使他们出名，能够使他们在他们亲友中间表现出与众不同。"格雷早就看穿了资本家虚情假意的慈善把戏，进而指出指望为富不仁的资本家对穷人心慈手软，无异于缘木求鱼："如果你想根据不可辩驳的事实使他们相信，他们每年给予社会慈善机构的款项可以这样来使用，以便在不多几年内把生产阶级提高到跟他们同样的或者更高的生活水平，因而以后每年就不再需要他们的捐款，同时要是你请求他们协助你实行这种创举，那时候就会知道，你究竟是在跟什么样的人打交道了。你能从他们那里得到较多的金币来为穷人建造住房，但是却得不到几个分尼（德国硬币单位，笔者注）用来把下层阶级提高到完全独立和自由的地位。"来自西方学者的声音加剧了人们对慈善事业的不信任，也促进了政府兜底社会保障事业的最终决策。

其三，跟特定历史背景中革命导师对资本主义慈善事业的多次激烈批判有关。马克思曾经一针见血地透彻分析资本的本质和资产阶级的本来面目，即资本的存在是为了攫取更多的剩余价值，资产阶级则将资本奉上神坛顶礼膜拜。在《资本论》中，马克思形象地描述，"资本来到世间，从头到脚，每个毛孔都滴着血和肮脏的东西"[①]；在《共产党宣言》中，马克思对资产阶级所导致的人与人之间关系的异化进行了批判，"资产阶级在它已经取得了统治的地方把一切封建的、宗法的和田园诗般的关系都破坏了。它无情地斩断了把人们束缚于天然尊长的形形色色的封建羁绊，它使人和人之间除了赤裸裸的利害关系，除了冷酷无情的'现金交易'，就再也没有任何别的联系了。它把宗教虔诚、骑士热忱、小市民伤感这些情感的神圣发作，淹没在利己主义打算的冰水之中"[②]。在《论住宅问题》一文中，恩格斯从如何解决住宅问题的角度对资产阶级慈善思想和资产阶级慈善家进行了批判，他认为从小生产向大工业过渡时期缺乏住宅的社会现象，具有"急性病的形式"但像"慢性病"那样长期存在着，资本家的种种行为仅仅是"单纯的社会补缀"，归根结底是为了维护资产阶级的统治。恩格斯认为解决住宅问题只能通过消灭统

---

① [德]马克思. 资本论（第1卷）[M]. 北京：人民出版社，2004：871.

② 马克思恩格斯选集（第1卷）[M]. 北京：人民出版社，1995：274、275.

治阶级对劳动阶级的一切剥削和压迫这一唯一途径，只有在无产阶级取得政权之后，有关社会福利的措施才会容易实现。恩格斯还通过彻底批判资产阶级的慈善机关来揭露资产阶级创办慈善事业的真实动机，"呵，不错！慈善机关你们吸干了无产者最后的一滴血，然后再对他们施以小恩小惠，使自己自满的伪善的心灵感到快慰，并在世人面前摆出一副人类恩人的姿态（其实你们还给被剥削者的只是他们应得的百分之一）好像这就对无产者有了什么好处似的！"恩格斯指出，资产阶级的"这种布施使施者比受者更加人格扫地；这种布施使得本来就被侮辱的人遭到更大的侮辱，要求那些被社会排挤并已失掉人的面貌的贱民放弃他最后的一点儿东西——人的称号；这种布施在用施舍物给不幸的人打上被唾弃的烙印以前，还要不幸的人卑躬屈膝地去乞求！"①

虽然慈善事业在中国社会古已有之，也确实能够造福于民众，但在新中国成立初期那段特定的历史语境中看待"慈善"二字，其含义已经完全不同，甚至有极端的观点认为"凡是敌人支持的我们都要反对"，既然西方资本主义国家提倡发展慈善事业，而且革命导师马克思恩格斯都对资本主义慈善事业进行过激烈批判，那就索性不管什么社会制度下的慈善一律加以抵制。这种观点虽然片面，但它的产生有其历史原因。众所周知，西方资本主义国家对落后国家发动侵略，贪婪占有这些国家的资源，甚至不惜用贩卖人口的方式完成资本原始积累。世界上那么多人被"可恶的贫困、可恶的丑恶、可恶的饥饿所围困"，其苦难的根源就在于资本主义制度。相比较过去几个世纪中资本主义所推行的对内野蛮剥削和对外殖民政策，进入现代以后，西方资本主义国家改变了最初的社会管理方式，以相对温和的方式实施社会治理，促进财富在贫富群体中的分配和平衡，以防止社会矛盾的激化。在目前西方国家推行的社会改良措施中，发展慈善和社会福利事业是消除社会对立与矛盾的最有效方式，但即便如此，也无法完全消除来自社会的批判，其中有很多批

---

① 马克思恩格斯文集（第1卷）[M]. 北京：人民出版社，2009：478.

判还是来自西方社会内部。法国学者法农、加拿大社会学家约翰·波特都曾经在其著作中揭露资产阶级专政的社会条件下资本精英关注慈善事业的真正目的，他们认为慈善事业除了作为企业公关的工具之外，主要的价值还在于"他们（资本精英，笔者注）感到这是阻止国家介入社会事务的最重要方式"。

出于以上各种原因，新中国成立之后中国政府从意识形态和经济基础两个方面消除了慈善事业存在的基本条件，由国家力量取代慈善组织，由政府包揽社会救助功能。与这种情况相对应，民间慈善事业也基本陷入停顿状态，一直到改革开放之后才重新恢复发展。另一方面，虽然慈善事业的整体发展一度中断了40年，但作为现代慈善重要组成部分的志愿服务"却因教育人民和建设社会的需要而以义务服务的形式存活下来"，并因为受到国家的支持而得到迅速发展。

二、慈善、公益与志愿服务

虽然传统慈善文化中并没有直接出现"志愿"一词，但在其中并不缺乏志愿文化的基因。要厘清两者的关系需要首先对"慈善""公益"和"志愿"这三个概念进行一下梳理。

何谓"慈善"？《辞海》中的解释是"仁慈而好善"，一般认为，慈善是仁德与善行的统一体，慈善是指慈悲心理驱动下的善举。贝克尔认为："如果将时间与产品转移给没有利益关系的人或组织，那么这种行为就被称为'慈善'或'博爱'。"[1]慈善在英语中分别可以与"charity"和"philanthropy"两个词相对应。"charity"包含四种意思：第一，对穷人或困难群体的帮助、救助和施舍；第二，用于帮助有需要的人的东西；第三，为了帮助救助对象而建立的机构、组织或基金会；第四，作为爱

---

① [美]加里·S. 贝克尔. 人类行为的经济分析[M]. 王业宇，陈琪，译. 上海：上海人民出版社，1995：321.

的一种美德，这种美德引导人们首先尊爱上帝，然后要对上帝的施爱对象表达博爱之心。"philanthropy"包含三种意思：第一，增加人类福利的努力或倾向；第二，对全人类的爱；第三，为了提高人类福利的活动或机构①。在希伯来语中，"慈善"与"Tsedakah"对应，意思是公义行为（righteous action），指具体的、属于社会公共道德范畴的与个人直接相关的公义行为。

从性质上来说，慈善是对他人之爱，应该是一种不掺杂任何因素的、不带任何目的或动机的纯粹之爱。"慈善是一种美德，通过它，我们把自己的一部分真心之爱转化成了纯洁的、毫无疑义的对他人之爱。那种爱不是友谊或血缘关系加给我们的，甚至不是完全陌生的人加给我们的。我们对那些人毫无义务，也不想从他们那里获得什么。以任何方式减少这个定义的严格性，都必会部分地失去这种美德"②，著名慈善学家罗伯特·佩腾将慈善定义为"为公众谋福利的志愿行为"③。

在国内，慈善事业的研究者和从业者也都对慈善有着自己的理解和体会。中华慈善总会创始人崔乃夫认为上爱下为慈，讲的是纵向关系。人们之间平等的爱为善，讲的是横向关系。他说，"慈和善两个字联系在一起就是上下左右的爱。是广泛的爱"，"慈善就是有同情心的人们之间的互助行为，就是人帮人的活动，即一部分人帮助另一部分人，反过来又是那一部分人帮助这一部分人的活动"。慈善的直接对象是人，《中国大百科全书》里对慈善的解释是，"私人或社会团体基于慈悲、同情、救助等观念，为灾民、贫民及其他生活困难者举办的施舍、救助活动的统称"。徐麟认为，"慈善是公众以捐赠衣物、志愿服务等形式关爱他人、奉献社会的自愿行为"④。周秋光、曾桂林从多个角度对慈善进

① 胡芳肖，杨潇，王育宝，刘华平. 社会救助理论与实务[M]. 西安：西安交通大学出版社，2015：325.
② [荷]B. 曼德维尔. 蜜蜂的寓言[M]. 肖聿，译. 北京：商务印书馆，2017：211.
③ Robert L. Payton & Michael P. Moody. *Understanding Philanthropy: Its Meaning and Mission*. Bloomington: India University Press, 2008, 27.
④ 徐麟. 中国慈善事业发展研究[M]. 北京：中国社会出版社，2005：28.

行定位，慈善是无私的奉献，具备"为人"和"无我"的基本特征；慈善是理念，要发扬人道主义精神；慈善是行为，即以积德行善为宗旨的行为；慈善是事业，以调节、和谐、补救、福利社会与人群为目标[1]。狭义的慈善是指社会公众建立在自愿基础上，对于社会弱势群体的无偿救助行为；广义的慈善是指建立在社会捐献经济基础上的民间社会性救助行为，这种救助不仅包括传统意义上对特定的穷人、弱势者、不具有劳动能力而又无人抚养或赡养的人、自然灾害的受灾群众等的帮助帮扶，而且包括对教育、科学研究问题、体育发展、环境保护的支持和捐助[2]。慈善事业可以概括为社会个体、团体或组织在自愿基础上所进行的有利于他人或社会公共福利改进的各种公益活动，包括自愿捐赠和志愿服务等[3]。一般慈善捐赠都会通过专门的慈善基金会进行，而慈善基金会是指一个非政府的、非营利的组织，其资金经常来源于个人、家庭或公司，其项目由自己的董事会和领导来管理，通过捐助来维持和资助服务于公共福利的社会、教育、慈善宗教或其他活动[4]。

先来看慈善与公益的关系。《辞海》里讲所谓公益是指"社会公共的利益"，即有关社会全体成员的福祉和利益。在中国，1908 年 12 月27 日（清光绪三十四年）晚清政府颁布的《城镇乡地方自治章程》中第一次提到"公益"一词。进入现代社会后，公益的概念内涵逐渐细化，至少包含三层含义：其一，公益是行为，是个人或某些社会组织、团体自愿通过做好事、行善举，为社会公众无偿提供公共产品；其二，公益是对做好事、行善举的组织或个人行为的价值判断；其三，公益是行动的结果，即向非特定的社会成员提供公益产品。

慈善和公益虽然都包含着对其他人的无条件的关爱，但在出现的历

---

① 周秋光，曾桂林. 中国慈善简史[M]. 北京：人民出版社，2006：3、4.

② 彭小兵. 公益慈善事业管理[M]. 南京：南京大学出版社，2012：11.

③ 郑雄飞. 慈善事业的伦理根基和理性建构研究[J]. 学术研究，2011（12）：85-91.

④ David F. Freeman, *The Handbook on Private Foundations*. Washington: Seven Locks Press, 1981, 2.

史时期、帮扶对象范围以及主体与帮扶对象的关系等方面都存在区别。慈善概念出现的时间最早，"'慈善'的服务领域主要是济贫、医疗、救灾等急难救助，往往规定了特定的老弱病残等客观上弱势的群体，也就是说，'慈善'是在弱势或困难成为客观事实的情况下提供一定的帮助。施善为慈者往往是具备一定资源、地位与能力的人，这在一定程度上暗示了服务提供与接受双方的强势与弱势、施与与接受的不平等性，因而'慈善'所表达的爱与帮助，也就暗含了自上而下的施舍的意味，暗示了权威与等级的不对等。'公益'就其救济服务对象而言，指除了自己以外的其他人，社会大众。它既可以包含特定的老弱病残等客观上弱势的群体，也可以是不具名的任何人。同时，公益的服务领域涵盖了济贫、救灾、医疗、安老等慈善类的服务，也有环保、公民教育、文化、社区服务等关注长期发展、提升社会成员素质的服务。也就是说，'公益'服务对象不仅是弱势或困难已成客观事实的群体，也可以是为了防止困难成为事实而提供的服务。就词语本身的内涵而言，'公益'不仅强调为他者服务，更强调对参与者'公'的意识的培养与塑造，与慈善所体现出来的权威等级色彩不同，'公益'强调个体对社会的责任与义务，倡导服务提供者与接受者之间的平等关系。一方面，它培养志愿者帮助、给予的意识、能力与权利。另一方面也尊重受者享受公益服务的权利。'公益'一词因其受者的广泛性而没有使受者在道德上有弱势感，更不会用受者的弱势地位来衬托施者的德性，这在一定程度上体现了公益活动双方的平等"[①]。当然，这种区分只是相对的，因为两者出现的历史时期相差甚远，所以上述文字描述慈善时所讲的"自上而下的施舍""权威与等级的不对等""提供与接受双方的强势与弱势"等都是传统理念，伴随着传统慈善的现代转化，这些理念已经被逐步淘汰。与早已出现的慈善概念相比，公益是一个晚近出现的现代词语，它是伴随着中国近代以来社会的转型产生的，指的是在"社会""群体"等观

---

① 刘国宏，余凌曲. 公益、金融与善经济[M]. 北京：中国经济出版社，2017：20、21.

念出现以后，个体或组织面向社会大众所实施的利他行为。最初公益产生于慈善，但进入现代社会之后，公益与慈善的关系出现了变化，表现出趋近融合的趋势。随着公益活动的范围日益扩大，原来意义上的捐钱捐物，贡献人力的慈善活动都被囊括其中，凡是对他人、对社会有利的非营利性行为都冠之以"公益"称呼，如宣传慈善活动、慈善精神的广告一般都被笼统称为"公益广告"而不是"慈善广告"。另外，公益活动也更多地体现出"公众参与"和"公众分享"的特征。与慈善活动主体相比较，参加公益活动的群体更加广泛，只要有意愿，人人皆可参与，并不因为财富状况或资源多寡的区别受到限制，且参与公益的过程就意味着分享的开始。"公益是社会现象。慈善考虑更多的是个人的情感释放，公益考虑的更多是理念的传播与群体效应。公益更多的是体现分享，分享公益理念，分享做事经验，分享行善的机会，分享做事的快乐，分享大家的所得。"① 在不是非常严格的语义环境中，可以将慈善和公益并称为"慈善公益"，如"慈善公益活动""慈善公益机构"等。

无论是慈善还是公益，都有着利他主义的精神追求，而且都需要有具体的运作形式体现这种精神追求，志愿服务即是这样一种现代慈善公益活动形式。从三者关系来看，志愿服务属于慈善活动，而慈善活动则又属于公益活动，这种关系在 2016 年通过的《中华人民共和国慈善法》中体现得非常明显，"本法所称慈善活动，是指自然人、法人和其他组织以捐赠财产或者提供服务等方式，自愿开展的下列公益活动……""本法所称慈善服务，是指慈善组织和其他组织以及个人基于慈善目的，向社会或者他人提供的志愿无偿服务以及其他非营利服务"。

当志愿服务作为慈善、公益概念下的子概念时，它在具有后两者一般特征的同时还体现了自身的特征：一是慈善公益活动有很多种形式，其中捐钱捐物最为常见，但志愿服务不是捐钱捐物，它是志愿者通过无

---

① 刘国宏，余凌曲. 公益、金融与善经济[M]. 北京：中国经济出版社，2017：21、22.

偿贡献自己的时间与技能来体现专业服务价值的活动形式。二是在服务对象上，志愿服务不一定非要面向需要帮助的弱势群体，而是可以面向所有社会公众开展；既可以面向弱势群体（如扶助老弱），也可以面向非弱势群体（如文化志愿服务），甚至可以面向非人类对象（如旨在保护动物、植物或生态环境的志愿服务）。三是从活动参与方式上来看，志愿服务必须要由志愿者本人亲自参与，但慈善活动既可以由慈善主体亲自进行，也可以通过基金会等中介组织代替慈善主体捐钱捐物，在现代社会里，通过慈善中介组织捐钱捐物是最为常见的一种慈善参与方式。最后，志愿服务虽然出现时间较晚，但已经成为现代社会最具代表性的慈善公益活动。

三、志愿者与志愿服务组织

在本书中，与志愿服务相关的主要概念还有志愿者和志愿服务组织，两者构成了志愿服务主体。厘清这两个基本概念对于开展后续研究非常重要，现依次对这两个概念进行分析。

（一）志愿者

志愿服务中最重要的要素是人的要素，即志愿者。在 20 世纪 20 年代，上海沪江大学和复旦大学的校刊上，首次刊登了包含 volunteer（志愿者）一词的英文文章。新中国成立不久，抗美援朝战争爆发，中国人民志愿军赴朝作战，相关外文报道使用了"volunteer"一词来指志愿军战士。"中国人民志愿军'跨过鸭绿江'，保家卫国、奉献青春，也具有志愿服务的特点。所以，一些专家在研究新中国成立以来志愿服务的时候，就从'志愿军'的源头开始，具有一定的道理。'中国人民志愿军……之所以命名为志愿军并使用了完全不同的番号和编制，是为了表示中国不是跟美国宣战，是人民志愿支援朝鲜。'"[1]20 世纪中叶，国内官

---

[1] 谭建光. 中国青年志愿服务的发展方向——新中国70年青年志愿服务回顾与展望[J]. 中国青年社会科学，2019（02）：102-108.

方媒体对苏联青年志愿工作模式进行过专门报道，报道中将响应苏联共产党和社会主义国家的动员，奔赴苏联顿巴斯等地区支援国家建设的青年称为志愿者（добровольцы）[1]。有学者认为这个时期国内媒体所讲的志愿者"指称的是志愿军，或由其衍生而来的响应号召而'志愿'参加国家建设的人员"[2]。受苏联模式影响，新中国成立后各地积极组织的义务劳动构成了志愿服务的雏形。为了鼓励各行各业的青年人勇于奉献，为建设社会主义国家贡献力量，共青团中央特意打造了"青年突击队"的义务劳动品牌。1955 年 2 月，团中央向党中央提交一份报告，建议在基本建设部门中发展青年突击队组织并获得中央批示。哪里有急难险重的任务，哪里就有青年突击队员，胡耀林木工青年突击队、李瑞环木工青年突击队、臧红星青年突击队等都是 20 世纪 50 年代涌现出来的义务劳动先进典型群体。从活动性质上来讲，这个时期青年突击队组织参加的义务劳动已经接近"有组织的志愿服务"。1963 年 3 月 5 日毛泽东为共青团中央机关刊《中国青年》杂志亲笔题词"向雷锋同志学习"，在全国范围内掀起了学雷锋活动热潮，各地青年突击队员积极响应号召，组织起来，通过各种形式无偿参加社会服务，这些活动的本质便是有组织的志愿服务。

20 世纪 70 年代中美建交之后，中西方文化交流正常化，有关西方志愿服务的文献资料开始在国内出现。西方志愿服务源自宗教性慈善活动，故西方国家的很多志愿者都是基于宗教信仰而从事公益活动。因文化背景不同，不同国家对志愿服务相关概念的理解也不尽相同。在目前国内学界的相关研究中，对志愿者一般有狭义和广义两种理解，"广义上说，是指希望、决心或渴望做某一件事情的人，如志愿军、志愿者。狭义上说，专指社会福利领域中的义务人员。我们平时提及的'Volunteer'，基本上都是狭义上的"[3]。当然，无论哪种文化背景下，志

---

① 李何. 第一批志愿者[N]. 人民日报, 1956-05-20.

② 黄金结. 近代以来中国志愿服务的变迁研究[J]. 青年探索, 2016（04）: 25-32.

③ 黄金结. 近代以来中国志愿服务的变迁研究[J]. 青年探索, 2016（04）: 25-32.

愿者角色形象里都包含着这一群体最基本的特征，即自愿付出自己的时间或劳动帮助他人但不要求回报。根据联合国前秘书长安南的解释，志愿者是指"在不为物质报酬的情况下，基于道义、信念、良知、同情心和责任，为改进社会而提供行动，贡献个人的时间及精力的人和人群"①。基于这个认可度较高的定义，志愿者可以是个人，也可以是志愿服务组织，前者是指"以自己的时间、知识、技能、体力等从事志愿服务的自然人"，而后者则是"指依法成立，以开展志愿服务为宗旨的非营利性组织"②。

（二）志愿服务组织

志愿服务组织最显著的三个特征是非营利性、非政府性和志愿性，凡是依法成立并符合这三个条件的组织或团体都可以泛称为志愿服务组织。它的规模可大可小，既可以是国际性的，也可以是全国性的或地方性的。国际性的如1970年成立的"联合国志愿人员组织"（UNV），全国性的如我国在20世纪90年代初成立的"中国青年志愿者协会"，地方性的志愿服务组织则数量庞大，不胜枚举。在中国，广东省是最先对志愿服务组织实行注册登记管理的省份。从整体上来看，志愿服务组织是以志愿服务精神为指导，以扶助他人和改进社会为使命，具有独立完成志愿者招募、注册、培训及调动志愿者参加志愿服务活动的能力，并具有明确的志愿者约束、激励和权益保障机制的志愿服务团体或机构。

志愿者既可以个人形式为他人和社会提供志愿服务，也可以通过加入志愿服务组织从事相关活动，这两种形式并存于志愿服务发展的不同阶段。进入现代社会后，志愿服务对象越来越多元，志愿服务内容的专业性和复杂性不断提升，对志愿服务管理的要求也越来越高，与"大慈善"相对应，人类已经进入"大志愿服务"时代。2008年北京奥运

---

① 共青团北京市委员会，北京青年研究会. 志愿者形象及其社会影响[M]. 北京：人民出版社，2009：3.

② 志愿服务条例[EB/OL]. http://www.gov.cn/zhengce/2020-12/27/content_5574451.htm.

会、2022 年北京冬奥会及冬残奥会的举办，让世界见证了中国特色志愿服务的高质量和高效率。以北京冬奥会为例，共有 2000 名赛会志愿者和 20 万城市志愿者为本届冬奥会的顺利举办贡献力量。姑且不论本次志愿服务的复杂程度和专业性要求，单就这种数量级别的志愿服务的管理就是一个极其复杂的问题，解决这个问题既需要技术，也需要智慧。为此，北京冬奥会专门成立了城市志愿者指挥部，下设策划调度、招募培训、宣传激励、疫情防控、物资保障等 9 个工作组，在有限的时间内高效完成了奥运会的赛会保障工作。然而，这种规模的赛会服务与全国脱贫攻坚相比较，至多只能算中等规模，后者需要的志愿者数量更为庞大，而且工作更加复杂艰巨。在全球化背景下，解决贫困饥饿、生态危机、毒品泛滥等问题都需要海量志愿者参与其中，个人单枪匹马做好事往往解决不了或解决不好上述这些问题，通过组织化方式参加志愿服务是对"大志愿服务"时代志愿者的必然要求。

根据西方社会学理论，现代社会公共事务领域中普遍存在政府和市场同时失灵的情况。志愿服务组织作为一种重要的社会治理力量，可以为处理公共事务提供多渠道人力资源，为社会治理提供差别化、个性化服务，有助于提升社会公共福利，改善社会治理水平和效果。按照西方社会治理理论，志愿服务组织属于非政府组织的"第三部门"，需要保持相对于政府和市场的独立性，只有这样才能最大限度地克服政府的官僚主义和市场的谋利原则所导致的缺陷，发挥政府和市场两者所不具有的作用。"第三部门"理论是源自西方的社会治理理念，但各个国家在具体实践中都会根据实际情况探索适合本国国情的模式，因此各国的志愿服务组织与政府之间有着多样性的关系，并不完全一致。就中国志愿服务组织与政府的关系而言，两者之间的关联非但不松散，反而非常密切，体现出鲜明的本土特色。2016 年，中国政府出台的《关于支持和发展志愿服务组织的意见》明确提出，设立志愿服务组织必须坚持的基本原则之一是要"坚持正确引领，依法自治"，即"坚持党委领导，政府监管，充分发挥基层党组织的战斗堡垒作用，发挥共产党员先锋模范作用和骨干作用，确保志愿服务组织的正确发展方向"①。

我国的志愿服务组织大体分为两种，一是由政府或其他体制内单位自上而下主导推动建立的志愿服务组织，从管理体制来看这类志愿服务组织隶属于民政系统；二是由公民自发联合组成的民间志愿服务组织，但需要经过注册之后方能实施志愿服务相关活动。与以个人形式开展的志愿服务相比，志愿服务组织所提供的志愿服务整体上专业性程度和效率更高一些，这种比较优势主要来自两个方面的原因，其一是志愿服务组织的"组织力"，其二是志愿服务组织的凝聚力。

所谓组织力体现的是"1+1>2"的组织化优势，即哲学上讲的"整体大于部分之和"。"组织力就是在组织载体建立基础上，组织单元与系统进行优化整合和有效连接，组织实体中的成员发挥其主观能动性，实现组织目标所体现的整体合力。"②所谓凝聚力是指在志愿精神的感召之下，志愿服务组织全体成员基于对该共同体的服务理念、价值取向和行为规范高度一致的认同感而产生的向心力。志愿服务组织成员的教育背景、所处社会阶层以及经济状况等各方面的情况各异，再加上志愿服务本身是无偿性的，缺乏社会报酬、福利或者晋升机会等有效的物质激励，如果缺乏足够的凝聚力，志愿服务很难持续运行。对正常开展工作的志愿服务组织而言，凝聚力是组织力的前提，组织力是凝聚力的结果，两者相辅相成，缺一不可。

设立志愿服务组织除了能够带来志愿服务的高效性与专业性程度以外，还有其他重要意义，概括起来说主要有两点，一是可以弱化参加志愿服务的道德色彩，避免志愿者个人受到道德绑架；二是可以通过组织形式使志愿者的权益得到更加完善的保护。在现代社会中，志愿者一经通过志愿服务组织完成注册确认身份，两者之间的契约关系便已形成。

---

① 关于支持和发展志愿服务组织的意见[EB/OL]. http://www.gov.cn/xinwen/2016-07/11/content_5090259.htm.

② 王越芬，曹石. 重大疫情应对中高校共青团组织优势作用[J]. 思想政治教育研究，2020（02）：73-77.

如果将志愿服务看作契约行为，那么志愿者与志愿服务组织之间互为权利主体和义务主体的关系就会受到相关法律和制度的保障。对于志愿服务组织而言可以在规定的条件范围内招募志愿者从事志愿服务活动，同时需要承担注册志愿者的管理、培训、激励和权益保护责任；对于志愿者而言，则可以在接受培训、服从安排和参加志愿服务的同时，获得权益保障，提升个人知识技能，拓展个人发展空间，促进自我完善和自我实现。

第二节　中国特色志愿文化的实践基础

中国特色志愿服务是中国特色志愿文化的实践基础，其发展具有鲜明的阶段性特征。改革开放之前，志愿服务主要表现为由政府主导的国际援助活动，主体是中国政府，服务对象是亚、非、拉和东欧的一些发展中国家，援助项目重点集中在农业、水利、医疗卫生等领域。国际援助项目的实施为当地社会经济进步做出了重要贡献。从 20 世纪 80 年代开始，联合国志愿人员组织（UNV）和中国开始进行双向合作，一方面，UNV 向中国派遣国际志愿人员，另一方面，中国也通过 UNV 继续向多个发展中国家派遣相关领域的志愿者。1963 年 4 月，第一支中国援外医疗队成立，第二年 4 月，中国政府第一次向非洲派出援外志愿服务医疗队，从此拉开了中国医疗队援非的序幕。与国家推动的对外志愿服务相比，这个时期国内以非政府组织和个人为主体的志愿服务发展速度较为缓慢。

改革开放以后，西方发达国家的社会治理模式和理念开始传入中国，志愿服务逐渐在国内发展起来。中国特色志愿服务的发展大致可以分为三个阶段，从新中国成立到 90 年代初是第一阶段，以学雷锋活动为典型标志，志愿服务进入酝酿萌发时期；从改革开放到党的十八大召开是中国志愿服务发展的第二阶段，以北京奥运会为典型标志性事件，志愿服务进入快速发展时期；从党的十八大到现在是中国志愿服务发展的第三个阶段，志愿服务在经历了较快速度的发展后进入完善提升时期。

一、中国特色志愿服务的酝酿萌发时期

从整体上来看，从新中国成立到 20 世纪 90 年代初是中国特色志愿服务酝酿萌发的重要历史时期。在这个时期的前半阶段，党和政府将现实需要与中国传统文化中蕴含的守望相助精神相结合，充分调动人民群众的积极性，引导他们发扬自力更生、艰苦奋斗的光荣传统，不计报酬地积极参加各级政府组织的义务劳动。在这个阶段，党和各级政府成为义务劳动的绝对领导者，各级政府机关、企事业单位及其下设组织是义务劳动的发起者和实施者。高度集中的政治经济体制以及党和政府在人民群众中的崇高威信使得义务劳动的开展蓬勃有效，同时也极大激发了人们的主动性和创造性，有力推动着国家经济建设和社会发展。群众在参加各种义务劳动的过程中增强了集体主义归属感和建设社会主义国家的成就感，提升了服务社会的意识，弘扬了无私奉献的精神，这都为中国现代志愿服务的开展打下了前期良好的群众基础。在这个历史时期的中间阶段，国内经历了十年"文化大革命"，社会生产和生活秩序遭到极大破坏，人与人之间的关系遭到空前挑战，但就整个社会来说，为国为民的信念、踏实服务人民和社会的精神仍然彰显出强大的力量；邻里互助、义务劳动以及抢险救灾活动中集中体现出的无私奉献精神始终是一道温暖绚丽的风景线。在这个历史时期的后半程，中国结束"文化大革命"，开始改革开放，党和政府已经具备广泛发动群众的丰富经验，民间也有乐于参加义务劳动的良好群众基础，西方志愿服务模式和理念一经传入国内，便与社会主义建设初期涌现出来的学雷锋活动相结合，最终产生了有中国特色的"学雷锋志愿服务"。

1949 年新中国成立以后，中央政府面对的是一个千疮百孔的烂摊子。根据毛泽东对当时社会主要矛盾的正确认识，党确定了国家的首要

任务是恢复经济，并在此基础上完成对个体农业、个体手工业和资本主义工商业的社会主义改造，最终确立社会主义制度。新政府财力有限，但广大人民群众对建设社会主义国家充满热情，工人、农民、解放军、政府机关工作人员和学校师生等踊跃参加义务劳动，掀起了社会主义建设的新高潮。从 1952 年起，响应毛泽东主席"动员起来，讲究卫生，减少疾病，提高健康水平"的号召，人们在工作和学习之余积极参加爱国卫生运动。1955 年，杨华、李秉衡、庞淑英、李连成、张生等 5 名北京青年向北京团市委递交了一份申请书，志愿报名参加青年垦荒队，并为垦荒队确立了两个基本原则，一是自愿，二是无偿。他们"不要国家一分钱投资"，自愿到边疆开垦荒地，希望能促进粮食生产，为工业建设做贡献。当时《北京日报》等几家报纸刊载了这几名青年的申请书，时任团中央第一书记胡耀邦在接见他们后作出了意见批复，这些保留至今的文字材料可以说是新中国成立后关于志愿活动的最早书面档案。

雷锋和雷锋精神的出现，真正促成了中国现代志愿服务的萌发。雷锋祖籍湖南长沙，出身贫农家庭。新中国成立之前，雷锋的父母、哥哥和弟弟相继去世，雷锋成了孤儿。新中国成立以后，雷锋上了学，分了地，有了工作机会。感恩于党和国家给予自己的一切，雷锋下定决心要成为一个对别人、对国家、对社会有用的人。在生活上，雷锋身体力行地践行勤俭节约、艰苦创业的精神；在学习和工作上，雷锋则发扬"钉子精神"，拼搏奋斗，力争上游。雷锋以实际行动体现了社会主义建设初期一个普通劳动者对国家未来发展的无穷信心和巨大热情。

1960 年 1 月，雷锋参军入伍。成为军人的雷锋保持初心，一有机会便不遗余力地帮助别人。"雷锋出差一千里，好事做了一火车"，给丢失车票和钱的大嫂补买车票、冒雨送带孩子的大嫂去车站、帮到部队探亲的大娘带路并辗转找到她的儿子、带病到工地参加义务劳动、带伤奔赴抗洪抢险的水库大坝连续奋战七天七夜、为灾区捐献自己的全部积蓄、利用休息时间担任两所小学的校外辅导员……这个个子不高、貌不起眼的青年战士不断地向人们传递正能量，生动地诠释党和人民军队"全心全意为人民服务"的宗旨。

雷锋牺牲以后，毛泽东、周恩来、朱德、刘少奇、邓小平、陈云、董必武等党和国家领导人对雷锋的事迹给予高度评价，1963 年 3 月 5 日，毛泽东主席亲笔题词"向雷锋同志学习"，由此掀起了国内学雷锋活动的热潮。此后每年的 3 月 5 日成为带有官方主导色彩的"学雷锋纪念日"，"学雷锋，做好事"的精神传统逐渐形成并不断发展。

周恩来同志曾对雷锋精神作过精辟的概括，即"憎爱分明的阶级立场，言行一致的革命精神，公而忘私的共产主义风格，奋不顾身的无产阶级斗志"。雷锋精神以雷锋的名字命名，但它并不仅仅代表雷锋一个人的精神追求，而是代表一个时代甚至是超越时代的、有着同样价值目标的人们共同的精神追求。雷锋精神的核心是全心全意为人民服务，是社会主义人生观、集体主义价值观的鲜明体现。雷锋精神历久弥新，在不同的时代里总会有人选择像雷锋那样，用不同的形式践行为人民服务的宗旨，不断丰富雷锋精神的内涵。榜样的力量是巨大的，对于党和国家来说，雷锋精神是一笔宝贵的精神财富，需要在全社会范围内加以宣传和弘扬。雷锋牺牲的第二年，也就是 1963 年的 1 月，他生前所在班被国防部命名为"雷锋班"，这体现了国家对雷锋和雷锋精神的高度认可，也是雷锋精神最好的宣传方式。此外，国家还以各种形式纪念和表彰雷锋，体现出对雷锋精神的高度重视和推崇。2009 年 9 月，雷锋入选"100 位新中国成立以来感动中国人物"之一；2013 年 3 月 6 日，习近平总书记参加十二届全国人大一次会议辽宁代表团审议时提到，雷锋、郭明义、罗阳身上所具有的信念的能量、大爱的胸怀、忘我的精神、进取的锐气，正是我们民族精神的最好写照，他们都是我们"民族的脊梁"；2018 年 9 月，雷锋被中央军委政治工作部评为"全军 10 位挂像英模"之一；2019 年 9 月，雷锋被评为"最美奋斗者"；2021 年 9 月，雷锋精神入选中央宣传部梳理的第一批纳入中国共产党人精神谱系的伟大精神。雷锋这个名字已成为象征性的文化符号，体现着雷锋精神与现代志愿精神在互助友爱、无私奉献的价值追求上的高度一致。

值得注意的是，学雷锋活动的主题和内容并非一成不变，两者都与时俱进地做过调整，从整体上体现出与现代志愿服务趋同相近的特征。从发展阶段上来看，20世纪90年代初是明显的时间转折点，在此之前党和政府的主要宣传基调是学习雷锋的"忠于革命忠于党"，进入90年代以后，学雷锋活动的主要基调则变成了"学雷锋，做好事"。前后期的变化主要体现了两方面的意义，其一是学雷锋活动的主体更加广泛，此前的宣传基调加之雷锋本人作为人民解放军的特殊身份，很容易让人产生特定联想，即认为学雷锋就是指"接过雷锋的枪，做党和毛主席的好战士"，将学雷锋活动理解为特定群体基于政治动员而参加的义务活动；其二是要求更加明确，弱化了宣传动员过程中的政治色彩和抽象程度，更加直观具体和通俗易懂，只要身体力行"做好事"，便是以实际行动践行了雷锋精神。学雷锋活动主题和内容的变化说明20世纪90年代初中国已经为现代本土志愿服务的诞生做好了必要的条件准备。

另一方面，从20世纪70年代初中美关系正常化以来国外志愿服务的模式、理念等不断传入中国，改革开放也为国际志愿服务交流提供了更多的机会和通道。1981年，联合国志愿人员组织执行协调员与中国政府代表在北京签约，通过互派专家和技术人员志愿者的方式促进双方在地质、电脑、地震资料处理、营养学、语言教育等领域的交流合作。这个时期联合国志愿人员组织主要推进与商务部、教育部、文化部等国家政府机关以及与共青团中央、全国妇联、中国残联等群团组织的合作项目。在推动国际志愿者来中国开展服务的同时，这种项目式志愿服务也吸引了很多国内志愿者奔赴国外开展活动。项目合作促进了双方对志愿服务的全新认识，来自西方的志愿服务与国内的学雷锋活动走向融合发展。1994年12月5日，中国青年志愿者协会在北京成立，许多学者将其视作国内现代志愿服务正式诞生的标志。从2000年开始，共青团中央把每年的3月5日确立为"中国青年志愿者服务日"，而这一天也是毛泽东题词号召大家"向雷锋同志学习"的重要时间点。国内现代志愿服务的官方名称是"学雷锋志愿服务"，它保留了带有鲜明中国特色的"学雷锋"元素，体现了两重含义，"一是将中华传统文化、党的宗旨理念、新中国人民群众的创造等元素，融合在'学雷锋志愿服务'之中，让广大干部群众、城乡居民越来越接受、越来越喜欢。二是不断丰富'学雷锋志愿服务'的内容，开拓创新，结合改革开放新时期涌现的理念和文化，让雷锋精神更有魅力、更有活力"①。

二、中国特色志愿服务的快速发展时期

党的十一届三中全会以后，中国进入改革开放新时期，国家经济发展步入快车道，与此同时国家也进入急剧的社会转型期。改革开放使一部分人先富起来，但也造成了贫富两极分化的问题，并在这个问题上叠加衍生出农民失地、工人失业、留守儿童、城市人口老龄化等社会问题，弱势群体大量存在。从理论及传统经验上来说，政府作为社会的主要治理者、公共服务的主要提供者应当承担解决问题的责任，但对于中国这样一个发展中国家而言，依靠政府解决所有问题还存在困难。放眼世界，即便是西方发达国家，在面临很多社会民生问题时也并非全由政府一力承担。按照西方社会学理论，政府、市场和非政府组织都要在解决社会问题方面发挥应有作用，作为非政府组织的慈善机构和志愿团体在政府和市场失灵时能部分地弥补政府角色的缺位，从这个意义上来说，志愿服务在中国的出现符合国际惯例，它是整个世界治理模式全球化创新的必然结果。早在1845年，马克思在《德意志意识形态》中就提出"整个历史向世界历史的转变"②，以此预言了全球化的到来。全球化的浪潮席卷整个世界，不同国家被裹挟其中只是时间早晚的问题，改革开放意味着中国从此踏进了全球化的浪潮。"正如公司和资本在全球

---

① 谭建光. 中国青年志愿服务的发展方向——新中国70年青年志愿服务回顾与展望[J]. 中国青年社会科学, 2019（02）：102-108.

② 马克思恩格斯选集（第1卷）[M]. 北京：人民出版社, 1995：89.

四处扩张，方兴未艾的社会责任和企业慈善带来的'全球化'似乎也同样备受关注。"[①] 全球化与本土化如影随形，挟全球化浪潮进入中国的志愿服务经历了本土化过程之后进入了快速发展时期。

随着对外开放和交流的不断深化，外来的新思想、新观念、新潮流大量涌入国门，国外的志愿服务模式和志愿服务理念开始影响国内民众。1981年，联合国开发计划署中国总部在北京三里河建立，联合国志愿人员组织在北京设立项目办公室，相关项目的陆续开展为中国特色志愿服务的全面启动注入新鲜活力。越来越多的人感受到参加志愿服务的意义不仅仅在于"助人为乐"，还在于使个体通过志愿服务提升和完善自我。

回顾改革开放到90年代初期的这段历史，就会发现它对于中国特色志愿服务发展而言的重要意义，中国现代志愿服务在全球化和本土化的双重力量作用下开始定位自身发展方向。从1978年到1993年，是中国志愿服务的启动探索阶段，在这一阶段，全国各地纷纷结合本地实际情况开展不同形式的志愿服务活动。从整体上来看，尽管南北方志愿服务各有特色，但本质上却殊途同归，即通过探索各种可行的志愿服务形式来实现学雷锋活动的常态化，避免将一年一度的"学雷锋，做好事"变成突击性的政治任务，搞运动式志愿服务。广东、北京和天津率先开展了内地志愿服务的有益尝试，并分别体现着南北方志愿服务的地域特色。

北京和天津处于或毗邻中国政治文化中心，最初志愿服务的组织模式带有明显的政治色彩，即由党团组织发起，保留"学雷锋做好事"的光荣传统并赋予其新的意义和价值。以北京为例，"文化大革命"结束后社会逐渐趋于稳定，但思想道德滑坡、社会信任体系脆弱、社会治安隐患凸显等问题均有不同程度的体现。在这个特定时期，政府一方面推

[①] 北京公旻汇咨询中心. 中国发展简报（2012年冬）NO. 56[M]. 北京：知识产权出版社，2013：17.

动对违法犯罪行为的重点打击，另一方面号召人们大力开展"五讲四美三热爱"活动。1983年3月，北京市原宣武区大栅栏街道团委率先发起"综合包户"的学雷锋活动倡议，主要意图是通过辖区各行各业的党团组织动员青年志愿者发挥所在行业优势，结对帮扶社会弱势群体和特殊群体。大栅栏街道团委与辖区青年志愿者签订综合包户协议书，明确志愿者与受助者之间开展帮扶活动的时间、内容和责任，以书面形式固定下来，用这种形式探索建立志愿服务长效机制。经过街道团委的动员，大栅栏地区各行各业的青年从业者自发组织起来，为辖区内的老弱病残群体定期免费提供10项日常生活方面的帮助，包干到户，责任到人。《人民日报》曾经专门就此事进行宣传报道，"宣武区大栅栏街道的青年们提出，要把为社会作贡献、尽义务的活动发展到一个新水平，既有分工、又有合作，并且能与各单位本职工作紧密结合，他们提出了由街道团委牵头，组织各个服务行业的青年与服务对象签订协议书的办法"[1]。当年的"综合包户"之所以能产生如此大的轰动效应，就是因为这种形式体现了党团组织发动与社区青年力量、社区居民资源相结合所形成的组织合力，体现了对志愿服务长效机制的创新探索，避免了单位或个人一年一次运动式学雷锋的尴尬，使学雷锋活动开始走向常态化和规范化。在这种"综合包户"式志愿服务中，活动组织架构、管理模式和组织运行机制已现雏形，从这个意义上来说，也有观点认为大栅栏的"综合包户"构成了现代意义上中国志愿服务的开端。[2]

因地缘关系的缘故，南方志愿服务深受港澳地区影响，很多南方城市至今还会与港澳地区一样，把从事志愿服务称作"做义工"。1987年，广州市几名志愿者联合起来建立了全国第一条志愿者服务热线电话——中学生心声热线。广州地处改革开放最前沿，改革开放涌入国内的新思潮与传统教育形成的思想认知并不完全一致，导致很多人在生活

---

① 张达. 首都青年创造为社会尽义务好形式[N], 人民日报, 1983-3-22（004）.

② 本书编委会. 泉源——大栅栏街道"综合包户"志愿服务30年[M]. 北京：人民出版社，2015. 03.

学习中产生了困惑和迷茫。在此背景下，中学生心声热线的开设极有针对性意义。这部热线专门面向中学生开放，无偿为他们提供帮助，其作用类似于今天的心理咨询热线。在广州市团委和市教育局的支持下，中学生心声热线设立专门工作室，开通一部电话两个分机，最先报名成功的 8 名咨询员成为全国第一批志愿者。尽管志愿者对待这种新生事物热情高涨，但他们对具体如何开展活动并没有相关经验，为此，广州团市委专门联系了香港义工来为志愿者进行培训。1990 年，46 名深圳人组织成立了深圳市义务工作者联合会，这是中国内地第一个正式依法注册的志愿者社团。可以说，广东省最先拉开了中国现代志愿服务事业规范发展的序幕。

起步不久的中国现代志愿服务经受住了第一次大型赛会的考验。1990 年中国举办北京亚运会，这是国内首次举办综合性国际体育大赛，有 37 个国家和地区的体育代表团共 6578 人参加这届亚运会。为了解决巨大的人力资源压力，北京亚运会借鉴了其他国家举办大型赛事的经验，首次尝试面向社会公开招募赛事志愿者，这种做法为后来国内各地举办大型赛会解决类似问题积累了宝贵经验。时任国家体委主任、亚组会执行主席的伍绍祖后来回忆说，当时没有"志愿者"一说，大家用的都是"义务服务人员"这个称呼。北京亚运会举办之前，通过亚组会和北京团市委注册的义务服务人员共有 20 万人，实际参加赛事服务的超过 40 万人。这个数据远远超过 2008 年北京奥运会志愿者人数，尽管当时的赛事规模远不及后者。这一方面说明当时国内已经具备良好的志愿服务群众基础，另一方面也说明起步阶段的中国志愿服务组织效率和服务水准还有待提升。

从 1993 年起，青年志愿者逐渐成为志愿者群体里的主力军。同年 11 月，北京大学爱心社成立，北大学子为全国高校大学生参加志愿服务起了模范带头作用。1993 年 12 月 19 日，铁路系统两万多名青年从业者率先擎起"青年志愿者"旗帜，自愿为春运旅客提供热情周到的志愿服务。这一年，中国青年志愿者行动正式启动，并带动了共青团中央"跨世纪青年文明工程"建设计划的推进。今天我们耳熟能详的青年志愿者、青年文明号、青年文化园等都属于跨世纪青年文明工程的重要内容。

从 1993 年到 2007 年，中国志愿服务在摸索经验的同时加速发展，在志愿服务方式、规范化程度、志愿服务组织发展程度以及志愿服务的国际交流方面都有较大的改善或提升。

一是志愿服务项目朝多元化方向发展。广为熟知的志愿服务项目越来越多，其中有青年志愿服务"一对一"长期结对服务计划，该项目旨在促进青年志愿者与服务对象之间建立长期稳定的帮扶关系；有青年志愿者扶贫接力计划，该项目主要面向扶贫开发领域实施教育、医疗卫生、农业科技推广和乡镇企业发展指导等志愿服务活动；有大中专学生志愿者暑期文化科技卫生"三下乡"活动，并在此项目基础上又增加了百支博士团"三下乡"志愿服务行动，主旨是发挥这些高学历志愿者的知识技能优势，促进农村尤其是贫困地区农村经济社会发展；有保护母亲河的"中国青年志愿者绿色行动营"计划，主要开展植树造林、沙漠治理、水污染治理、清除白色垃圾等环保志愿服务活动；有成人预备期志愿服务，该项目与青少年 18 岁成人仪式教育活动相结合，旨在对其进行公民仪式教育和公益活动意识教育；有大型赛会活动和紧急救援志愿服务工作，主要面向大型赛会或突发性事件进行志愿服务和紧急救援；有围绕社会公益事业开展的特色志愿服务，如为进城务工青年提供的志愿服务、"保护明天"文化市场监督志愿服务、大学生志愿者社区援助活动、科技扶贫青年知识分子促进行动等；有大学生志愿服务西部计划，该项目由团中央、教育部、财政部、人事部共同推动；还有中国青年志愿者海外服务计划，主要面向受助国开展中英文教学、计算机培训、医疗卫生、农业技术、抗灾抢险、企业管理和环境保护等领域的中长期志愿服务。

二是志愿服务管理逐步规范化。与多元化的志愿服务项目相对应，国内志愿服务管理模式也比较多元化，既有地方层面的主管机构，也有来自国家层面有关部门的统筹管理。多部门管理有利有弊，随着志愿服务规模的不断扩大，单纯的行政管理方式已不能满足需要。针对这种现状，各地开始尝试推进志愿服务的地方立法工作，广东省再次走在了各地前列。1999 年 8 月，中国第一部志愿服务地方性法规《广东省青年志愿服务条例》颁布，这标志着中国志愿服务开始探索制度化法律化的管理模式。继广东省之后，北京市、天津市、山东省、江苏省、江西省、福建省、宁夏回族自治区纷纷跟进，结合实际情况制定本省、市、自治区的志愿服务管理条例，推动志愿服务在规范化管理方面迈出第一步。

三是志愿服务组织快速增长。1994 年 3 月 31 日，我国第一个民间环保志愿服务组织——自然之友成立；1996 年"北京地球村环境文化中心"成立并开展环保类志愿服务；2001 年"中华巾帼志愿者组织"成立，工作重心是关爱困难妇女和家庭；2005 年"中国红十字志愿组织"成立……各类志愿服务组织如雨后春笋般蓬勃发展，各地社区志愿服务力量也不断扩大。在各级共青团的组织下，全国、省、市、县四级青年志愿者协会逐步建立起来。在企业里，继安利、强生等外企在我国成立"志愿者协会"之后，我国优秀民企也开始重视承担社会责任，腾讯等多家民营企业成立慈善基金会，开展包括志愿服务在内的企业公益活动。

四是志愿服务国际交流方面有进展。2001 年 3 月，外经贸部联合共青团中央成立"2001 国际志愿者年委员会"，协调各级志愿服务组织开展国际志愿者年庆祝活动，并开展一系列志愿服务国际交流活动。2002年，中国青年志愿者协会与共青团中央联合开展了青年志愿者海外服务，派遣青年志愿者赴老挝等发展中国家参加相关项目活动，打开了中国海外志愿服务的大门。

2008 年奥运会是对改革开放以来中国特色志愿服务整体能力和效率的一次全面检验。在连续举办了第三届"远南"残疾人运动会、第四届世界妇女大会、中华人民共和国成立 50 周年庆典、迎接香港澳门回归、迎接新世纪、北京申奥、第 21 届世界大学生运动会等多场大型活动之后，中国在志愿服务工作的动员、组织和管理方面已经积累了丰富的经验，为高效、快速、顺利地开展北京奥运会的志愿服务工作打下了良好的工作基础。作为中国举办的第一届奥运会，北京奥运会举世瞩目，共有来自204个国家的11342名运动员参加比赛，另有参与奥运会工作的国内外技术官员和技术代表近3000人。北京奥运会的规模超越了之前的任何一届奥运会，会务压力也是空前的。为此，北京市委、市政府和奥组委统筹领导，北京奥运会志愿者工作协调小组招募了大量赛会志愿者，服务岗位涉及礼宾接待、语言翻译、交通运输、安全保卫、医疗卫生、观众指引、物品分发、沟通联络、竞赛组织支持、场馆运行支持、新闻运行支持和文化活动组织支持等内容。在各方参与者的共同努力之下，北京奥运会的志愿服务工作就像本届奥运会的整体举办情况一样，获得了国际和国内舆论的普遍认可和高度评价。

总结起来，北京奥运会志愿服务组织和实施过程主要有三个特点。首先是强大的动员和组织机制，保障了人力物力资源的调配。在北京市委、市政府和奥组委的领导和支持下，北京奥运会专门成立了志愿者工作协调小组，充分发挥官方主导的动员和组织机制的强大资源调动能力，便于按照奥组委的工作需求要人给人、要钱给钱。其次，北京奥运会志愿服务"6+1"的工作格局提升了工作管理效率和效果。所谓"6+1"的工作格局即志愿者工作协调小组按照不同的工作内容将志愿服务工作模块化，分为赛会志愿者项目、"迎奥运"志愿服务项目、城市志愿者项目、社会志愿者项目、奥组委前期志愿者项目、奥运会志愿者工作成果转化项目和"微笑北京"主题活动，利用模块化或项目化方式招募、组织志愿者，使得志愿者能快速识别和进入自己擅长的工作领域，明确自己的职责；这种工作格局有助于志愿者快速适应工作要求，进入角色状态。最后，北京市团委和驻京高校团委之间的联动机制为赛会志愿服务提供了质与量的双重保障。市团委和驻京高校团委发挥政治组织优势，广泛发动青年志愿者参加奥运会志愿服务，使包括青年大学生在内的高素质青年志愿者成为本届奥运会志愿者群体里的积极分子和主力军，从人力资源上保证了志愿服务的效率和水准。

奥运会结束后，北京市奥组委针对志愿服务过程中出现的各种问题及时复盘；学者们开始研究中国特色志愿服务的运行规律，学界关于志愿服务和志愿文化的研究成果迅速增长；相关部门则着手推动志愿服务的规范化和制度化。"党中央进一步明确了中国志愿服务的领导机制，中央文明办于2008年与民政部、全国总工会、共青团中央、全国妇联、中国科协、中国残联、中国红十字总会和全国老龄办共同组建了全国志愿服务活动协调小组，为规划和指导全国志愿者队伍建设制定协调工作机制；全国文明办先后两次颁布了关于志愿服务建设的文件，截至2014年底，20个省市自治区、20个具有地方立法权的市级部门实施了志愿服务地方立法。2016年9月1日，《中华人民共和国慈善法》正式实施。同时，全国性志愿服务立法已经列到议事日程；此外，全国统一的志愿服务社会性组织——中国志愿服务联合会成立，在全国开展了邻里守望等具有中国特色的志愿服务活动；团中央等机构联手开展了全国志愿服务交流会暨中国青年志愿服务项目大赛活动，推动优秀志愿服务的推广普及；北京志愿服务发展研究会、广州志愿服务学院等一系列志愿服务团体机构积极探索志愿服务的理论建设和实践研究，出版了《中国志愿服务大辞典》等一系列志愿服务理论研究成果。志愿服务实现了质的飞跃并进入了制度化发展的轨道。"[1]

三、新时代中国特色志愿服务的完善提升时期

国内志愿服务在经历了快速发展后进入了完善提升时期，新世纪第一个十年的结束意味着志愿服务新时代的开启。"奥运会结束以后，我国民众对志愿服务的认可度和支持度有了明显提高，专业化和规范化的志愿组织不断涌现，对志愿者的注册管理、培训激励、权益保障等相

---

[1] 陆士桢. 中国特色志愿服务概论[M]. 北京：新华出版社，2017：10.

关政策也在不断制定与完善中，志愿服务走上了平稳、成熟的发展轨道。"[①] 十多年后的今天，志愿服务无论是从规模、范围等量的方面还是从制度、文化等质的方面都有显著提升。

根据统计数据显示，截至 2022 年底，国内注册志愿者已超过 2.3 亿人，志愿队伍总数达到 135 万个，开展的志愿服务项目总数有 1010 万个，志愿服务时长超过 52 亿小时，全国城乡社区综合服务设施志愿服务站点覆盖率已超过 80%。

志愿服务已成为当代中国国家治理体系和治理能力现代化的重要标志。从党的十八大到党的二十大召开期间，党和国家高度重视志愿服务在社会治理中所发挥的作用，多次从不同角度就新时代志愿服务相关工作进行部署安排。党的十八大提出"广泛开展志愿服务"[②] 的指导思想，十八届三中全会强调要落实"支持和发展志愿服务组织"[③] 的战略任务。随后，中央和地方相继颁发了《关于推进志愿服务制度化的意见》等诸多相关规定，国内发起成立了不少全国和地方性的志愿服务组织。党的十九大报告强调"加强思想道德建设"，要求"推进诚信建设和志愿服务制度化，强化社会责任意识、规则意识、奉献意识"，党的二十大进一步强调要"完善志愿服务制度和工作体系"。从这些纲领性文件中可以看出，党和国家对志愿服务工作的要求由量到质逐步提升，越来越注重志愿服务的内涵式发展。

志愿服务是现代社会文明进步的重要标志，受到党和国家领导人的高度关注。习近平总书记十分关心志愿服务事业的发展，他多次回信勉励志愿者团队或群体，肯定已有的成绩和进步并就志愿服务未来发展以及志愿者队伍建设等问题做出重要指示。2013 年 12 月，习近平总书记回信勉励华中农业大学"本禹志愿服务队"的同学积极开展特色志愿服务，"当有人需要帮助时，大家搭把手、出份力，社会将变得更加

---

① 俞海萍. 参与志愿服务拥抱新时代社会文明之光[N]. 光明日报，2019-3-16（007）.
② 十八大报告辅导读本[M]. 北京：人民出版社，2012：89.
③ 习近平. 在中国共产党第十九次全国代表大会上的报告[M]. 北京：人民出版社，2017：42.

美好"。2014年,习近平总书记分别给"郭明义爱心团队"和"南京青奥会志愿者"回信,肯定他们在服务他人、奉献社会方面所取得的成绩,称赞他们在爱岗敬业和助人为乐中提升人生境界;勉励青年志愿者弘扬奥林匹克精神和志愿服务精神,用青春的激情打造最美的"中国名片"。2019年1月,习近平总书记在天津考察时发表讲话,指出志愿者事业要同"两个一百年"奋斗目标、同建设社会主义现代化国家同行;同年7月23日,习近平总书记致信中国志愿服务联合会第二届会员代表大会,希望广大志愿者、志愿服务组织、志愿服务工作者立足新时代、展现新作为,弘扬奉献、友爱、互助、进步的志愿精神,继续以实际行动书写新时代的雷锋故事。习近平总书记还寄语各级党委和政府要为志愿服务搭建更多平台,给予更多支持,推进志愿服务制度化常态化。2020年2月,在统筹推进新冠疫情防控和经济社会发展工作部署会议上,习近平总书记提到广大志愿者,赞赏他们真诚奉献、不辞辛劳,为疫情防控作出了重大贡献。5月,习近平总书记参加十三届全国人大三次会议湖北代表团审议时指出,今后要加强志愿者队伍建设。2023年,在毛泽东等老一辈革命家为雷锋同志题词60周年之际,习近平总书记又专门对深入开展学雷锋志愿服务活动作出重要指示,强调要"让学雷锋活动融入日常、化作经常,让雷锋精神在新时代绽放更加璀璨的光芒"。总书记的指示为新时代将弘扬雷锋精神与弘扬志愿精神统一起来,把雷锋精神转化为志愿服务的强大动力和生动实践指明了方向。

十多年来,志愿服务理念深入人心,志愿服务意识日趋浓厚。以2020年初抗击新冠疫情为例,除了医护人员、警察、各级领导干部以外,很多快递小哥、环卫工人、道路运输从业人员、新闻工作者和基层群众等各行各业工作者未经动员就自发组织起来参加疫情防控,服务群众,奉献社会。参与志愿服务一旦成为公众的普遍共识,就能够极大地推动公民参与社会事务,实现自主管理,在社会治理领域实现政府行为和公民支持的良好互动,"一种强势民主模式应该促进和造就强劲的公民资格和强有力的公民社会，它赋予公民更多、更好的参与自主管理的机会，可以促使政府组织从以自身为中心的决策项目安排转向寻求公民支持和授权公民管理的决策安排。同理，不断拓展的公民参与机会，能够保证政府的行动镶嵌于社会之中，而不是强加给社会和公民，这样就能更好地发挥和强化社会的作用"①。公民广泛参与志愿服务，极大降低了政府治理的行政成本，使得中国在面临诸如赛会举办、抢险救灾、疫情防控、脱贫攻坚等重大任务时能够迅速组织起人力，调动好资源，推动各项工作和社会生产生活有序进行。另外，相比较其他群体，青年志愿者参与志愿服务的意识更加突出，他们的文化素质、心理素质和身体素质普遍较高，学习能力和适应能力更强，在志愿服务中一直是开拓者、引领者和主力军的形象。从一定程度上来说，青年志愿者的参与意识是衡量志愿服务发展水平的重要指标。

在过去的十多年里，中国志愿服务的国际化步伐加快。随着对外开放的不断推进和大国外交的持续开展，中国需要承担越来越多的大国责任。志愿服务与国家同行，在国际活动和国际事务中发挥着越来越大的作用。"中国青年志愿者海外服务计划"是政府推动青年志愿者走向国际舞台的重要行动方案，是新时代中国志愿服务国际交流的重要平台。2017年11月13日，习近平主席对老挝人民民主共和国进行国事访问，并在老挝三家媒体上发表了题为《携手打造中老具有战略意义的命运共同体》的署名文章。文中特别提到，中国上海近百名青年志愿者先后赴老挝从事网络技术、体育教学等工作，其中一名志愿者就任老挝国家男篮主教练。以志愿服务为纽带促进国际交流，通过志愿服务活动传递"奉献、友爱、互助、进步"的国际主义志愿精神，消除文明隔阂和种族偏见，取得情感交融民心相通。正是在这个意义上，习近平总书记勉励广大青年志愿者用青春的激情打造最美的"中国名片"，促进中国梦和各国人民

---

① 白淑英. 电子政务与政府协同管理：组织网络的视角[M]. 哈尔滨：黑龙江人民出版社，2009：136.

的梦想相互融通，共同为谋求人类和平与发展的崇高事业作出贡献。

国内志愿服务活动开展得更加规范成熟。党委领导、政府支持、群团主办、社会参与的工作格局已经建立起来并逐步完善，这个格局有利于志愿服务的各方参与者准确定位、各司其职、分工合作。党的十八大以来，国家强化了志愿服务的顶层设计和整体布局，不断推动实现志愿服务发展的规范化和常态化。在国内志愿服务发展历史上，有几个关键的时间节点能够见证新时代中国特色志愿服务发展的主要成就。

其一是 2013 年中国志愿服务联合会成立，搭建起志愿服务组织、志愿者以及相关单位、组织和个人之间有效沟通的桥梁。志愿服务联合会履行引领、联合、服务、促进的职责，在打造志愿服务品牌项目、加强志愿服务组织与政府之间的沟通、提升志愿服务效率和质量等方面发挥了枢纽型志愿服务组织的重要作用，使得党委对志愿服务的领导和政府对志愿服务的支持落到了实处。

其二是中共中央 2011 年制定的《中共中央关于制定国民经济和社会发展第十二个五年规划的建议》、2015 年制定的《中共中央关于制定国民经济和社会发展第十三个五年规划的建议》及 2020 年制定的《中共中央关于制定国民经济和社会发展第十四个五年规划和二〇三五年远景目标的建议》（分别简称"十二五"规划、"十三五"规划和"十四五"规划），"十二五"规划第一次提出"广泛开展志愿服务"并将其作为提高全民族文明素质的重要手段，此后连续两个五年规划分别从深度和广度两个方面强调推动志愿服务发展，"十三五"规划提出要"深化学雷锋志愿服务活动"，"十四五"规划则提出要"广泛开展志愿服务关爱行动"。从国家层面上来讲，志愿服务既是提升公民文明素养的重要手段，也是国家治理体系和治理能力现代化的重要标志。将志愿服务纳入国家战略发展规划意义深远，这是国家着眼于志愿服务在国民经济和社会发展中的重要作用对其未来发展做出的方向引领和布局规划。

如果说中国志愿服务联合会的成立和连续三个五年规划中有关志愿服务的整体布局属于党和国家的顶层设计，那么 2017 年《志愿服务条例》的颁布和实施则是落实顶层设计的重要步骤。《志愿服务条例》规定了志愿者和志愿服务组织、志愿服务活动、促进措施、法律责任等具体内容，是国务院制定的第一部有关志愿服务的行政法规。基于这部行政法规的法律效力，各省、直辖市、自治区制定和实施地方性志愿服务法规有了基本法律依据，各地规范开展志愿服务活动也有了基本法律保障。

从最初追求志愿服务规模外延式增长，到后来转向促进志愿服务质量内涵式提升，进入新时代的国内志愿服务经历了跨越式发展。中央文明办专职副主任徐令义总结说，"近年来，我国的志愿服务从零星的、分散的活动到有组织、有规模的活动，再到全国性的活动，组织化、制度化程度越来越高，呈现出积极健康的发展态势，在推动社会进步和改善人民生活中发挥着越来越重要的作用"[①]。当然，肯定成绩的同时也要看到存在的问题，这些问题主要体现在三个方面：

首先是志愿服务专业化程度不高。从我国志愿服务参与人数来看，已经达到了非常可观的数量规模，但其中有相当数量的志愿者都是经过简单培训甚至没有接受任何培训就参加相关活动，志愿服务的专业化程度不足。专业化程度的高低在一定程度上取决于对志愿者的技能培训状况，而系统的技能培训不但需要有专业的教材、专业的培训指导教师和相对完整的培训时间，甚至还需要开展着眼于提升志愿服务效率的方法论研究。与西方国家相比，国内志愿服务在这方面还有明显不足。美国一些著名的私立大学在 20 世纪初就开设社会工作课程，后来公立大学也纷纷成立社会工作学院和专业，并设立学士、硕士、博士等不同层次的专业学位，为开展志愿服务及其他社会工作奠定专业学科基础，引领学生掌握科学的工作方法，提高服务社会的技能。将志愿服务作为专业的社会工作，围绕这一点开展教学和研究，可以为开展志愿服务提供理

[①] 优美的"中国名片"——十八大以来我国志愿服务综述[EB/OL]. http://rzwmw.gov.cn/show/507.html.

论指导，为志愿服务实践确立目标和方向，还可以为志愿服务的组织和管理提供系统方法和专业队伍。[①]与国外相比，国内针对志愿服务的专门培训和教育研究尚不成体系，无论是从质上还是量上都还存在较大提升空间，这是影响国内志愿服务专业化程度的关键因素。

其次是志愿服务管理的法治化水平不高。最能体现志愿服务管理规范化水平的是志愿服务专项立法，从长远来看，中国现代志愿服务事业要取得长足发展，就必须要实现管理方式的法治化，重点要在志愿服务的立法上多下功夫。虽然目前志愿服务立法已有较好开端，并且不断发展，但相比较志愿服务管理更加规范的欧美国家，我国在该领域的立法还是较为迟滞。从数量上来讲，立法总数不足，有关志愿服务的立法工作刚刚起步，已有立法中占主体的是地方性法规，且未实现志愿服务领域的立法全覆盖，志愿服务立法尚未形成体系；从质量上来讲，目前的志愿服务立法层次不高，相关法律仅有国务院颁布的行政法规《志愿服务条例》和各地出台的地方性法规。此外，志愿服务立法的科学性还有待提升，行政法规与地方性法规上下左右之间的关系没有完全理顺，还需要做大量工作来促进行政法规和地方性法规之间以及各地方性法规之间的协调兼顾。

最后是在弘扬普遍的志愿精神方面有所掣肘。国内志愿服务的实践基础已经具备，中国特色也日益凸显，但国内志愿精神的培育显得相对滞后，缺乏将参加志愿服务与履行公民责任相关联的有效抓手，志愿服务的组织和动员手段单一化倾向突出。依靠政治或行政力量动员人们参加志愿服务虽然富有效率，但人们对志愿精神的自觉认同才是志愿服务持续发展的长久动力，如何形成普遍的志愿精神是一个值得深入研究的重要问题。

以上问题基本上都与志愿文化建设不完善相关。需要强调的是，新时代培育中国特色志愿文化必须坚持实事求是，一切从实际出发，而最

---

① 张敏杰. 欧美志愿服务工作考察（上）[J]. 青年研究，1997（04）：46-49.

大的实际就是中国的国情。西方志愿服务在起源和发展上与国内志愿服务存在着文化背景的差异，西方志愿服务的发展道路显然并不适合中国。国内志愿服务符合志愿服务的一般表现形式和发展规律，但它是在传统慈善文化的浸润涵养下，借鉴了西方志愿服务的部分内容和形式，在独具中国特色的学雷锋活动基础上发展起来的一种现代慈善活动，带有鲜明的当地（local）特征。与中国特色志愿服务相对应的文化形态，只能是带有本土特征的中国特色志愿文化。

第三节　中国特色志愿文化的本质内容

中国特色志愿文化是反映中国本土现代志愿服务发展规律和本质特征的现代慈善文化形态之一，它内在地包含着对传统慈善文化的人文精神，包含着中国共产党"全心全意为人民服务"的宗旨理念，包含着与"奉献、友爱、互助、进步"的志愿精神相融通的雷锋精神。中国特色志愿文化是中国特色志愿服务发展过程中的理论与文化积淀，从内容来看，中国特色志愿文化本质上是对中国特色志愿服务发展道路的问题回应、经验概括及在此基础之上的理论超越。

一、中国特色志愿服务发展过程的问题回应

"历史从哪里开始，思想进程也应当从哪里开始。"[1]学界关于中国现代志愿服务开始于何时有不同的观点，有的认为始于新中国成立初期的志愿军抗美援朝和义务劳动，研究中国志愿服务应该从研究抗美援朝"志愿军"开始。北京志愿服务发展研究会编写的《中国志愿服务大辞典》提出，抗美援朝就是中国军人的志愿行动。按照这种观点，国内

---

① 马克思恩格斯选集（第2卷）[M]. 北京：人民出版社，1995：43.

志愿服务始于 20 世纪 50 年代；有学者认为可以将 20 世纪 60 年代毛泽东主席题词号召"向雷锋同志学习"的时间视作国内志愿服务的初始时间，主要依据是中国特色志愿服务的官方名称"学雷锋志愿服务"说明志愿服务与学雷锋活动有天然联系；还有一种比较普遍的观点认为应当将中国青年志愿者协会的成立看作中国特色志愿服务的发轫标志，时间是 20 世纪 90 年代初期，以上各种观点都有合理之处。如果从最晚近的 20 世纪 90 年代开始计算，中国特色志愿服务已经走过了 30 年左右的发展历程；如果从新中国成立开始计算，中国现代志愿服务的发展历史则有 70 多年的时间。

马克思曾指出："问题就是时代的口号，是它表现自己精神状态的最实际的呼声。"[①] 在探索中国特色志愿服务道路的过程中会不断遇到问题、解决问题，对这些问题的理论思考、对解决问题的思路方法的概括总结构成了中国特色志愿文化的重要构成部分。

首先需要回应的一个问题是"为什么要开展本土志愿服务？"如果将这个问题再分解一下，我们需要思考两个小问题，即"为什么要开展志愿服务"及"为什么要开展本土化的志愿服务"。理论要直面并解决来自实践的问题，因此中国特色志愿文化首先体现为对本土志愿服务实践过程中各种问题的理论关切。

（一）为什么要开展志愿服务

马克思认为，"一切划时代的体系的真正的内容都是由于产生这些体系的那个时期的需要而形成起来的"[②]。开展志愿服务的内在动力来自不同时期的社会需求，这些需求的产生都具有内在的时代必然性。

首先，这是由新中国成立以后国家实现由全能政府向有限政府转型的必然需求。新中国成立初期国家学习苏联的全能政府模式，将慈善救助与社会保障等公共事务统一纳入政府职能当中。改革开放之前，虽然

---

① 马克思恩格斯全集（第2卷）[M]. 北京：人民出版社，1995：289.
② 马克思恩格斯全集（第3卷）[M]. 北京：人民出版社，1995：228.

也进行过四次大的调整①，但受高度集中的计划经济体制的影响，全能政府的形象并没有发生实质性变化。国家承担全能政府职责的成本很高，耗资巨大，但确实在较短时间内发挥了制度优势，完成了社会弱势群体的生存兜底保障。与此同时，人们对新生的社会主义制度的政治热情掩盖了全能政府定位的先天不足。为支援国家建设，改变国家"一穷二白"的落后面貌，全员参加休息日义务劳动成为当时很多政府机关、学校、医院等单位的经常性活动，国内志愿服务开始萌芽。这个时期的义务劳动从组织形式上来看是以政府行政力量和各单位党团组织的政治动员为主，与自愿参加的志愿服务相比还存在较大差别。如果将新中国成立到改革开放视作中国特色志愿服务发展的初始阶段，就一定要关注到这个阶段志愿服务的"特色"所在，"此时的志愿服务性质的社会行动具有两个突出的特点，一是大多以政治建设和道德教育为目标，二是虽然以志愿服务为标志的口号，但由于政府和党团组织的强力介入，在体现志愿服务自愿性方面尚不充分"②。

随着时间的推移，全能政府的管理弊病开始凸显，中国虽然不会出现整体性政府失灵，但还是需要警惕类似问题的出现。所谓政府失灵，主要指自 20 世纪 20 年代之后饱受市场失灵困扰的西方国家扩张政府职能对经济发展予以积极干预而导致的消极后果。西方国家在经历过自由市场经济发展的黄金时期后普遍迎来了市场失灵带来的萧条和灾难，面对压力，各国转而寄希望于政府权力，希望通过政府的行政干预解决过度市场化带来的顽疾，结果又走向另一个极端，即政府职能过度膨胀，最终导致经济社会发展再受重创。"政府职能指向的是政府的职责和功能，它反映了政府活动的基本方向。二次世界大战之后，世界各国政府职能历经了从'扩张'到'失灵'再到'规范'的过程，我国的'全能管制型'社会即是其中的一个典型。"③在特定的历史条件下，强政府、

---

① 鲁敏. 当代中国政府概论[M]. 天津：天津人民出版社，2019：136.

② 陆士桢. 中国特色志愿服务概论[M]. 北京：新华出版社，2017：149、150.

③ 李鹰. 行政主导型社会治理模式之逻辑与路径[M]. 北京：中国政法大学出版社，2015：193.

弱社会的政府管理模式有其存在的合理性和必然性，但随着社会的转型，其弊端日益凸显，亟须建立政府—市场—社会的多元共治模式。多元共治既需要政府、市场的力量，也需要来自民间的力量，公民、企业、社会团体和社会组织构成了除政府和市场之外的第三方，三者相互独立，相互依赖。这是西方志愿服务理论中关于社会功能三大主体的基本定位。不论在东方还是在西方，不论国情背景差异有多大，全能政府管得太多统得太死，其后果都是一样的。美国经济学家韦斯布罗德从经济角度解释非营利性组织传统，他首次把志愿组织的存在视为"市场失灵"和"政府失灵"相结合的产物，即私人市场和政府作为"集体物品"提供者的固有局限性的产物。在任何政治单位中，个人在收入、财富、宗教、种族背景和受教育程度等方面都有着一定程度的差别，因此个人对于公共产品的需求存在明显的差异性，而政府提供公共产品时则要考虑"满足多数选民意愿"，政府失灵的主要原因就在于政府能力有限与提供公共产品时的政策倾向之间的矛盾。为了解决矛盾，政府只能将有限的能力优先用来解决"中位选民"的需求，因此政府的一般决策往往无法兼顾高低两个需求端位的选民群体。高端位群体的需求固然可以通过市场方式解决，但低端位群体的需求却无法从政府和市场供给中获得满足，这就为非营利组织机制的介入提供了前提条件。针对全能政府失灵的现象，韦斯布罗德提出以志愿组织的功能来弥补政府的缺陷和不足，为志愿组织的出现和志愿服务的开展提供了必要的逻辑前提。改革开放以后，中国政府开始转变以前的政治调控模式和政府职能角色，逐渐由"全能政府"转向"有限政府"，变社会管理为多元主体共同参与的社会治理模式。正是在这个宏观背景中，中国特色志愿服务应运而生。

其次，开展志愿服务不仅是社会需求，也是公民投身志愿服务的内在个人需求。从中国社会主要矛盾的变化可以看出，新中国成立之后人们的追求有明显变化。前期侧重于物质生活需求的满足，后期则开始转向精神层面需求的满足和自我实现需求的满足。社会主要矛盾是由国情决定的，在分析中国的现实问题时一般都要对国情有个准确的把握。从 20 世纪 50 年代中叶开始，中国进入社会主义初级阶段，这个基本国情意味着中国当时的生产力发展水平不高，解决温饱或生存问题是社会发展的基础命题。1956 年党的八大一次会议提出，"我们国内的主要矛盾，已经是人民对于建立先进的工业国的要求同落后的农业国的现实之间的矛盾，已经是人民对于经济文化迅速发展的需要同当前经济文化不能满足人民需要的状况之间的矛盾。这一矛盾的实质，在我国社会主义制度已经建立的情况下，也就是先进的社会主义制度同落后的社会生产力之间的矛盾"。应该说，八大一次会议对中国社会主要矛盾的认识是正确的，但随后党的八大二次会议否定了八大一次会议对国内主要矛盾的科学分析，错误地认为当时中国社会的主要矛盾仍然是无产阶级和资产阶级的矛盾。对社会主要矛盾的错误判断导致中国经济社会发展陷入较长时间的迟滞状态。正如邓小平讲的："从 1958 年到 1978 年整整 20 年里，农民和工人的收入增加很少，生活水平很低，生产力没有多大发展。"[①] 党的十一届三中全会拨乱反正，六中全会重新确立改革开放新时期中国社会主要矛盾是 "人民日益增长的物质文化需要同落后的社会生产之间的矛盾"，经济社会发展在 20 世纪 70 年代末终于重回正轨。

国家和社会经济的发展与个人追求息息相关。在温饱问题没有得到根本解决的前提下，国家只能通过单位党团组织动员人们参加义务劳动，这是特定时代背景下全能政府行使职能的特殊方式，但当时广大群众确实也不具备自觉自愿参加志愿服务的条件。只有当温饱和生存问题得到解决的时候，志愿服务才有可能成为普遍自觉的社会行为，中国特色志愿服务的早期发展充分印证了这一点。在 20 世纪 80 年代之前，除了由政府和党团组织发动的义务劳动以外，民间自发的志愿服务并不普遍。雷锋及雷锋精神的出现带有极强的榜样示范的标本意义，一方面说明雷锋精神崇高可贵，另一方面也说明当时国家迫切需要以行政化和政

---

① 邓小平文选（第三卷）[M]. 北京：人民出版社，1993：115.

治化手段动员群众，以助人为乐的道德典型引领服务他人奉献社会的精神，推动前期志愿服务的发展。这个时期的志愿服务并没有成为责任公民实现自我价值的普遍选择，它只是消极公民配合组织履行义务的政治呼应，因此国家需要采用鼓励型和压力型方法做群体动员，推动人们参加志愿服务活动。"鼓励型通常表现为树立道德榜样，通过思想教育引导向榜样'学习'，而国家通过'劳动模范''标兵'等形式激励那些在学习榜样中做得最为出色的人，这些人被认为是'思想觉悟高'的'积极分子'；压力型表现为国家通过树立'先进'和'典型'，给个体制造集体压力，以促使个体'争先恐后'的'赶超先进'，以免'落后'于他人。"①

进入新世纪尤其是党的十八大以后，在准确把握社会主要矛盾不动摇的前提下，我国社会生产力发展水平、人民生活水平实现了大幅提升，"实现了从生产力相对落后的状况到经济总量跃居世界第二的历史性突破，实现了人民生活从温饱不足到总体小康、奔向全面小康的历史性跨越"②。随着全面建成小康社会目标的不断推进，人们的需要已经超出"物质文化"的范畴，只强调"物质文化需要"已不能真实而全面地反映新时代人们在政治、经济、文化、社会及生态等多方面多层次的现实需求。基于此，党的十九大及时作出了科学判断，"我国社会主要矛盾已经转化为人民日益增长的美好生活需要和不平衡不充分的发展之间的矛盾"③。

社会主要矛盾的变化与中国特色志愿服务发展的内在必然性再次出现同向同行。一方面，发展志愿服务有助于改变结构性过剩时代社会发展不平衡不充分的问题，带动资源从高位向低位的有效流动，帮助人们实现美好生活；另一方面，人们对美好生活的追求中内在地包含着自我

---

① 陈晓运.1949年以来中国志愿服务的变迁逻辑[J].青年探索，2018（04）：63-74.

② 习近平.在庆祝中国共产党成立100周年大会上的讲话[M].北京：人民出版社，2021：6.

③ 习近平.决胜全面建成小康社会夺取新时代中国特色社会主义伟大胜利——在中国共产党第十九次全国代表大会上的报告[M].北京：人民出版社，2017：11.

实现的需求，志愿服务是现代社会中个体通过奉献他人和社会来实现其社会价值的普遍选择。志愿服务不仅能够"助人"，而且也能够"助己"，即满足个体的自我实现需要、推动个体全面发展。时代越进步，社会越文明，参加志愿服务就越能成为社会新时尚。在这个意义上，利他主义的情感体验和理性认知便会成为志愿者投入志愿服务的最大内源性动力。"每个人都希望被赏识，并感受到他的工作被他所服务的团队和组织需要。如果一个个体感受到了这种赏识和需要，它对该组织将产生七个方面的影响：①可以使志愿者的服务更长久；②可作为招募志愿者的手段；③建立信任链；④更容易接受改变；⑤给监管者带来怀疑的益处；⑥和个体一同成长；⑦利于协同工作。"① 志愿者抱着对社会的使命感和责任感，无偿为他人和社会贡献自己的时间、知识、技能和体力，在帮助他人和完善社会的过程中获得成就感和认同感，从而激励自己继续投入志愿服务过程。

（二）为什么要开展本土化志愿服务

首先，中国的国情决定了必须探索本土化的志愿服务模式。如前所述，志愿服务的出现是社会治理在市场和政府失灵的情况下出现的第三种选择，因此分析政府、市场和志愿服务部门之间相互依赖的关系是西方经济学和管理学理论的基本出发点，并由此说明志愿服务作为第三部门存在和发展的客观必然性。罗伯特·伍思努的观点比较具有代表性，基于对现代福利国家具体实践的考察，他得出结论，政府、市场和志愿服务部门是实现社会功能的三大主体，三者日益密切的联系决定了三个部门中的任意一方都不能被随意偏废，三者之间的充分互动和优势互补有助于实现社会资源的最优化配置，实现公共产品高质量和高效率的最终供给。然而伍思努也关注到，在不同的社会背景、政治体制、经济环境下，政府、市场和志愿部门之间的相互依赖程度将会有较大的差异。毫无疑问，这种差异性在中国也有相应体现。中国从半封建半殖民地社

---

① 肖强，罗公利. 志愿服务研究综述[J]. 中国成人教育，2012（02）：5-9.

会跨越到社会主义社会,从自给自足的自然经济、半自然经济跨越到社会主义市场经济,缺乏商品经济充分发展的历史阶段,市场赖以运行的基础环境还不完善,再加上自传统社会以来公民意识的普遍缺失,以及新中国成立后相当长的时间里所实行计划经济的影响,政府不得不在社会生活中扮演重要角色,在三个部门中占据强势地位,政府与市场的关系、政府与志愿服务部门之间的关系都会呈现出不同特点。受其影响,中国现代志愿服务的发展注定从一开始就不能套用西方模式。"中国有其特殊的历史社会背景和政治体制,在志愿服务的发展进程、志愿失灵表现、志愿组织与政府之间的互动关系等具体问题上有着鲜明的'中国特色'。"①

其次,本土化志愿服务模式的有效性为其自身存在的合理性提供了实践明证。现代志愿服务起源于西方,在西方各个国家的发展也充分展示了结合本国历史和现实开展相关工作的重要性。应该说,西方志愿服务起步较早,在很多方面是走在现代志愿服务发展前沿的,有些经验和理念值得我们借鉴,但同时应该注意到,集体主义价值取向和个人主义价值观分别形塑了中西方文化背景下各自不同的公民行为方式。就志愿服务的运行过程而言,西方国家对志愿服务进行大规模国家动员和行政干预的情形是比较少见的,而在中国则有过很多这样的经典案例,凸显着国家和政府在志愿服务组织动员中的强大力量;另一方面,西方国家的公民以个体形式参加公益活动的情形非常普遍,而在中国虽然从绝对数据上来看个体志愿者数量也很庞大,但如果将个体志愿者与更为庞大的人口基数相比,他们所占的相对比例还是明显较低。这种情况并不能说明中国个体志愿者的服务意识较弱,而是因为中国的个体志愿者大多习惯于通过组织化的形式参加志愿服务。志愿服务本土化研究需要具备开阔的全球视野,切忌固执非此即彼的狭隘视角,要么只局限于埋头

---

① 孙婷. 志愿失灵及其矫正中的政府责任——以北京志愿服务为例[M]. 北京:知识产权出版社,2011:41.

论证本土志愿服务模式的优势而忽略其他国家志愿服务道路的合理性，要么只接受所谓国际主流模式而不认可本土实践探索。事实上，本土化志愿服务的最好验证标准不是张冠李戴的外来模式，而是来自志愿服务实践的有效证明，新中国成立以来，无论哪个历史阶段，中国特色志愿服务都顺应了时代发展潮流，完成了党和政府赋予它的阶段性任务。另外，社会主义国家开展志愿服务尤其能够体现出集中力量干大事的制度优势，这在1978年改革开放之前表现得非常明显。

表 1　1949—1978 年重大政治活动中的志愿服务列举

时间	政治运动	相关的志愿服务	范围和对象
1950	抗美援朝	全国铁路员工80%以上志愿赴朝参加抢修和抢建铁路工作，先后有6000多名医务人员赴朝；国内民众推行爱国公约，捐献飞机大炮，慰问志愿军及其家属，开展增产节约运动，支持前线	全国
1952	爱国生产竞赛和增产运动	4月10日青年团中央号召农村团员开展爱国增产活动，争取农业丰收，获得诸多响应	农村青年
1957	增产节约运动	2月8日中共中央发布关于1957年开展增产节约运动的指示	全国
1961	学习南泥湾精神	学校广泛进行"国民经济以农业为基础的教育"，号召学生继承革命传统，发扬南泥湾精神，以实际行动支持农业生产	青年
1963/1966	向雷锋/焦裕禄同志学习	涌现出大量为"五保户"等群体志愿服务的现象	军民、党员干部
1968—1976	知识青年上山下乡	50年代中期共青团中央先后在北京、天津、上海等十多个省市组织了青年自愿垦荒队，到1957年底城市上山下乡青年已近8万人。1968年底毛泽东提出"知识青年到农村去"的最新指示，成千上万的知识青年怀着革命热情，投身于幅员广阔的农村和边疆	全国知识青年

资料来源：张静如主编. 中国共产党通史 插图本 [M]. 广州：广东人民出版社，2002.

从以上表格中可以看出，中国特色志愿服务最先表现为国企、党团中央、学校等政治组织、群团机构和企事业单位发动和组织的群体性义务劳动或群众运动，其特点有三个：一是目标明确，且都是当时社会亟须解决的紧迫问题和艰巨任务，单靠个人零星的自发参与无法及时完成；二是涉及面广，需要调动和组织起来的群体数量庞大，如果没有强有力的动员能力将会导致混乱和失败；三是在各项制度性措施相对匮乏的情况下借助于行政手段或政治力量来进行志愿服务招募动员是最为可行的现实途径。

随着社会的不断发展，中国特色志愿服务过程中行政干预或政治动员色彩逐渐淡化，总体上来看还是有规律可循的。改革开放之前，志愿服务受行政干预或政治动员影响最明显，政府在社会三大主体中相对强大的地位和高度的公信力决定了志愿服务无法从政府职能中剥离出来。此时从国家管理到社会治理的观念转变尚未开始，志愿服务不可能成为社会多元治理方式之一。从新中国成立之初到改革开放之前，中国表现出"总体性社会"的典型特征，由政府全面行使社会管理职能，导致行政成本越来越高，但效率却不能实现同步提升，"总体性社会"迫切需要改革，将不应该完全由政府承担的社会职能剥离出来。"以改革开放为分界点，中国最重要的转变是国家治理的转变，即全面渗透社会的'总体性社会'式微以及社会领域的出现，在此背景下，社会问题不再由国家单独定义，民众可以独立发现问题并为解决问题而开展一系列行动，其中包括从事志愿服务。"[①] 当然，这种变化并不以丧失中国本土志愿服务的本质特征为代价。我们不妨来对比分析一下：

表 2　中国改革开放前后两个历史阶段的志愿服务比较

	1949—1978 年	1978 年至今
体制架构	总体性社会	分化型社会

① 陈晓运. 1949年以来中国志愿服务的变迁逻辑[J]. 青年探索，2018（04）：63-74.

	1949—1978 年	1978 年至今
价值取向	国家化：实现国家目标	实现国家目标；解决民众定义的社会问题
推动力量	党政体系	党政体系 + 民众行动
行动主体	积极分子	积极分子 + 责任公众 + 社会组织
工作机制	革命化：阶级动员；行政化：运动政治	行政引导 + 法治规范 + 社会运作 + 国际合作
主要类型	增进生产、弱者帮扶、革命宣传	社区建设、社会福利、环保、公益等

资料来源：陈晓运. 1949 年以来中国志愿服务的变迁逻辑 [J]. 青年探索，2018（04）：63-74.

从比较中可以看出，改革开放前后中国特色志愿服务发生了明显转变。从社会的体制架构来看，政府所扮演的全能政府角色逐渐被消解，原来由政府承担的多种功能逐渐分化出去，由多元化的社会单元具体承担，体制架构从"一元政府"转变为"政府 + 多元社会单元"。从价值取向上来说，志愿服务的价值不再仅局限于实现国家目标，而是扩展到既能实现自上而下设计的国家目标，又能解决自下而上的发自民众层面的社会问题。从志愿服务的推动力量上来看，党政体系仍然发挥重大作用，但改革开放之后民众的自觉参与构成了另外一股强大的推动力量。从志愿服务主体的构成上来看，改革开放之前主体单一，具有较强责任感的积极分子引领和推动了志愿服务活动的发展，改革开放之后志愿服务主体更加多元，积极分子仍然存在，与大批责任公民和社会组织共同构成参加志愿服务的多元主体。从工作机制看，行政引导贯穿中国特色志愿服务发展的全阶段，改革开放之后，因法治规范和社会运作方式的加入，志愿服务社会化程度和规范化水平显著提升，活动范围也从国内开始延伸到国外，志愿服务走向国际合作。从志愿服务的主要类型上来看，前期主要集中于义务劳动、弱者帮扶以及革命宣传，后期志愿服务类型主要集中于社区建设、提升社会福利以及环境保护等公益活动，志愿服务类型的变化折射着新中国成立后社会经济状况发展和社会主要矛盾的变化。

关注到新中国成立以来中国特色志愿服务发展变化的同时，也要关注到在这个过程中基本维持不变的方面：一是志愿服务服从于实现国家目标的价值功能没有改变，二是党政体系在志愿服务组织动员中的强大作用始终存在没有改变，三是志愿服务工作中仍然存在着行政化工作机制没有改变。变动中的不变最能折射本土志愿服务的特色所在，行政手段或政治力量的影响对于中国特色志愿服务而言是与生俱来的，这既是中国本土志愿服务的特点，也是其制度属性带来的巨大优势，在完成国家重大任务方面体现得非常突出。研究中国特色志愿服务时必须从中国的实际出发理解它的制度属性，没有必要对此一概加以否定，片面强调志愿服务作为社会第三部门的独立性和自洽性。

二、中国特色志愿服务发展道路的经验概括

马克思在被恩格斯称为"包含着新世界观的天才萌芽的第一个文件"的《关于费尔巴哈的提纲》中，阐明了实践是感性的、对象性的物质活动，认为"全部社会生活在本质上是实践的"[①]。人类实践绝非混乱无序地盲目进行，理论的方向性指引须臾不可或缺。最初的理论并不是基于实践的需要才产生的，而是来自对实践经验的概括和总结，并对进一步的实践活动起到指引作用。文化与理论之间的关系是相辅相成的。一方面，从内容构成上来讲文化是在相当跨度的时间单元中慢慢积淀下来的理论、规范和价值追求的总和，与理论相比具有更为悠久的历史、更为广泛的领域、更为深刻的内涵，因此文化保持着对理论的超越性；另一方面，文化又不能绝对超越于理论的形成及其内容，理论对实践的概括和总结在文化的形成中是必不可少的构成部分。可以说，理论标识文化、塑造文化，但同时又归属于文化。从文化、理论与实践之间的关

---

① 马克思恩格斯选集（第1卷）[M]. 北京：人民出版社，1995：56.

系来看，中国特色志愿文化首先表现为在过去 70 多年的时间单元中，对中国特色志愿服务发展道路的理论总结和经验概括。

在志愿服务的组织模式和发展道路方面，中国的实践不同于西方任何国家，但这并不妨碍中国特色志愿服务取得瞩目成就。开展中国本土志愿服务并无先例可循，源自教会慈善活动的西方志愿服务模式也无法移植到中国大地上来。在既无先例可循又无外来模式可供复制的情况下，中国本土志愿服务只能"摸着石头过河"，探索属于自己的志愿服务实践模式。

所幸中国走出了一条既符合中国国情、又兼具效率和质量的志愿服务发展道路，并在解决国家和社会重大问题方面体现出了明显的比较优势。"一般来说，手段、方法是否科学、合理、可行、有效、务实、管用，归根到底要看事实，要看它满足历史主体目的（目标）的实践效应、效益与效果。"① 中国特色志愿服务的长期实践证明，新中国成立以来，它在自力更生、艰苦奋斗，捍卫国家经济和领土安全方面发挥过巨大作用；改革开放之后，它在解决温饱问题、构建和谐社会方面发挥过巨大作用；进入新时代以来，它又在打赢脱贫攻坚战、实现全面建成小康社会的过程中发挥过巨大作用。事实证明，中国特色志愿服务始终与社会发展同向同行，与人民福祉的提升同向同行，是"实现人民幸福目标的现实、可行、高效、务实、管用的发展道路（手段），是完全值得肯定与自信的道路（方向）"②，中国特色志愿服务是传统慈善文化理念与现代社会治理方式相结合的公益实践活动，是志愿服务精神与中国改革开放具体实践相结合的产物，也是革命文化所孕育的"学雷锋活动"与时俱进的向前发展。

正确的思想和理论不是从天上掉下来的，是从社会的物质生活实践、社会治理实践中不断总结、概括和升华而来的。善于从阶段性的革

---

① 卓厚佳．"四个自信"宁波话本[M]．宁波：宁波出版社，2017：10.
② 卓厚佳．"四个自信"宁波话本[M]．宁波：宁波出版社，2017：11.

命、改革和建设道路中概括总结经验是中国共产党的优良传统。以新民主主义革命理论为主要内容的毛泽东思想是对自 1919 年以来新民主主义革命道路的理论概括和经验总结，而邓小平理论则是对 1978 年以来中国改革开放和社会主义建设道路的理论概括和经验总结。邓小平指出，"一个新的科学理论的提出，都是总结、概括实践经验的结果"①。在缺乏前人、今人、中国人、外国人直接实践经验借鉴的情况下，对既有实践过程的有效经验概括和总结就显得尤为重要。"人们在现实的实践活动中，获得了经验的认识，在此基础上，经过科学的概括，形成了一系列思想观点，进而形成了'社会实践—经验总结—理论创新'的逻辑轨迹。因此，经验的总结，并不仅仅是停留在对以往经历的一种回顾和反思，而更在于从理性的层面对其进行科学的抽象，从而对当前和今后一段时期实际工作予以正确的指导。"②

中国特色志愿服务发展道路的主要经验可以概括总结为如下三点：

其一是充分发挥志愿服务的社会主义制度属性优势。重大活动中的志愿服务均有行政干预和政治动员作保障，以便实现组织迅速，行动有力，保证志愿服务参与程度和参与效果。邓小平曾经指出，"社会主义同资本主义比较，它的优越性就在于能做到全国一盘棋，集中力量，保证重点"③。在事关国家和社会宏观发展的重大事项上，中国特色志愿服务充分展示了社会主义制度下集中力量办大事的优势。任务越是艰巨，越能激发出志愿服务的磅礴力量。在"迄今人类历史上最快速度的大规模减贫"（世界银行语）的全国脱贫攻坚战中，在前后长达 19 年、参与人数多达 30 万的大学生志愿服务西部计划中，在 2020 年初至 2022 年初的新冠疫情防控战中，中国特色志愿服务将其制度属性优势发挥到了极致。

其二是形成了党员团员等积极分子引领，带动群众积极参加的良好格局。中国特色志愿服务无论处在哪个发展阶段，共产党员和共青团员等积极分子的引领都是必不可少的。志愿服务积极分子可以是雷锋、郭明义、徐本禹、黄文秀等不同时期涌现出来的志愿服务先进个人，也可以是率先擎起"青年志愿者"旗帜在京广铁路沿线为旅客送温暖的铁路青年、在支援中西部开发建设中勇担大任的青年大学生以及在疫情防控战中冲在一线的社区志愿者等志愿服务先进群体。在这些积极分子中，共产党员和共青团员是绝对主力，他们经常在有志愿服务需求的各个领域里亮明身份，主动请缨，施展特长，无私奉献，形成极为强大的"头雁效应"，在志愿服务各项工作中发挥方向领航、行为表率和团队联动的作用。充分发挥共产党员和共青团员等积极分子的带头引领作用，连点成线、连线成面，能够迅速打开志愿服务工作局面，激发广大群众参与志愿服务的热情，使志愿服务成为人人可为的社会事业。

其三是注重志愿服务品牌凝练，彰显志愿服务的品牌力量。从商业营销角度来看，品牌是企业在激烈的市场竞争中最具竞争力的无形资产，其中凝聚着品牌的知名度、质量认可度（美誉度）、丰富的品牌联想和品牌忠诚度。同样品质的产品因为品牌不同，市场的接受度和销售价格却明显不同，也就是说有形的产品区别不大，但情感价值却相去甚远。将商业领域中的品牌概念移植到社会治理中，同样也会有类似现象，只不过品牌的力量最终体现为对相关参与者的吸引力、参与者黏度以及参与者对品牌的忠诚度。中国特色志愿服务打造出很多持续时间长、社会评价高、凝聚力量强的志愿服务品牌，除了最具代表性的"学雷锋志愿服务"以外，还有各行各业的志愿服务者着力打造的知名志愿服务品牌，如"郭明义爱心团队""本禹志愿服务队""临沂市孤贫儿童志愿者服务团"以及遍布全国各地各行各业的"青年突击队""青年文明号""雷锋岗"，等等。这些志愿服务品牌所涉及的志愿服务主体、对象及工作内容不尽相同，但都发挥着相似的作用，一方面有利于志愿者的稳定招募和志愿服务工作的持续开展，另一方面有利于提升品牌志愿服务的社会信任度和支持度。

三、中国特色志愿服务实践的理论超越

志愿文化中内在地包括着对志愿服务道路的理论概括和经验总结，但志愿文化的内涵又远不止于对实践经验的概括总结。从最直观的角度看，理论与实践的关联性主要体现为"实践—理论—实践"的多次往复循环，所以理论来自实践，并将最终回归实践来检验其正确与否。然而如果只强调理论由实践决定并最终要在实践中接受检验，那就过于片面化了。"关于理论与实践的关系，我们经常强调的是理论对实践的'依赖'，却常常忽略理论对实践的'超越'，并因而在强化实践意识的同时却弱化了理论意识……源于实践的理论，并不仅仅是对实践经验的概括和总结，更重要的是对实践活动、实践经验和实践成果的批判性反思、规范性矫正和理想性引导。"① 这些批判性反思、规范性矫正和理想性引导结合在一起，比一般意义上的理论具有更丰富的内涵和更完整的体系，与其称之为"理论"，毋宁称之为"文化"更为贴切。在这个意义上，中国特色志愿文化体现为对传统慈善事业、现代志愿服务实践及两者的已有成果和现实经验的批判性反思、规范性矫正和理想性引导。

（一）传统慈善事业和现代志愿服务已有成果和现实经验的批判性反思

批判性反思能够从连续性视角审视历史的、文化的和社会的前后左右的发展，并以此来建构考察社会实践活动的双维坐标体系，在纵横两个维度上透视实践活动本身，从更客观的角度中寻求对现有实践活动的辩证否定和合理扬弃。中国特色志愿服务的发展是对中国自古代以来的慈善事业和西方志愿服务实践的辩证否定，吸取了其中的有益元素但又并非是对两者的简单模仿或直接复制。

---

① 孙正聿. 辩证法与现代哲学思维方式[M]. 长春：长春出版社，2019：465.

中国特色志愿文化折射着本土志愿服务自我超越的过程。一方面，它历史地扬弃了古代慈善事业的历史经验和志愿服务的外来模式；另一方面，又创新性地开创了本土志愿服务的新模式、积累了新经验、取得了新成果。伽达默尔认为"一切实践的最终含义就是超越实践本身"①，在中国本土志愿服务不断实现自我超越的历史阶段中，新的世界图景、价值观念、思维方式和行为规范不断融入志愿文化中的精神和制度层面，对志愿服务实践活动起到精神引领和制度规范，同时又以各种形式的标识性载体丰富着物质层面上的志愿文化。

（二）传统慈善事业和本土志愿服务早期发展历程的规范性矫正

这里所说的规范性矫正主要体现为通过制度规范志愿服务主体的义务与权利，矫正对志愿服务行为性质的偏狭认知。慈善活动是从古至今人类最为古老的实践活动之一，与其他实践形式相同，人始终是慈善活动中最主动、最重要的因素。如果缺乏慈善活动主体的参与，任何慈善行为都不能发展成为规模化的社会事业。问题是，一个人何以能够做到不吝财富、施舍财物去帮助饥寒困病的陌生人？传统慈善文化为这种行为找到了人性论方面的"善"作为理论基础，"'慈善'是表现于外的行为，而'性善'是内蕴的性情"②。但是，仅凭个人善念或道德情感并不足以解释持续稳定的慈善行为，"慈善和仁爱固然需要感情来启迪，另一方面还得以理智去引导"③，因此传统慈善文化将仁爱的道德理念内化为道德义务，外化为政治义务，慈善行为随之转化为道德行为和政治行为。也就是说，从内在的道德义务出发，人们执守慈善理念并付诸行动，那么慈善就是"应当有"的善念和"应当做"的善行；从外在的政治义务出发，人们要秉持"仁爱"本心推己及人，从自我开始"修齐治

---

① [德]伽达默尔. 赞美理论——伽达默尔选集[M]. 夏镇平，译. 上海：生活·读书·新知三联书店上海分店，1988：46.

② [英]弗朗西斯·培根. 生存智慧[M]. 张菁，译. 长春：吉林出版集团股份有限公司，2017：33.

③ [英]弗朗西斯·培根. 生存智慧[M]. 张菁，译. 长春：吉林出版集团股份有限公司，2017：34

平"乃至"家国天下"，慈善不再仅仅是个体层面上的自发行为，而是由个体自我迈向家庭、国家乃至天下的社会行为；对国家来讲，慈善意味着要由君主推行仁政，以政府的名义组织慈善救济活动以维持政治秩序、维护社会稳定。受传统慈善观念影响，新中国成立以后将志愿服务视作道德义务或政治义务的情况仍然非常普遍。

从词源学角度来看，义务（obligation）起源于拉丁语 ligare，意为"约束"，将慈善视为道德义务或政治义务提高了慈善事业的运行效率，因为在道德和政治两种行为规范中，人的行为是要受到义务的限制和约束的。需要看到的是，将履行慈善视作道德义务或者政治义务也存在另外一种可能性，即将个人的慈善行为过度赋予道德色彩或政治色彩，并对慈善主体进行道德绑架或政治绑架。一般来讲，如果将慈善视作道德行为，那么对于慈善主体会有道德义务的要求，但道德这种行为规范中显然并不存在与道德义务相对应的道德权利，即个体在履行道德义务时并没有被赋予与之相对应的"道德权利"，所以只能奉献不能索取，因而"好人难当"。在新中国成立后相当长的一段时间里，国内志愿服务主要通过政治动员来组织，这样就将志愿服务从道德义务转变成了政治义务，参加不参加义务劳动、学不学雷锋、做不做积极分子都可以成为政治上考察个人的重要途径。转化为政治义务的志愿服务并没有完全摆脱其道德义务的特点，因为很多政治哲学家认为，政治义务是道德义务的一种特殊形式，是个体作为一个政治共同体（国家）的公民而负有的道德义务[1]。另外，虽然谈到"政治义务必然关涉以下几个方面的问题：（1）政治权利与政治义务；（2）政治义务与政治权威；（3）政治义务与政治合法性"[2]，这些内容都需要以立法的形式固定下来，但在改革开放之前，关于政治权利和政治义务的立法还没有达到相应水准，连立法的母法——《中华人民共和国宪法》（简称《宪法》）都没有稳定下来，更

① R. M. Hare. *Essays on Political Morality*. Oxford: Clarendon Press, 1989, 8.
② 张秀. 政治义务、法律正义与公民服从[M]. 上海：上海人民出版社，2017：34.

罔论其他法律。在新中国成立后这段特殊的时期内，人们默许通过政治权威来界定政治义务的内容，例如单位或组织可以将公民是否参加义务劳动作为对其进行政治考察的标准之一，这必然会影响到公民面对诸如义务劳动之类的活动进行自由选择的权利。尽管大多数情况下志愿服务能够实现政治动员与个人意志整体上的一致性，但不能否认部分人确实是被政治和舆论力量裹挟着参加"志愿"服务的。所谓规范性矫正的意义就在于防止将建立在自愿基础上的志愿服务演变为无边界的道德义务或政治义务，为志愿者从制度上寻求保护自身合法权利的有效机制，使志愿服务回归"自愿参加"的本真要求。

改革开放之后，随着《宪法》《慈善法》《志愿服务条例》等法律法规的不断完善和出台，公民的权利意识普遍提升，将志愿服务单纯视作道德和政治义务并忽视志愿者或志愿组织合法权利的偏狭认知逐渐得到克服。虽然特定时期特定情形下仍然可以通过行政或政治手段来发动人们参加志愿服务，但"自愿"始终应该成为现代志愿服务的首要特征。自愿是人发自内心的倾向性情感，是主体意志自由的结果，也是私权的重要表达方式。志愿者自愿参加志愿服务强调的是主体活动要免受外力的强制和影响，包括物质上的强迫和精神上的强制，这个过程必须以另外一种强制性手段即立法为保障。换言之，现代志愿服务应该是在法律和制度的框架内规范运行的公民行为和社会治理方式，保护志愿者的主体意志自由等合法权益是志愿服务立法的首要原则。国务院制定的《志愿服务条例》第一条即凸显了这种立法的初衷，"为了保障志愿者、志愿服务组织、志愿服务对象的合法权益，鼓励和规范志愿服务，发展志愿服务事业，培育和践行社会主义核心价值观，促进社会文明进步，制定本条例"①。规范性矫正的本质是以立法形式认可公民在自愿前提下参与志愿服务所具有的全部合法权利，并将志愿服务主体应当履行的义务明晰化，以制度化方式避免要求志愿者从事"无限服务"的可能性。

---

① 志愿服务条例[EB/OL]. http://www.gov.cn/zhengce/2020-12/27/content_5574451.htm.

（三）本土志愿服务乃至全球志愿服务的理想性引导

现代志愿服务的未来发展方向是什么？这是中西方志愿文化都要回答的共同问题。

志愿服务最初起源于西方社会的宗教慈善活动，受西方基督教原罪和救赎文化的影响，西方志愿文化带有明显的宗教色彩。中国特色志愿服务起步较晚，其文化源头主要有三个，一是中国传统慈善文化，二是雷锋精神，其三便是西方志愿文化，或者更准确地说，是以西方志愿服务为具体表现形式的全人类共同的志愿服务价值追求——志愿精神。虽然传统慈善文化和雷锋精神是国内志愿文化"特色"之所在，并使其与西方志愿文化形成显著区别，但是中西方志愿文化之间还是存在某些共同之处。西方志愿文化内在包含着源自古希腊文化中的"爱人类"思想和源自希伯来宗教中的"爱邻如己"思想，中国传统文化主张的"仁者爱人"理念与中国志愿文化也存在精神层面上的渊源关系。无论是倡导人们"爱邻"还是"爱人"，其思想境界都难分伯仲，只能说在精神层面上都是相通的。弘扬"奉献、友爱、互助、进步"的志愿精神，为他人为社会做贡献，这是中西方志愿文化的共同价值追求，是志愿文化最具超越性的构成部分。换句话说，共同价值追求的存在决定了志愿文化的超越性。

志愿文化的超越性体现在它能够在一定程度上摆脱时空因素制约而表现出一致性和连贯性。从横向上来讲，志愿文化的超越性意味着不同国家和民族的志愿服务存在着人文理念、价值目标和发展方向上的一致性。在回答"为什么要参加志愿服务""志愿服务的价值体现在哪些方面"等诸如此类的问题时人们可能会有形形色色的不同答案，但这些答案中总会包含共同的核心元素，譬如实现个人与社会同步提升的理念、利他主义价值观、人本主义精神等。共同的价值理念和精神追求构成了志愿文化的"类本质"，它是多元化的志愿文化进行交流互鉴的前提性条件。从纵向上来讲，志愿文化的形成并不是一蹴而就的，它是传统慈善文化不断超越自身以适应现代社会的结果，也是志愿文化不断丰富和完善自身来服务于志愿服务实践的结果。

志愿文化的超越性主要体现在其精神层面上。就志愿文化的三个层次而言，物质层面上的志愿文化最不稳定，一般都会自我消亡或被时间所淘汰；制度层面上的志愿文化只具有相对的稳定性，关于志愿服务的规章、制度和法律体系需要与时俱进地不断调整、修改或者废止，推陈出新向来是制度文化的鲜明特点。无论是物质层面上的还是制度层面上的志愿文化，都属于志愿文化的外围部分，真正核心的部分是精神层面上的志愿文化。这种核心，如果借用英国科学哲学家伊姆雷·拉卡托斯的科学研究纲领方法论[①]所提到的"硬核"（hard core）概念来理解是最为形象的。处于志愿文化外围的各种物质载体、各种规则制度都服务于其精神内核，且都因为硬核而获得其存在价值。精神层面的志愿文化最为稳定，正是因为这种稳定性，才使得志愿文化的积淀成为可能，也才使得志愿文化的历时性发展成为可能，当这两个方面的可能性都转变为现实时，才能够看出志愿文化对志愿服务的理想性引领作用。

中国特色志愿文化对中国特色志愿服务的理想性引领作用在前面已有所提及，它主要表现为：1.理论对实践的引领，即以科学的理论指导正确的实践；2.发展方向的引领，即以制度尤其是法律引领志愿服务走向法治化、规范化，使其作为现代治理方式服务于建设中国特色社会主义现代化国家的战略目标；3.价值观对志愿服务实践过程的引领，即将社会主义核心价值观融入中国特色志愿文化中，并使之与"奉献、友爱、互助、进步"的志愿精神相兼容。通过中国特色志愿文化的理想性引领使本土志愿服务实现从"实然"向"应然"的不断完善，实现本土志愿服务效果的不断提升，并以志愿文化氛围浸润现代公民，使参加志愿服务成为他们的自觉意识。另一方面，具有地方性（local）特征的志愿文化中具有普遍意义的价值理念和思想框架可以作为"类本质"被全

[①] [英]伊姆雷·拉卡托斯. 科学研究纲领方法论[M]. 兰征，译. 上海：上海译文出版社，2005.03.

球志愿文化所吸纳，内在地成为人类志愿文化中的构成部分。前面有所提及，超越了国家和民族界限的人类命运共同体理念是中国特色志愿文化为人类贡献的中国智慧，引领着国际志愿服务的大方向。我们甚至可以认为，中国特色志愿文化中更具超越性的"毫不利己、专门利人"的共产主义精神也可以成为人类志愿文化的终极价值追求。西方文化以个人主义为本位，但这并不意味着西方社会中不存在"毫不利己、专门利人"的志愿者。当年白求恩受加拿大共产党和美国共产党的派遣，不远万里来到中国，发扬革命的人道主义和国际主义，在中国毫无保留地开展救死扶伤工作，"毫不利己、专门利人"就是毛泽东称赞白求恩的话语；特蕾莎修女在印度加尔各答创立的仁爱之家吸引了全世界很多专程去做义工的人，特蕾莎修女本人也长年坚持身体力行做义工。虽然大多数人还达不到"毫不利己、专门利人"的精神境界，但毕竟有人能够做到，即便只是少数人。"有"的意义是相对于"无"而言的，它意味着零的突破和质的突变。能将"毫不利己、专门利人"落实到行动上的人就是精神领袖，是其他人的引领和先驱。志愿服务事业既有的发展成就是依靠少数先行者率先投入、无私奉献而后带动其他人的仿效而逐渐取得的，未来的发展同样也需要一批以超越性的志愿精神为价值追求的志愿者，以少数带动多数的形式实现对这种高尚事业的理想性引领。

第五章
传统慈善文化涵养中国特色志愿文化

中国特色志愿文化的三个主要来源分别是中国传统慈善文化、雷锋精神以及西方志愿文化，相比较而言，后两者所获得的关注更多一些。中国现代志愿服务以"学雷锋志愿服务"而命名，由此可见雷锋精神在中国特色志愿文化中的特殊地位，学界对雷锋精神的研究自然多一些。2008 年北京奥运会举办之后关于西方志愿文化的引介性研究文献也有所增加，学者们立足中西文化比较的视角对西方志愿文化进行内容介绍和对比评价。应该说，在目前有关中国特色志愿文化的相关研究中，传统慈善文化是最不应该被忽视的源头部分，但恰恰正是这部分内容并没有得到充分重视。挖掘传统慈善文化对于中国特色志愿文化而言的基础作用和当代价值，是一项兼具理论和现实意义的重要工作。

第一节　中国特色志愿文化的价值基础

新时代中国特色志愿文化的繁荣发展离不开坚实的价值基础。任何一种文化都具有其内在的价值属性，都是在一定的价值基础上展现其具体表现形态，中国特色志愿文化当然也不例外。

中国特色志愿文化不同于西方志愿文化，从外在表现上来讲"独具特色"。何谓"特色"？《现代汉语词典》中对该词的解释是"事物所表现的独特的色彩、风格等"。"特色"与"特征""特点"意思相近，强调的是事物的"独特之处"。既然"特色"表示事物独有的、独特的标识，那么志愿文化的"中国特色"是指反映国内本土志愿服务区别于西方志愿服务的独特文化标识，它是本土文化价值体系的外在形态表现。

从实践与文化之间的关系来看，文化是建立在"人们生活和社会生产"基础之上，并受"生产的普遍规律"制约和支配的。中国特色志愿文化是围绕中国本土志愿服务实践的不断推进而产生的，志愿服务的鲜活实践与志愿文化之间的关系用马克思主义经典作家的话来描述就是，"人们在自己生活的社会生产中发生一定的、必然的、不以他们的意志为转移的关系，即同他们的物质生产力的一定发展阶段相适合的生产关系。这些生产关系的总和构成社会的经济结构，即有法律的和政治上的上层建筑竖立其上并有一定的社会意识形式与之相适应的现实基础……简言之，意识形态的形式——宗教、家庭、国家、法、道德、科学、艺术等等，都不过是生产的一些特殊的方式，并且受生产的普遍规律的支配"[1]；但另一方面，马克思又明确反对庸俗的决定论，认为实践与文化之间并非机械的决定与被决定的关系。由此可以说志愿文化同样也不是由志愿服务实践单向度决定的，它具有相对的独立性和继承性。有学者认为，文化从根本上不是与政治、经济等并列的领域或附属现象，而是人的一切活动领域和社会存在领域中内在的、机理性的东西，是从深层次制约和影响每一个个体和各种社会活动的生存方式。如果从这个意义上理解文化的特征，那么它的相对独立性和继承性就会体现得更加明显。

无论是在中国还是在西方，几乎所有的现代实践都能从悠久的历史文化传统中找到充满智慧的思想渊源。恩格斯在提及古希腊文化对于西方理论自然科学而言的意义时曾经指出，"在古希腊哲学的多种多样的形式中，差不多可以找到以后各种观点的胚胎萌芽。因此，如果理论自

---

① [德]马克思. 1844年经济学哲学手稿[M]. 中央编译局，译. 北京：人民出版社，2000：82.

然科学想要追溯自己今天的一般原理发生和发展的历史，它同样不得不回到希腊人那里去"①。恩格斯的观点足以启迪我们，或许可以从博大精深的中国传统文化中寻找现代志愿文化的胚胎萌芽和思想渊源。在现代志愿服务正式产生之前，中国并没有志愿文化传统，但并不缺乏有利于志愿服务生根发芽的文化土壤。志愿服务在中国大地上蓬勃发展，最初主要的原因就在于中国文化中存在与志愿文化相兼容的慈善价值理念。慈善价值理念是现代志愿文化不断丰富发展的坚实基础，并通过志愿文化的教化传播内化为志愿服务的推动力量，"从历史看，志愿服务起源于社会的需要，但人内心世界的仁义和人道是最为根本的主观驱动力"②。

文化一词，若从西方语境中分析的话，其最初的意义与物质生产活动有关。"Culture 在所有早期的用法里，是一个表示'过程'（process）的名词，意指对某物的照料，特别是对某种农作物或动物的照料……从 16 世纪初，'照料动植物的成长'之意涵，被延伸为'人类发展的历程'。直到 18 世纪末期与 19 世纪初期，除原初的农业意涵外，这其实就是 culture 的主要意涵……一直到 1900 年，类似的区别，尤其是'物质发展'与'精神发展'的区别，才由洪堡与其他人所提出：将词汇的意涵做个大逆转，culture 指的是物质层面，而 civilization 指的是精神层面。"③

与西方文化侧重于强调物质层面上的含义不同，在中国语境中则始终强调"文化"的存在对于人而言的精神价值，因此文化主要是指精神层面上的人类实践结果，是浸润人心的精神力量。《周易》中说"观乎人文，以化成天下"，意思是说要使社会人伦中的精神追求、价值规范等深入人心，普适天下。儒家讲"文以化人"、佛家曰"转识成智"，

① 马克思恩格斯选集（第2卷）[M]. 北京：人民出版社，1995：220.
② 陆士桢，马彬，刘庆帅. 简论现代志愿服务与青年发展[J]. 青年探索，2021（02）：5-15.
③ [英]雷蒙·威廉斯. 关键词文化与社会的词汇[M]. 刘建基，译. 北京：生活·读书·新知三联书店，2016：148-151.

均是强调文化要实现教化人心，风化社会。从这个意义上来说，传统文化承担着与生俱来的使命感，它承载着叙事说理、开拓思想、弘扬精神、传递能量的教化作用。社会教化靠的不是挥舞大棒的强制力量，而是能够在民众层面上达成广泛认同的集体价值共识，这种集体价值共识实质上是"把集体认同的文化心理提炼总结，就是精神领域的最大公约数，就是一个民族的核心价值观"[1]。慈善就是这样的一种重要价值，"对于中国人来说，善并不是平面的伦理道德之劝诫语词，它是中国人谋求社会生活时视为与生命同价，或比生命更可贵，而谨慎守护的中国人之'魂'"[2]。它穿越数千年而又薪火相传，虽然在某些特定的历史阶段被削弱了存在形式，但这并不影响它在新时代焕发新生。在现代中国社会中，关于慈善的价值认同一方面体现在民众对慈善愈来愈全面客观的理性认知上，即认为慈善不仅仅是扶贫济困的善意表达，在更深刻的层次上，"慈善是人类的一种生活方式，是一种文化选择，是一种生活环境"[3]；另一方面，关于慈善的价值认同也体现在现代公民对志愿服务的自觉行动选择上，从根源上来说，志愿服务源自慈善，但它提供的主要是非金钱的帮助。[4]随着生产力发展水平不断提高，社会的主要矛盾已经发生变化，实现人民对美好生活的向往和追求已经成为党和国家的奋斗目标，相应地，不计报酬，为推进人类发展、社会进步和社会福利事业而提供的志愿服务[5]则成为现代慈善活动的主要形式。

阐明中国特色志愿文化的价值基础来自传统慈善文化具有非常重要的理论和现实意义：

其一，实现对中国特色志愿文化价值基础的正本清源。西方志愿服务发端较早，这是不争的事实。然而志愿服务在中国的出现是必然的，

---

① 曹雅欣. 中国价值[M]. 杭州：浙江工商大学出版社，2019：38.

② [日]吉冈义丰. 中国民间宗教概说[M]. 北京：中国书店，2010：5.

③ 陈国庆. 善的涵养[M]. 西安：西北大学出版社，2016：23.

④ 莫于川. 中国志愿服务立法的新探索[M]. 北京：法律出版社，2009：9.

⑤ 丁元竹，江汛清. 志愿活动研究：类型、评价与管理[M]. 天津：天津人民出版社，2001：1-10.

只是时间早晚的问题。中国现代志愿服务在具体形式上与西方志愿服务存在共同点，围绕志愿服务所形成的志愿文化却不完全相同。文化的多元化发展是民主社会的重要特征之一，但现代社会中的话语霸权、文化霸权并没有消失，在近几年的国际形势中甚至还有愈演愈烈的趋势。从志愿文化的比较研究中可以发现，因为经济、文化、宗教信仰、政策等各方面因素的综合影响，西方志愿文化一直保持着领先的发展优势，这种优势尤其体现在制度层面上。"志愿文化如此发达，有两个重要的原因。一是将宗教文明与社会文化建设相结合。西方志愿服务事业将基督教的博爱思想和救世情怀与志愿服务结合起来，鼓励从事慈善等活动。普世观念中的人道主义也得到广泛的认可，从而构筑了全民参与志愿服务的思想基础。二是各种社会组织对参与志愿服务的认可、引导和鼓励。广泛的社会认同是志愿服务生存发展的基石。现代西方志愿文化有很大一部分是在公民社会内部发展起来的，志愿服务意识为大多数公民接受。西方国家形成了全社会范围内利用各种机制、规则来导向、激励公民做志愿者。"① 相比较西方志愿文化，中国特色志愿文化仍然处于相对弱势的地位。在日趋激烈的国际话语权博弈中，强势文化自然不肯放弃既有优势，因此会对弱势文化进行打压、挤占和剥夺，迫使后者放弃自身特色，从而实现全盘西化，推行所谓的普世价值。致力于挖掘传统慈善文化中的核心价值元素，为中国特色志愿文化提供坚实的价值基础，有利于廓清一个基本认知，即中国现代志愿服务虽然最初借鉴了西方志愿服务的形式，甚至在某些规则和制度上也引进了西方的先进做法，但中国特色志愿文化的价值基础绝非来自西方所谓的"普世价值"，而是来自传统慈善文化历经几千年积淀下来的对良善人性、慈善行为的基本价值共识。传统慈善文化提供的价值基础既是中国本土志愿服务能够发展起来的文化土壤，也决定了中国本土志愿文化的独有"特色"。

其二，确立志愿文化交流的公共价值基础。自工业革命以来，西方

① 党秀云. 志愿服务制度化：北京经验与反思[M]. 北京：国家行政学院出版社，2013：62.

社会一直认为，现代化只能建立在西方价值观的基础之上，而这种根深蒂固的文化价值观主要来自英美等发达国家。因为工业化就是由这些国家率先发起的。世界上每一种文明都有其自身的价值观，而每种文明的价值观因为复杂的历史原因各不相同，所以所谓的人类文明实际上是相对独立的。美国西方政治学家塞缪尔·亨廷顿的"文明冲突论"认为，文化是政治行为的持久性决定因素，冷战结束后的世界，来自不同文化的差异是造成冲突的基本原因，现代世界中的西方文明、伊斯兰文明和中华文明之间会形成所谓"文明的冲突"。这种观点随着 20 世纪以来世界上地区军事冲突、局部战争及各种恐怖事件的频发而获得了众多支持，"文明冲突论"在西方颇有市场。亨廷顿不仅渲染不同文化或文明形态之间的冲突，而且也不认可普世价值的存在。亨廷顿认为，自己的成名作《我们是谁》中提到的美国的共同价值观（即那些脱离了特定族群根源的文化价值观如新教伦理、基于对国家集权的不信任而产生的个人主义信念等）虽然能够成为美国人的价值观标识，但却不可能具有普世价值的意义，因此基于不同价值观的文化和文明的冲突乃是必然的。亨廷顿看到了不同文化的差异和冲突，但却忽略了文化和文明之间也存在着共同的价值基础。笔者认为，可以从两个角度理解共同价值基础的存在，一是从文化的共时性形态上来看。如果仅从静止形态看待不同的文化，表面上"自成一体"的不同文化形态的独立性只是相对的而不是绝对的，它们之间虽然有差异，但同样也存在共性，否则人类就无法开展各种文化之间的交流，跨文化的交流沟通正是建立在人类共同的价值追求和思想理念基础之上的。中西方文化虽然不同，但对真善美的向往是一致的，反映在志愿文化中，则体现为人们对志愿精神和志愿服务行为的共同认可，这一点决定了中西方志愿文化之间的交融互动。二是从文化的历时性形态上来看。完全处于静止状态的文化形态事实上并不存在，任何一种文化都不是僵化、凝固、一成不变的，总是处于生生不息的流动、发展和变化之中。对真善美的价值追求，对人与人、人与社会、人与自然和谐相处的美好诉求，是跨民族文化中无须约定而能自动生成的价值追求。从更开阔的视角来看，无论是西方的还是东方的，无论是宗教背景中的还是伦理背景中的，人类在不同时期所创造的全部物质财富和精神财富都体现了人类社会共同的价值追求及其最终的实践成果，习近平主席在出席第七十届联合国大会一般性辩论时引用了传统文化中的"大道之行也，天下为公"来论述"和平、发展、公平、正义、民主、自由，是全人类的共同价值"①。除此之外，在传统慈善文化中还可以找到更多与现代志愿文化具有可通约性的公共价值，"仁爱""和谐"以及"守望相助"等传统慈善文化中的精神理念虽然以中国话语表述，但却与全人类的共同价值相通。"一方面，全人类的共同价值是中国特色志愿服务伦理价值的重要基础，这是对人类共同价值的高度概括，也是对于西方鼓吹的普世价值的溯本清源，同时是中国特色志愿服务文化价值的重要基础。另一方面，中华民族'老吾老，以及人之老，幼吾幼，以及人之幼''四海之内皆兄弟'等传统文化精髓作为中国志愿精神最为厚重的文化底蕴，与当代志愿服务价值精神相通。作为一个世界性共同的话语体系，尽管各民族的文化传统有很大差异，但志愿服务的基本文化价值是人类共同的思想宝藏，是志愿服务作为连接个体与社会的重要途径，无论是从国家社会和谐与发展的角度，还是从现代人精神健康与价值实现的角度，都蕴含着重要的精神力量，其核心追求是团结、互惠、互信、归属感和自我提升。"②国际志愿服务组织的成立宗旨及其活动理念也充分说明，人类公共价值确实存在。2001 年 1 月，国际志愿者协会第 16 届世界年会在荷兰阿姆斯特丹召开，会议通过了《全球志愿者宣言》，宣言指出，"志愿服务是公民的基石，它可以激发人类最高贵的情操——追求全人类的和平、自由、机会和正义……志愿行动是一种具有非凡创造性的力量，它有助于：建立一个健康、持续发

① 携手构建合作共赢新伙伴同心打造人类命运共同体——习近平在第七十届联合国大会一般性辩论时的讲话[N]. 人民日报，2015-09-2929（002）.
② 陆士桢，李泽轩. 论新时代中国特色志愿服务的新格局[J]. 中国青年社会科学，2019（05）：1-8.

展的社区，尊重人类价值；使人们充分享有权利，不断改善生活；解决社会、文化、经济与环境问题，并通过加强全球合作，建设一个更加人道、更加公正的社会"①。

需要说明的是，公共价值不等于普世价值，两者的出发点虽然相同，都是基于不同文化的区别而提出，且都在致力于探索解决文化冲突的手段与措施，但最终导致的结果却大不相同。面对文化差异和文化冲突，普世价值观给出的解决方案是以抹除文化的地方性和多样化特征的方式强行达到文化的一致性，具体的做法就是以"普世价值"为标准改造人类的不同文化，而标准则来自西方挟工业革命以来的现代化优势而建立起来的强势文化，此时提倡并推行普世价值已不再是单纯的理论研究问题，而是转变成了意识形态问题。西方国家普世价值的最终结果无非只有两种，一是成功实现价值观同化（事实上非常难以实现），但却造成普世价值在文化中的内部循环，继而造成人类文化的单一化贫困并最终导致文化走向终结；二是价值观改造并不成功，但却造成不同文化之间的更大隔阂和对立。总之，两种结果显然都不符合全人类的共同利益，有意识形态因素加持的普世价值其存在本身已成为一个伪命题。公共价值不同于普世价值，它是对文化霸权主义桎梏的反抗与表达。公共价值之所以存在，根本的原因在于全人类具有诸多方面的共同利益，而不同文化中的价值观则体现和维护着这些公共利益，但另一方面，"绝不能说存在共同利益，价值观就一样了"②，毕竟体现和维护人类公共利益的方式是多样的和丰富的，只要各种价值观求同存异，取得最大的价值共识即可。事实上不同文化形态之间的继承、交流和互鉴关系已经说明公共价值的存在，"看不到价值领域存在共同性，就无法解释人类文明纵向上的继承和横向上的借鉴关系"③。中国特色志愿文化也罢，西方

---

① 李玉亮. 义工管理实务[M]. 北京：中国社会出版社，2011：156、157.

② 周新城. 关于"普世价值"问题需要搞清楚的几个观点[J]. 思想理论教育导刊，2009（03）：46-50.

③ 文平. "普世价值"辨析[J]. 红旗文稿，2009（10）：4-9.

志愿文化也罢，都是以现代方式诠释慈善这种共同的价值观。建设中国特色志愿文化并非为了搭建另外一种慈善公共价值观，而是为表达和践行公共价值观贡献中国方案和中国智慧，因此要反对"用西方资本主义价值体系来剪裁我们的实践，用西方资本主义评价体系来衡量我国发展"[①]。

第二节　中国特色志愿文化的制度镜鉴

随着现代化进程的不断推进，日益丰富的物质财富在不断满足人类物欲需求的同时也导致了消费主义、享乐主义和纵欲主义及其对人类精神世界的占有和剥夺。布热津斯基认为，现代社会是"一个道德准则的中心地位日益下降而相应地追求物欲上自我满足之风益发炽烈的社会"[②]。精神世界的空虚与荒芜影响到人与人、人与社会之间的关系，造成紧张、疏离、猜疑和对抗的社会状态。志愿服务存在的重要价值在于它能够以反市场化的原则和态度矫正现代社会过度商业化的扭曲现状，"通过让人们亲身参与社区事务和提供面对面的服务，志愿服务能缓解日益官僚化的生活所导致的非人格化；通过提供不以个人支付能力为条件的服务，志愿服务能够修正日益商品化的社会中的重商主义"[③]。

基于以上考虑，自现代志愿服务诞生以来，各个国家都非常重视维系志愿服务的正常运转。现代社会中，鼓励人们积极参加志愿服务的手段除了精神或道德层面上的宣传和游说之外，制度性的规范措施是维系志愿服务正常运转更为有效的抓手。古代慈善事业和慈善文化的发展，

---

① 习近平. 在全国党校工作会议上的讲话[J]. 求是，2016（09）：2-6.

② [美]兹比格涅夫·布热津斯基. 大失控与大混乱[M]. 潘嘉玢，刘瑞祥，译. 北京：中国社会科学出版社，1994：75-76.

③ [美]马克·A.缪其克，约翰·威尔逊. 志愿者[M]. 魏娜，译. 北京：中国人民大学出版社，2013：4.

除了为中国特色志愿文化打下牢固的价值基础之外，还为后者提供了制度化的思路启发。就像西方"黑暗的中世纪"蕴含着大量西方现代制度文化的理性精神火种一样，古代社会的制度文化虽然从整体上来看并不完善，但它仍然对今天的中国特色志愿文化的制度建设发挥着先天性的、无可替代的启迪作用。寻找中国特色志愿文化制度层面上的历史镜鉴，除了传统慈善文化以外，并没有其他合理来源。"中国，正是在她自身，在她自身的历史文化中，我们才能根据她的现代化需要，作出重新发现和重新解释。"①

"凡将立国，制度不可不察也，治法不可不慎也。国务不可不谨也，事本不可不抟也。制度时，则国俗可化，而民从制；治法明，则官无邪，国务壹，则民应用；事本抟，则民喜农而乐战。"② 早在《商君书·列子》中就有关于制度及其作用的论述，这也是中国古代史籍资料中出现的关于"制度"的最早描述。传统慈善文化对中国特色志愿文化而言的制度镜鉴意义主要体现在以下几个方面：

一、确立政府在慈善救助事业中的主导地位 始终是制度化的大方向

制度层面上的慈善文化首先需要回答的问题是，政府在慈善事业中究竟起到什么样的作用，该扮演什么角色。对于这些问题的回答，传统和现代的观点各不相同。按照被广为接受的现代西方社会学理论，政府的职责是有明确规定和范围限制的，因为它涉及动用税收来提供公共产品和服务的问题。按照有限政府的观点，政府不应该成为慈善主体。"慈善是一种民间的社会行为，而不是政府行为，这主要讲办慈善的钱，也就是善源，是来自民间而不是政府。政府用的是国库里的钱扶贫搞救

---

① [英]理查德·H. 托尼. 中国的土地和劳动[M]. 安佳，译. 北京：商务印书馆，2014：208.
② （战国）商鞅，列御寇. 商君书 列子[M]. 哈尔滨：北方文艺出版社，2018：35.

济，那是政府行为而不是慈善，政府救济是其应尽职责的体现"①。慈善属于为公民个人或群体提供超出政府法定责任之外的援助和服务，本质上不应该由政府承担，而是需要通过不同于市场和政府的"第三方"来实现。"政府为人民所做的一切都可以称之为社会保障。而政府能力有限，需要民间慈善来发挥作用，所以慈善也可以看作是政府主导下的社会保障体系的一种必要的补充。"②

如果立足中国古代社会的慈善实践，就会发现对上述问题的回答又会出现别的答案。慈善事业是社会救济的重要组成部分，但中国古代慈善事业与社会救济几乎等同。囿于古代社会的经济性质及其规模，民间慈善力量相对脆弱，所以政府要承担慈善救助的主要社会责任。另外，传统文化一直坚持将施行仁政视作政府的专利，《周礼·地官·乡师》曾明确提出官吏要"以王命施惠"，着意强调国家在慈善救助中不可动摇的主体地位，这种观念在儒家思想中亦有体现。孔子的弟子子路在卫国欲出私财赈济百姓，但被孔子阻止。孔子担心来自民间的私人慈善会有损君主威望并有可能形成政治危机，所以他坚持"汝以民为饿也，何不白于君，发仓廪以赈之？而私以尔食馈之，是汝明君之无惠，而见己之德美矣"（《孔子家语》）。唐朝宋璟奏请罢废悲田养病坊时援引这个例子，认为"人臣私惠，犹且不可"（《唐会要》）。从西周开始，官方几近包揽地承担慈善救助职责的模式就确立下来，并贯串了整个封建时代。无论政权处于分裂状态还是统一状态，朝廷一直在慈善救助事业中发挥主导作用，承担着主体责任。在宋代以前除寺庙及宗族内部以外，很少见到规模化的民间慈善活动。到了宋代，范仲淹参照佛教组织的做法创办范氏义庄，并成为后世家族互助救济的制度范例，家族、宗教组织与政府都成为施善团体，民间慈善才逐渐发展起来，但这并不意味着政府

---

① 浙江省民政文化研究课题组. 大民政时代浙江民政文化发展研究[M]. 北京：北京联合出版公司，2017：59.

② 浙江省民政文化研究课题组. 大民政时代浙江民政文化发展研究[M]. 北京：北京联合出版公司，2017：60.

在慈善事业中的主体地位受到了冲击。梁其姿通过研究发现，"义庄制度与明清之际在中国江南及华南地区大幅度增加的宗族组织，均有很复杂的政治文化因素，特别反映了配合中央政权的意识形态进一步渗入地方，因此不能以单纯的救济机构视之"①。也就是说，即便是义庄或宗族慈善也不能完全脱离政府力量的影响和控制。在从西周到明清2000多年的时间中，以政府为主体及政府主导的慈善救助格局一直延续下来，并对中国现代慈善持续产生影响。从理论上来讲，随着政府职能的不断转变，现代社会中的有限政府不可能再对慈善和志愿服务事业大包大揽，在相关事务中不可能再占主体地位，但因为中国社会目前仍处于转型期，再加上长期的历史文化传统和现实国情的影响，政府仍然需要在慈善和志愿服务事业中发挥主导作用。实践也已证明，政府主导慈善和志愿服务事业的发展对现代中国来讲是必要的和有效的，继续坚持而不是削弱政府的主导作用在目前关于慈善和志愿服务的相关立法中已经体现出来。

二、健全的官僚制度提升了国家机器行使慈善救助职能的效率

毫无疑问，政府需要构建一整套的机构、官僚制度和体制政策才能使国家机器运转起来，推动慈善事业的发展。在中国古代慈善制度中，官僚是所有制度的制定者、践行者和维护者，在某种程度上，官僚制度就是制度体系中最为核心的部分，官僚制度的好坏足以决定整项事业的成败，慈善事业也不例外，因此对于中国古代官僚制度在促进慈善事业发展方面的贡献还需要进行更多的深入研究。

官僚政治作为一种科层制、专业化的政治组织形式，是政治学和社会学研究不能回避的一种政治制度。马克思曾经结合政治哲学研究对官

---

① 梁其姿. 施善与教化——明清的慈善组织[M]. 石家庄：河北教育出版社，2001：27.

僚制度进行批判，但不管使用多么严厉的措辞揭露"常设的、不负责任的官僚机关"的行政管理是多么烦冗、耗时、昂贵和无效，马克思也承认"国家官僚的行政管理与（授予）荣誉和贵族的业余管理相比是有优势的"①。实际上，每一项社会事业的稳定运转都需要首先建立秩序，而秩序又是效率的首要保障。"凡是需要大量的人有序完成的事业，都需要官僚制度。因此，凡是存在这类事业的地方，官僚制度就会出现。"②设立官僚制度的初衷在于以其为手段服务于实现某种应然的社会目标，如形成有序的社会状态或提升社会管理效率。当然，目标的实现在很大程度上取决于公职人员的履职状况，按照履职情况的不同可以对公职人员进行相应的分类管理。"理想的公职人员自觉自愿地遵从各项规定；明白官僚制度的职责所在，并谨守其意义；亲身体验必须由其决定的具体情况；拥有将官僚主义行为限制在最低限度的职业伦理，并不断问自己，官僚制度在哪里是可以避免的；力求使官僚制度快速明确地运转，且在运转中保持人性化和有益性……更低一层级的是热心职务的公职人员。他们已在官僚制度中感受到乐趣，并通过自己勤奋的工作努力使官僚制度的运转扩大化、复杂化。他们享受自己的职能，但能够依据各项规定正直可靠地完成工作。"③出现饱受诟病的官僚主义与创立官僚制度的初衷是相悖的，官僚主义最大的问题是将对权力的追求凌驾于官僚制度的工具性价值之上，出现手段与目的的本末倒置。"官僚制度是手段。但它趋向于将自己变成目的本身。在这种转变中，关键的一步是作为服务工具的官僚制度变成逐渐独立的官僚制度……这一机制本应服务于民众的利益，然而现在它却服务自身。"④官僚主义滥觞弱化了官僚制度的真正意义，但这只是官僚制度最消极的影响。以客观中肯的态度看待官

① [德]沃尔夫冈·弗里茨·豪格. 马克思主义历史考证大辞典[M]. 俞可平，等，编译. 北京：商务印书馆，2018：367.

② [德]卡尔·雅斯贝斯. 历史的起源与目标[M]. 李夏菲，译. 桂林：漓江出版社，2019：245.

③ [德]卡尔·雅斯贝斯. 历史的起源与目标[M]. 李夏菲，译. 桂林：漓江出版社，2019：246.

④ [德]卡尔·雅斯贝斯. 历史的起源与目标[M]. 李夏菲，译. 桂林：漓江出版社，2019：247、248.

第五章 传统慈善文化涵养中国特色志愿文化

185

僚制度，既要看到它的消极之处，更要看到它的合理价值。

古代慈善事业的发展之所以能在很长的历史时期内保持领先状态，是与健全的官僚制度有直接关系的。从朝廷到基层，政府有一整套完整的官僚机构将慈善救济的职能落实到位。这种行之有效的官僚制度与同时期的西方社会相比无疑是非常先进的，因此引起了国外很多学者的研究兴趣，法国汉学家魏丕信便是其中的一位。魏丕信非常熟悉中国的社会经济史，对中国荒政史进行过详细研究，并于1980年出版了《18世纪中国的官僚制度与荒政》一书。魏丕信比较客观地评价了"18世纪中叶中国政府在自然灾害期间为维持人民生产和生活所发挥的巨大作用"，指出当时的赈灾过程"是以一整套严密的规章制度为基础，经有关官僚机构付诸实践的相当复杂、技术性相当强的运作"①。魏丕信虽然只截取了中国古代明清两朝作为研究对象，但这个时期政府在荒政赈灾方面的成功与明清之前慈善救助事业延续下来的经验是不能割裂开来的，因此可以说魏丕信的研究发现同样适用于中国古代其他历史时期的慈善救助事业。古代社会救灾是官方的重要任务之一，但救灾工作的成功则要以国家机器高度的有备状态及其快速启动能力为前提。单就古代赈灾最常见的仓储制度而言，要确保各地粮仓保持足量的粮食储备以应对紧急事件，但有库存只是具备了赈灾的基本物质条件。为了有效地维持库存以及随时调动粮食资源赈济灾民，还需要制定和执行复杂的规章和程序来规范这些过程。另外，地方行政系统中的官员要做到熟知有关仓储运行的制定规章和程序，确保一旦发生紧急情况可以对应执行。魏丕信非常欣赏这种"应用官僚制度"，"他认为在清代鼎盛时期，这种官僚制度在防灾救灾方面显然起着决定性的作用。尽管地方社会上最富裕、最有影响的群体具有必要的财力和手段，同时也有愿望来致力于救灾活动，但他们的工作绝不可能达到像18世纪的政府所达到的那种程度"②。

---

① [法]魏丕信.18世纪中国的官僚制度与荒政[M].徐建青，译.南京：江苏人民出版社，2003：1.

② 李伯重.千里史学文存[M].杭州：杭州出版社，2004：330.

在古代慈善制度中，还存在另外一种不可忽视的力量对官僚制度起着制衡和监督的作用，即与国家机构共同形成权力结构的社会群体（主要是士绅等地方精英）。国家处于权力结构的顶点，并对县以上的官僚进行正式任命，很多官员本身就出身于士绅阶层，与士绅们保持着千丝万缕的联系，并通过士绅阶层与县级以下地方权力结构中的里长、保甲、富民、乡约以及胥役等联系起来。取得功名的士绅阶层在政治地位上与官员是平等的，所以对官员们的行为起到一定的"权力抗衡"作用。"尽管古代对慈善事业的管理、监督或监控受到特定历史条件下政治、经济、文化诸因素的影响，实际效果往往差强人意，然而多层面的监管体制、多元化的监管模式却是不争的客观存在。"①

古代官僚制度预设了官员人格的整体可依赖性。受儒家圣贤理想人格思想的深远影响，对人性的价值论研究认为人与人之间在道德本性上是平等的，性善论者认为"人皆可以为尧舜"（《孟子·告子下》）。自隋唐以降，科举取士为封建时代的各类官僚机构遴选了大批社会精英，这些饱读圣贤之书的文人有相当一部分来自社会底层，了解基层百姓疾苦，且有着忠君爱民的文人情怀。理想化圣贤人格的设定如果能够成立，那么官僚制度的运行基本就是有保障的，这就是官僚制度存在的人性基础，它的基本逻辑是建立在官员整体人格的可靠性预设之上的。与这种预设相对应的主要措施则是将儒家理论意识形态化，使之成为国家意识形态领域的正统思想，并通过国家和社会教育体系的持续灌输来形塑官员的信念。忠君爱民是官员们普遍认可的价值标准，大多数情况下，官员们还是能遵守这种标准的。另外，在儒家的民本思想中，爱民在某种意义上是比忠君更高层次的一个原则，孔飞力据此认为："在某些极不寻常的情况下，处于最高层的官员们显然仍可能运用某些为任何政府都必须遵守的最高准则来限制君主的专制权力。要做到这一点，他

---

① 王娟．略论我国古代慈善事业的监管体系[J]．河南师范大学学报（哲学社会科学版），2012（06）：129-133.

们就不能把自己仅仅看作是为某一特殊政权服务的臣仆。这样的自信，只会存在于那些相信自己是文化传统当仁不让的继承者的人们身上。"①

当然，人性的可靠本身是个值得推敲的问题，来自古代社会的监督与制衡机制并非毫无纰漏，在缺乏更有效的外在权力监督和制约的情况时，官僚制度便失去了在可控的规模上和有限的范围内发挥作用的优势，"官僚制度最开始是有意义的、自我节制的，由人的人格支撑起来的统治形式，但后来则变成了普遍上具有阻碍性和强制性的空洞机制"②。所谓成也由它败也由它，官僚制度在古代社会的慈善救助事业中发挥过积极作用，但在晚清时期却走向僵化和没落。"科层制中的下级官僚与上级官僚、高级官僚与皇帝宗室之间赖以维系的是一种基于差序格局的人身依附关系，而非现代官僚制度中的契约关系"③，倾向于以德取人的官僚制度在小农经济时代相对静态的、简单的社会关系中确实能够发挥作用，社会管理体系对官员的专业技能要求也不高，因此即便是科举考试也不会涉及专业知识和能力的考查。马克斯·韦伯对此做过评价，"考试是一种文化的考试，确定有关应考者是不是一位君子，而不是看他是否拥有专业知识……这条原则妨碍着专业培训和专业业务权限的划分，而且一再阻止它们的实行"④。美国学者列文森也持同样观点："学者的那种与为官的职责毫不相干、但却能帮他取得官位的纯文学修养，被认为是官员应具有的基本素质。它所要求的不是官员的行政效率，而是这种效率的文化点缀。"⑤一旦社会关系变得复杂和流动起来，原有的官僚制度就要进行相应的变革，否则缺乏专业性知识和技能而备受掣肘的行政人员无法应对各种复杂状况。更糟糕的是，一旦出现

---

① [美]孔飞力. 叫魂·1768年中国妖术大恐慌[M]. 陈兼，刘昶，译. 上海：上海三联书店，1999.

② [德]卡尔·雅斯贝斯. 历史的起源与目标[M]. 李夏菲，译. 桂林：漓江出版社，2019：247.

③ 周骏，黄晓波. 制度自信[M]. 桂林：广西师范大学出版社，2019：160.

④ [德]马克斯·韦伯. 经济与社会（下卷）[M]. 林荣远，译. 北京：商务印书馆，1997：373.

⑤ [美]约瑟夫·列文森. 儒教中国及其现代命运[M]. 郑大华，任菁，译. 桂林：广西师范大学出版社，2009：14.

吏治问题，原本有效的慈善救助便会陷入混乱，官僚制度的弊端便会暴露无遗。晚清慈善事业的发展走向与吏治之间的关系充分说明，古代社会的官僚制度已经难以发挥对慈善事业的推进作用。"吏治的好坏直接影响到各项政策的实施。由于晚清时期吏治败坏十分严重，各级官吏草率疏怠，玩忽职守，贪污成风，从报实、核查到各项防灾、救灾政策的实行，无不弊窦丛生，致使政府的防灾、救灾政策与实际形成了很大反差，各项措施难以奏效，徒具虚文，甚至走向反面，从而加重了灾荒的破坏程度。"①

今天我们审视传统慈善文化对于中国特色志愿文化所具有的制度镜鉴意义，并非是说古代慈善制度已然尽善尽美，更无意为封建专制集权和官僚主义辩护，恰恰相反，封建专制集权和官僚主义在现代社会中都是要被批判和放弃的，但我们要重视古代慈善救灾制度对中国特色志愿文化所具有的启示意义。既然广义的文化包含着制度层面的内容，那今天在进行中国特色志愿文化建设的时候就需要发掘古代慈善制度之于当前的志愿服务制度建设而言的参考价值。官僚制度和中央集权曾经为古代社会慈善实践提供过丰富确凿的经验，如何从这些曾经发挥过巨大作用的制度化规范中汲取有利于现代志愿服务制度的营养成分，需要在理论和实践中不断进行扬弃创新。要看到曾经在古代中国长期存在的传统官僚制度确实有效维护了君主专制中央集权的统治，两者的结合"在一个广袤的疆域内维持了政治与社会秩序的相对稳定，这在前工业化时代的世界各国中是绝无仅有的。从这个角度来说，秩序本身就是一种效率，因为它有效地避免了人类在无穷无尽的内耗中同归于尽，并在人类为自身的生存与发展所进行的合作中发挥着重要作用。因此，中国传统的君主专制中央集权政治体制有其历史合理性，而维护这一政治体制的官僚制度虽然缺乏配置性效率，但具有适应性效率"②。古代社会的市场

---

① 康沛竹. 灾荒与晚清政治[M]. 北京：北京大学出版社，2002：2、3.
② 屈永华. 中国传统官僚制度的效率之争——从《荒政》和《叫魂》说起[J]. 政法论坛，2010（05）：115-123.

和民间慈善力量都不发达，市场和民间都无法有效地提供公共产品，中央集权的政治体制与官僚制度相匹配而形成的国家能力对于完成大规模的慈善救助而言是至关重要的。

美国学者福山曾就制度的评价提出三个标准，即国家能力、法治和负责制政府，且将国家能力排在首位，"成功的制度能将三者结合在一起并维持三者之间的平衡"[①]。这种观点有其合理之处，我们在评价志愿服务制度在现代社会中所发挥的作用时可以适当参考这个标准。取消高度集权的政治经济体制之后，中国现代志愿文化已完成对"官办慈善"制度文化的扬弃，但政府主导慈善的传统制度特色并未完全消除，与之相对应的国家能力仍然体现着巨大优势。具体到志愿服务，政府主导意味着政府要统领全局、引导和推动志愿服务健康发展，但绝不是要事无巨细地插手志愿服务全过程。坚持政府对志愿服务工作的领导实则意味着政府要在志愿服务工作中起主导作用，"志愿服务是广大民众参与的社会事务，也是政府领导下国家治理的重要组成部分，政府主导并发挥重要作用是中国特色志愿服务领导运行体系的突出特征"[②]。

坚持政府在志愿服务工作中的主导作用对于形成强大的国家能力有双重意义，一是志愿服务组织的架构管理需在政府监管之下进行，与民间草根公益组织相比，志愿服务组织更加规范完善，它具有社会组织的灵活优势，也能与政府在扶贫或环保等重大项目上开展深度合作；一是为志愿服务的开展提供规模和效率的保障，政府主导下的志愿服务可以充分体现社会主义制度集中力量办大事的比较优势，也可以在短时间内迅速集结大量资源，将国家治理理念和要求渗透到最基层的社会单元。《纽约时报》专栏作家弗里德曼曾经撰文指出，"制度优势可以使得中国迅速凝聚力量解决议题，而这些议题在西方国家的讨论和执行，要花几

---

① [美]弗朗西斯·福山. 政治秩序的起源：从前人类时代法国大革命[M]，毛俊杰，译. 桂林：广西师范大学出版社，2014：21.

② 陆士桢. 中国特色志愿服务概论[M]. 北京：新华出版社，2017：350.

年甚至几十年"①。

当然，在福山的制度评价体系中，国家能力只是其中一个方面，综合评价某种社会制度还要兼顾法治状况和负责任政府两个方面。传统慈善事业的发展分别从一正一反两个角度为中国特色志愿文化提供了制度镜鉴。虽然政府承担社会慈善救助的主要责任，且通过官僚制度确立了官员在权力结构中的角色及其职责，也尝试着以构建监督制度的方式对其进行制约，但因古代官僚制度过于倚重于官员的理想人格而不是法治手段来保障国家能力，这种系统性缺陷最终使得曾经运行良好的官僚制度走向自我解构。

建设新制度，未必一定要全盘否定旧制度，而是要善于从原来的旧制度中找寻有启发和借鉴意义的合理资源，对于建构中国特色志愿制度文化来讲亦是如此。"决不能抱着'与旧世界决裂'的态度，而需怀着对历史的敬畏感'述往事、思来者'，沿着'研究问题、输入学理、整理国故、再造文明'的理路，在站稳马克思主义立场的前提下，最大限度地摒弃个人喜好，摘掉有色眼镜，从而更加客观地研究传统，从政治上层建筑历史形塑过程中汲取适应当今制度自信的发展需要，以及具有时代意义的丰富启示，也只有如此，才能真正体现我们的'中国特色'。"②西方国家志愿服务于 19 世纪工业革命初期开始萌芽，第一次世界大战到 20 世纪 50 年代期间发展壮大，第二次世界大战以后走向规范成熟。与西方志愿服务相比，中国特色志愿服务还没有完成第三个发展阶段，也就是全面推进志愿服务制度化和专业化最为关键的阶段。本土化与制度化的双重需求使得向历史求智成为必然，同时要顺应志愿服务发展的一般规律。即便是在"第三域"理论发达的欧美及一些发展中国家，志愿服务的发展历程也大多经历过民间兴起—政府扶持—政民合作的不同阶段③，还处于社会转型期的中国更不例外。强行跨越志愿服务规

---

① 宁骚. 比较中西制度，方知中国道路魅力[J]. 理论导报，2014（05）：20.
② 周骏，黄晓波. 制度自信[M]. 桂林：广西师范大学出版社，2019：156.
③ 谭建光，李森. 志愿组织管理[M]. 广州：广州出版社，2011：4.

范化和专业化发展的必经阶段，抽象理解西方志愿服务和社会工作相关理论，片面谋求独立于政府的志愿服务民间自治既不科学也不现实。在充分尊重志愿服务发展的一般规律的前提下，结合本土历史文化传统和现实情况，不套用模式，不拘泥形式，在既有基础上探索志愿服务制度创新，才能凸显志愿服务及志愿文化的"中国特色"。

第三节　中国特色志愿文化的美好诉求

最能体现传统社会人们对未来美好生活诉求的政治理想就是儒家提出的大同世界。作为中国古代天下理想的集大成者，大同世界契合了人们对实然世界的不满和对应然社会的向往，"到大同之世，古代与近代的社会组织结构与政治制度都将瓦解，国家的国界亦将消失，国家不复存在。在统一的民主的世界政府之下，所有的男女老少都是平等自由的公民，一切财富都由全人类所共享，家庭与私有制都将消失。人们不需要受错误制度的束缚，也不需要有宗教的慰藉。人道与理性作为社会价值的基础，政治、社会、道德上也没有根本的问题。永福降于全社会。作为一种人类理想的大同社会，与马克思所设想的共产主义实是同一个世界"[①]。熊十力认为，孔子的大同世界并非只是纯粹的理论构想，而是内在地包含着现实的政治主张。"《周礼》首言建国。其国家之组织，只欲其成为一文化团体。对内无阶级，对外泯除国界。非如今世列强，直是以国家为斗争工具。"[②]近代以来，无论是农民起义领袖还是地主阶级改良派，抑或民主革命的先驱者，都受大同理想的影响，且都探索过

---

① 曾海龙. 大同是理想还是现实运动？——基于熊十力与康有为的立场[J]. 云南大学学报（社会科学版），2019（03）：50-56.
② 熊十力. 熊十力全集[M]. 武汉：湖北教育出版社，2003：1108.

不同方式以谋求大同世界的实现[*]。青年时期的毛泽东在接触马克思主义

* 东汉末年，张角领导的黄巾起义宣传"天之有道，乐与人共之；地之有德，乐与人同之；中和有财，乐以养人"，"财物乃天地中和所有，以共养人也"的思想。北宋初年王小波、李顺起义，向农民宣告"吾疾贫富不均，今为汝辈均之"的口号；南宋钟相、杨幺起义，在群众中宣传鼓动"法分贵贱贫富，非善法也。我行法，当等贵贱，均贫富"；明末李自成起义时明确提出"均田免粮""平买平卖""公平交易"等口号，受到广大农民的热烈拥护，民间到处流传着"杀牛羊，备酒浆，开城门，迎闯王，闯王来时不纳粮"的歌谣；太平天国农民起义领袖洪秀全提出"天下一家，其享太平"。他建立了太平天国，提倡"有田同耕，有饭同吃，有衣同穿，有钱同使，无处不均匀，无人不饱暖"的经济平等原则。近代以来，伴随着西方列强的入侵，中国逐渐沦为半殖民地半封建社会。面对着山河破碎、国家危亡的现实，儒家大同思想再次成为无数仁人志士设想未来社会美好愿景的底版，并成为其为之奋斗的社会理想。康有为是戊戌变法的发动者之一，在学术上既是一位今文学派的国学家，也是早期接受西学影响的改革家。他依据《礼运》篇的大同小康说，结合《春秋》公羊家"衰乱世，升平世，太平世"的"三世说"，演化出一套社会最终达到大同之世的思想；他还摭拾佛典，兼采墨学及杨朱之学，又借鉴西洋民权、代议诸说著《大同书》，将大同思想发展为一整套更为系统的学说，讴歌"大同之世，天下为公，无有阶级，一切平等"，不但使之具备了形而上的论证，而且也有了看似可操作的实践步骤。《大同书》所描述的世界里，一去国界，消灭国家；二去级界，消灭等级；三去种界，同化人种；四去形界，解放妇女；五去家界，消灭家庭；六去产界，消灭私有制；七去乱界，取消各级行政区划，按经纬度分度自治，全球设大同公政府；八去类界，众生平等；九去苦界，臻于极乐。康有为设计的大同世界中，由于废除了私有制，建立了以财产公有制为基础的社会经济，因而生产力高度发展，全部实行机械化、自动化和电气化。机器日新，电化超奇，气球飞舞于天空，铁道横织于地面，轮船穿梭于江海，各种新理论、新机器、新技术日新月异，层出不穷，其发展之速，一日千里 [陈德安：《儒家大同思想的历史影响和现代意义》，山西师范大学学报（社会科学版）1993年第1期]。康氏所勾画描绘的一幅人类大同世界的美好蓝图，远远超过了欧洲空想社会主义者的构想，在中国近代思想史上确实称得上超凡脱俗、出类拔萃，闪耀着中国人智慧的火花。但是在当时的条件下，随着他所发动的维新运动的失败，而最后也完全成为一种空想之路（徐大同：《中国人民拒绝自由主义，接受共产主义的文化基因》，载《政治学研究》2012年第3期）。民主革命的先行者孙中山同样受大同思想影响，为了中国的独立、自由、民主和富强奋斗一生的他，曾把实现国家的繁荣富强和百姓生活的富足美好作为毕生奋斗的主要目标。他特别重视大同思想的平等精神，他倡导"天下为公"，他把这种精神视为体现了自由、平等、博爱的理想模式，直接吸收进了他的三民主义学说当中。他把民生的追求和民权的实现，看作中国本来就有的思想与传统；小康大同之说，即含其义。另外，孙中山早年即受社会主义思想影响，他认为他的三民主义，即民族主义、民权主义、民生主义，前两者早已在欧美实现，只有民生主义（他亦称之为社会主义）还有待20世纪的努力。因此，他认为"今吾国之革命，乃为国利民福革命。拥护国利民福者，实社会主义"，而民生主义，即"要中国像英国、美国一样的富足；所得富足的利益不归少数人，有穷人、富人的大分别，要归多数人，大家都可以平均受益"。他总结出这样一句话："民生主义就是社会主义，又名共产主义，即是大同主义。"（《孙中山选集》人民出版社1956年版，第765页）在这个社会中，"民幼有所教，老有所养，分业操作，各得其所"。在政治思想上，要使人民达到"自由、平等、博爱之境域也"。

之前，也曾经就如何实现一个通往大同世界的未来社会进行过尝试，当然与所有之前的尝试者一样，结果是失败的。* 后来毛泽东意识到，以空想主义的旧方式是注定无法实现大同世界的。五四运动前后，马克思主义作为一种革命的实践的学说传入中国，毛泽东从马克思主义中敏锐捕捉到与大同理想相兼容的共产主义，开创了马克思主义中国化的伟大历程，将实现共产主义作为最终奋斗目标，但诸如"实现大同"之类的话语表述仍然不时出现在他的相关报告和文章中。大同世界和共产主义尽管名称不同，但两者都反映了中国文化从传统到现代的延续和发展过程中一以贯之的对未来社会的美好诉求，而这些美好诉求又构成了中国特色志愿文化的价值目标和发展动力。

首先，中国特色志愿文化是慈善文化的当代表现形式，体现着对未来和谐人际关系的美好诉求。在人类所有的价值追求中，慈善是最受认可的公共价值，是最大的共同善，"所谓共同善，就是人类本性及人类社会整体所共同拥有的美好情感与价值追求"①。不论在古代还是在现代，慈善都是推动构建平等、和谐人际关系的催化剂黏合剂。中国特色志愿服务"实现了对中国古老的慈善制度、中华传统文化中的崇德向善思想的创造性转化和创新性发展，成为支撑社会和谐稳定运行的润滑

---

* 青年毛泽东既受到传统大同世界思想的影响，也深受孙中山三民主义以及俄国地理学家、无政府主义运动的最高精神领袖和理论家克鲁泡特金的互助论、日本学者武者小路实笃的新村主义等等带有无政府共产主义或空想社会主义性质的思潮的影响，他"热烈地向往'大同'世界，还将实现人类'大同'作为自己理想的终极目标"（陈厚丰、肖孚容：《对青年毛泽东追求"大同"理想的历史考察》，载《湖南大学社会科学学报》1993年第2期）"大同者，吾人之鹊也。"（《毛泽东早期文稿》，湖南出版社1990年版，第89页）青年时期的毛泽东甚至精心设计了一个通往大同世界的新村蓝图："合若干之新家庭，即可创造一种新社会。新社会之种类不可尽举，举其著者：公共育儿院，公共蒙养院，公共学校，公共图书馆，公共银行，公共农场，公共工作厂，公共消费社，公共剧院，公共病院，公园，博物馆，自治会。"（《毛泽东早期文稿》，湖南出版社1990年版，第454页）。在此理念的指导下，毛泽东积极参与结社、"新村"试验、工读互助等等活动，还于1920年领导了湖南自治运动。遗憾的是，毛泽东通过旧式方法实现大同社会的一系列探索实践，均以失败而告终。

① 卢德之. 论资本与共享 兼论人类文明协同发展的重大主题[M]. 北京：东方出版社，2017：183.

剂"①。中国特色志愿文化"与中国传统慈善文化有着高度的一致性","提倡团结互助、扶贫济困，追求平等友爱、融洽和谐的集体主义和责任意识"②，体现了对理想的和谐人际关系的追求。

其次，中国特色志愿文化以人的解放和全面发展为追求，这是对个体未来发展的美好诉求。人性是善的，这是传统慈善文化的重要出发点和逻辑前提，但现实的情况是，人的利己主义行为大量存在。面对市民社会中由于人的利己主义而导致的人与人之间的对抗，黑格尔认为需要通过政治国家的教化才能解决问题。费尔巴哈则认为是宗教剥夺了人的类本质，宗教把整个世界分为想象的神的世界和现实的人的世界，人们在现实的世俗世界中为了私人利益无情地争斗，所以要通过批判来揭示宗教的虚假本质，消灭宗教，使异化到宗教生活上的类本质、类生活，重新回归到人自身。费尔巴哈希望唤醒人类心灵深处的"爱"，把人本来寄托到宗教上的"爱"的情感拉回到人自身，使人由对"上帝"的"爱"转为对他人的"爱"，并以此解决人与人之间的对抗与冲突。马克思通过批判费尔巴哈的类本质获得对人性的正确认知，他认为导致人与人之间关系分裂异化的根本原因是私有财产。私有财产导致了人在生产过程中同自己的劳动产品、自己的生命活动、自己的类本质相异化，最终的结果就是导致人与人相异化，即在异化劳动的条件下，每个人都按照他自己作为工人所具有的那种尺度和关系来观察他人。在异化劳动中工人把生产活动看作一种不自由的活动，是替他人服务、受他人支配、处于他人强迫和压制下的活动，自己仅仅是工具和手段。由此，工人也就必然会以这样的尺度来看待他人，把他人的活动当成维持自身生存的工具和手段。由此，人与人关系的异化和分裂就是必然的。只有当个体不再被外在的异化劳动所束缚而去追求自我的全面发展时，他才能真正回归到人的类本质中去。马克思提出了"人的解放"的概念，借此解决

---

① 彭志红. 志愿服务的现代价值[N]. 光明日报，2015-09-23（13）.

② 陆士桢. 中国特色志愿服务概论[M]. 北京：新华出版社，2017：34.

市民社会中由于人的利己主义而导致的冲突和对抗。"共产主义是私有财产即人的自我异化的积极的扬弃，因而是通过人并且是为了人而对人的本质的真正占有；因此，它是人向自身、向社会的即合乎人性的人的复归，这种复归是完全的、自觉的和在以往发展的全部财富的范围内生成的。"① 志愿者克服了私有财产的占有所带来的人的异化，在私有财产仍然有其合法性存在价值的现阶段以反市场的方式为他人无偿提供劳动和服务。志愿者参加志愿服务并非为了获得物质报酬，也不是为了所谓的名誉，而是"为了实现自身的社会价值，是一种纯粹道德情感的需要，是人们社会良知的自觉回归"②。当越来越多的志愿者参与到志愿服务中来，志愿精神便成为汇聚无数个体的力量推动社会发展的强大文化动因。"作为中国经济和社会发展到一定阶段兴起的志愿精神，蕴含着特定的文化表达功能，反映了社会成员对高层次需求的目标追求，彰显了社会成员公共服务意识的自主表现，体现了社会成员对价值合理性的追求，表达了社会成员对人本化生活的向往，成为社会成员实现社会参与的一种具有普遍意义的基本方式。"③ 在这个过程中，无论是志愿者还是志愿服务对象，都会获得不同程度的解放和发展，直至最终走向共产主义，志愿者与志愿服务对象之间的差别消弭殆尽，每个人的自由发展都成为现实，"代替那存在着阶级和阶级对立的资产阶级旧社会的，将是这样一个联合体，在那里，每个人的自由发展是一切人的自由发展的条件"④。

最后，中国特色志愿文化以构建人类命运共同体为追求，这是对社会未来发展状态的美好诉求。继在党的十八大报告中首次提出人类命运共同体的概念，习近平主席多次论证构建人类命运共同体的可行性和实施方案。2015年，习近平总书记在出席第七十届联合国大会一般性辩

---

① [德]马克思. 1844年经济学哲学手稿[M]，中央编译局，译. 北京：人民出版社，2000：81.
② 张利平. 关于非政府组织的伦理学思考[J]. 齐鲁学刊，2005（02）：129-132.
③ 颜睿. 志愿精神的文化渊源与现代价值[J]. 思想理论教育，2013（15）：44-49.
④ 马克思恩格斯选集（第3卷）[M]. 北京：人民出版社，1995：200.

论时指出，"'大道之行也，天下为公。'和平、发展、公平、正义、民主、自由，是全人类的共同价值"①。构建人类命运共同体是中国共产党立足中国传统社会对大同世界的美好设想，着眼于建设共产主义的政治抱负，结合马克思主义共同体思想所进行的当代理论与实践的创新。大同世界思想蕴含着丰富的人类命运共同体基因，为人类命运共同体所包含的天下共有和天下共治的治理观、重义轻利的义利观和先公后私的公私观的集中表达提供了思想基础。尽管新时代人类命运共同体理念早已褪去大同世界最初的理想化色彩，但大同世界作为中国人自古以来关于人类未来社会生活的美好诉求仍然构成了新时代人类命运共同体理念的思想渊源。人类命运共同体秉承"以胸怀世界责任观和超越国家利益的格局对全人类承担责任义务，把全人类作为一个整体，以天下为公的精神从全人类利益角度思考和解决问题"的根本宗旨，提倡"友好交流、携手合作、同舟共济"的价值追求，与"奉献、友爱、互助、进步"的志愿精神丝毫不悖。大同世界和人类命运共同体这两个充满了中国智慧的概念折射着全人类对未来和当下社会状态的美好诉求，并在中国特色志愿文化中得到了忠实而鲜明的传承和体现。

---

① 携手构建合作共赢新伙伴　同心打造人类命运共同体——习近平在第七十届联合国大会一般性辩论时的讲话[N].人民日报，2015-09-2929（002）.

第六章
培育和弘扬新时代中国特色
志愿文化

不同国家和地区的志愿文化不尽相同，存在着志愿服务理论渊源、组织模式、发展特点、制度设计等诸多方面的差异，志愿文化的多元化昭示着不同国家和地区志愿服务模式的多元化，是志愿服务在全世界范围内蓬勃发展的最佳注脚。另外，志愿文化因包含着人类共同的价值追求而构成了跨文化交流的重要媒介。鉴于国内志愿服务健康发展以及参与志愿服务国际交流的现实需要，培育和弘扬新时代中国特色志愿文化刻不容缓。

第一节　重建新时代中国特色志愿服务文化基础

国内志愿服务有其自身的发展逻辑，既受文化因素影响，也受西方志愿服务实践的影响。从时间上来讲，西方现代志愿服务领先中国本土志愿服务至少数十年；从服务内容上来看，西方志愿服务从"最早的战争救护，重建家园，安置儿童青少年等与战乱、灾害有关的救助活动，发展到如今服务内容遍布人类生活的各个方面"①；从规范性程度上来说，西方志愿服务已经完成规范化和法制化的过程，最早的一部针对弱

---

① 陆士桢．中国特色志愿服务概论[M]．北京：新华出版社，2017：141．

势群体实施救助的政府法规《伊丽莎白济贫法》成文时间甚至可以追溯至 1601 年。作为现代志愿服务实践和志愿文化理论研究的后发者，中国要善于从西方志愿文化及志愿服务实践中借鉴先进的思想元素丰富自身，包括志愿服务主体所必需的参与意识、社会责任感、财富观、权利观、平等意识以及志愿服务外在保障制度中的科学治理机制、项目管理制度、外部监督机制等。然而，借鉴不等于抄袭，不等于全盘西化。新时代中国特色志愿服务要做到行稳致远，归根结底还要构建中国特色志愿文化体系，其中首要的任务便是重建志愿服务文化基础。

重建中国特色志愿服务文化基础的必要性来自本土志愿服务健康发展的内在需求。国内志愿服务的发展需要构建一整套与之相适应的文化体系，为开展志愿服务提供特征标识、行为规范、价值准则以及精神动力。志愿文化是志愿服务赖以持续发展的文化条件，它包含与志愿服务发展过程相关联的新经验、新理论、新思想，也包含来自传统文化的核心价值和重要理念。中国特色志愿服务不能够建立在西方志愿文化基础之上，为其寻找文化根基的过程即是重建中国特色志愿服务文化基础的过程。传统慈善文化以"祛自我中心主义"的世界观、集体主义的价值取向、家国天下的责任意识以及大同世界的理想追求为核心价值，以"仁爱""慈悲"为怀，以"推己及人""守望相助"为道，为创造领先世界的中国古代慈善事业提供过强有力的文化支撑。重建中国特色志愿服务的文化基础就是要把深深蕴藏于传统慈善文化之中的仁爱精神、人文精神、包容精神、君子人格、家国情怀、大同理想等文化要素熔铸为中国特色志愿服务的文化根基。从这个意义上来说，重建中国特色志愿服务的文化基础意味着传统慈善文化的传承，意味着传统慈善文化的思想脉络、精神框架和核心内容在现代志愿服务领域的延续发展。重建文化基础需要实现中国特色志愿文化与传统慈善文化之间的向上链接，完成传统慈善文化主要价值共识的向下传承。当然，重建中国特色志愿服务的文化基础并非对传统慈善文化的完全复原，即无条件回归到传统慈善文化原有哲学基础、价值体系、道德规范、伦理习俗中去。现代志愿服务在公民权利、责任义务、包容开放等精神或意识方面都与传统慈善行为存在重大差别。在实现向上链接与向下传承的同时，重建中国特色志愿服务的文化基础时更要体现时代创新，构建适应现代志愿服务的思想文化体系。

重建中国特色志愿服务文化基础的必要性来自反对西方中心主义、保护公益文化多样性的外部压力。西方中心主义是当前文化多元化发展所面临的最大障碍。西方中心主义的主要问题在于其预设性，即它先在地认可西方文化具有优势地位，并将其视为不证自明的事实。预设主义观点的主要依据来自近代以来全球化过程中资本主义生产关系的强势扩张。经济全球化带来的并非只有西方国家通过资本力量引起的经济体系的变化，更有随之而来的西方文明的对外扩张和渗透。马克思深刻地指出，"资产阶级，由于一切生产工具的迅速改进，由于交通的极其便利，把一切民族甚至最野蛮的民族都卷到文明中来了……它迫使一切民族——如果它们不想灭亡的话——采用资产阶级的生产方式；它迫使它们在自己那里推行所谓的文明，即变成资产者。一句话，它按照自己的面貌为自己创造出一个世界"①。基于强势的经济力量不断向外扩张的西方文明所向披靡，"使未开化和半开化的国家从属于文明的国家，使农民的民族从属于资产阶级的民族，使东方从属于西方"②。在西方中心主义视野中，"未开化和半开化的国家"连同其所有的文化都是边缘化的，哪怕是最有沟通价值的公益文化也不例外，这种观点是狭隘和有害的。马克思对西方中心主义尤其是西方文化中心主义持强烈的批判态度，"你们赞美大自然令人赏心悦目的千姿百态和无穷无尽的丰富宝藏，你们并不要求玫瑰花散发出和紫罗兰一样的芳香，但你们为什么却要求世界上最丰富的东西——精神只能有一种存在形式呢？"③马克思这段话揭示了一个深刻道理：文化形态的多元化存在是保证文化生机和活力的基本

① 马克思恩格斯文集（第2卷）[M]．北京：人民出版社，2009：35、36.
② 马克思恩格斯文集（第2卷）[M]．北京：人民出版社，2009：36.
③ 马克思恩格斯全集（第1卷）[M]．北京：人民出版社，1995：11.

条件，也就是说，文化的多样性如同生物的多样性一样，对于世界和人类的存在而言都是必需的。不同民族有着不同的语言文字、生活环境、风俗习惯和历史沿革，文化差异的存在是必然的。西方中心主义刻意忽视和抹杀不同文化的特点，以西方文化为模板和标准强求"同一"，其实质是文化霸权主义，违背了人类文化多样性发展的客观规律。重建中国特色志愿服务的文化基础是保护人类公益文化多样性的现实举措，这不仅有益于中国，而且有益于整个世界的文化发展。客观地讲，正是因为当代中国尚未夯实公益事业的文化基础，构建起与公益事业的快速发展相匹配的社会主义公益文化，才为西方公益文化的快速渗透提供了空间。如果说在志愿服务发展的初期阶段我们借鉴参考西方公益文化是合理且必需的，但在志愿服务逐渐成长为社会主义制度下的重要社会治理方式时，就需要重新审视西方的公益文化是否与之适应的问题。中国现代志愿服务所体现出的"全心全意为人民服务""守望相助""一方有难，八方支援"以及"集中力量办大事"等特点无一例外都带有典型的"中国特色"，重建志愿服务的文化基础首先要突出这种"中国特色"，而不是机械地复制西方志愿文化的特征。从志愿文化的建设状况来看，目前尚未深入厘清传统慈善文化与现代志愿文化之间的"源"与"流"的关系，这关系到能否进一步挖掘传统慈善文化的合理要素并将其作为构建新时代中国特色志愿文化既有基础资源的问题。

综上，重建中国特色志愿服务文化基础的必要性主要来自两个方面，一是来自中国特色志愿服务发展的内在需求，二是来自反对西方中心主义、保护公益文化多样性的外部压力。相比较而言，后者甚至比前者更为紧迫，因为它要解决的是中国特色志愿文化能不能存在的问题，而前者要解决的则是中国特色志愿服务发展得好不好的问题。当前中国特色志愿服务的文化基础较为薄弱，其主要原因不在于中国本土志愿服务没有正确发展方向和指导思想，也不在于缺乏有效模式和丰富经验，而在于西方中心主义及与之相关的虚无主义两种错误思潮的双重干扰。虚无主义有多种表现形式，但都与西方中心主义直接关联。在中国，接受西方中心主义则意味着坚持虚无主义观点，反之亦然，虚无主义与西方中心主义是一个硬币的两个方面。"无论是民族虚无、历史虚无和文化虚无，都与西方中心主义构成了一体两面的结构：正因为对西方的盲目崇拜才滋生了自轻、自贱、自卑的虚无主义价值观。西方主义情结下滋生的虚无主义是一种单向度的虚无主义，即是一种选择性虚无。所谓'民族虚无''历史虚无''文化虚无'，实际上是'自我民族虚无''自我历史虚无''自我文化虚无'，至于西方民族、西方历史、西方文化，在他们眼里那不仅不虚无，而且是实有，不仅实有，而且崇高和伟大。"[1]从这个意义上来说，重建中国特色志愿服务的文化基础，既是保护公益文化多元化发展的必然要求，也是反对西方中心主义的最佳方式。

第二节　构建新时代中国特色志愿文化体系

志愿服务是公民或社会组织自觉承担社会责任、无偿提供公益服务的行为，是一个国家社会治理体系和治理能力现代化的重要标志，这是全世界志愿服务的共同之处。同时志愿服务在不同国家和地区又深受地方性传统文化和政治体制的影响，在组织原则、动员方式、运行模式和制度属性等方面又各有不同。构建中国特色志愿文化体系，要分别从物质文化、制度文化和精神文化三个层面发力，着力突出"中国特色"。

一、物质层面上的志愿文化

物质层面上的志愿文化又称器物层面上的志愿文化或志愿服务的物

---

[1] 张允熠. 从西方中心主义到民族虚无主义：中华民族复兴道路上的精神障碍[J]. 马克思主义研究，2018（05）：118-129.

质文化要素，是志愿文化最浅层、最直观的外在表现形式。物质层面上的志愿文化是在志愿服务发展过程中留下的物质痕迹，是志愿文化的具象体现。志愿服务往往被理解成是动态的过程，器物作为活动过程中的载体及活动过程后的静态结果很容易被忽视，但器物作为物质性实体往往在其"物态"之中隐含着关于志愿服务深层次的制度设计意图和精神价值追求，见证着志愿文化不断发展和成熟的过程，是志愿文化不可或缺的显性表达形式。

发展物质层面的志愿文化，需要不断积累和着力构建中国特色志愿服务的形象标识、象征符号和物质载体，通过凝固的建筑、静止的雕塑、流传下来的物件、制作发行的影像图书或者带有独特纹路装饰、语言文字以及外在形制的徽标、绶带、衣物、凝聚和文创产品体现志愿服务制度、精神层面的内涵及要求，让人们以旁观者身份在不同时空背景中就能直观体验志愿服务"是什么""为什么"及"怎么做"，强化人们对志愿服务的感性认知和理性认同。具体工作可以从以下几个方面展开：

首先，丰富和完善志愿服务组织的独特文化标识，突出此类标识的专用性和稳定性，并规范其依法使用。各级各类志愿服务团体或协会的组织 logo、中国志愿服务的官方标识等均属于此类志愿服务物质文化，它们宣示着各级各类志愿服务组织的官方身份，一经确立需要保持相对稳定，并要严格限定其使用范围。志愿服务文化标识的设计在体现与国际志愿服务接轨和交融的前提下，还要融入中国元素、体现中国特色、时代特征。以重大志愿活动中统一使用的中国志愿服务标识——"爱心放飞梦想"为例，它的设计思路就很好地将中国特色、时代特征与国际元素融合在一起。"爱心放飞梦想"整体上是汉字"志"的字形，但在具体细节上又体现了别出心裁的设计灵感，"'志'字的上半部分是一只展翅飞翔的鸽子。鸽子是和平的使者、友好的象征，传递的是幸福、友爱，放飞的是和平、和谐。'志'字的下半部分由中国书法中草书的'心'字构成，同时也是一条飘逸的彩带，既表现了志愿者在开展志愿服务时的愉悦心情，也象征着志愿者将爱心连接在一起，服务他人、奉献社会。整个标识寓意用爱心托起梦想，用爱心放飞梦想，充分体现了社会主义核心价值观的内在要求，展示了奉献、友爱、互助、进步的志愿精神"①。

其次，打造彰显志愿文化的物质载体和文创物品，借助于相关载体和物品直观性、开放性和永久性的表现形式，弘扬中国特色志愿文化。一是搭建各类永久性志愿文化物质载体，如雷锋精神纪念馆、志愿文化广场等展厅、展馆、广场或者志愿者群体或个人雕塑以及各种志愿服务主题网站等。我国以"学雷锋志愿服务"命名本土志愿服务，目前全国共建有两所雷锋纪念馆，分别位于辽宁抚顺和湖南长沙，并附有雷锋雕塑和雷锋纪念碑等。另外，全国各地还有多处志愿服务主题场馆或雕塑、纪念碑等，以不同方式记录着志愿服务标志性人物或事件。在发挥这些场馆的爱国主义教育示范基地作用的同时，也要充分发挥其志愿文化宣传教育的作用。二是建立志愿文化教育宣传资源库，制作和留存志愿服务主题的文艺作品（如影视剧、纪录片等）、文学作品（如纪实性报告文学、诗歌等）或图文影像、海报、公益广告等，借助于媒体渠道进行展示宣传。三是开发制作志愿服务徽章绶带、旗帜衣帽、志愿服务保障用品、志愿服务文创物品等，通过这些物品的使用和展示强化人们对志愿服务物质文化的直观认识。

最后，凝练与志愿服务相关的符号形式以体现志愿文化内涵。这种文化符号可以是与人物相关的，也可以是与事件相关的。冬奥会的"小雪花"、疫情防控一线的"大白"、进博会的"小叶子"、抢险救灾的"红马甲"等都是无须过多解释就能让人们联想到相关志愿服务的文化符号。许多人类学家和社会学家就符号形式与文化之间的关系进行过专门研究，他们一般认为，任何公开表达的符号形式如言语、仪式和习俗都承载着文化意义，因此即便是同样的符号形式，在多元文化背景下也表达着不同意义。格尔兹在《深描》（*Thick Description*）一文中甚至

① 中国志愿服务标识．http://www.taiwan.cn/xwzx/dl/kj/201412/t20141206_8269670.htm。

认为即使是单一文化传统对同一种符号形式的解读也会因语境或场景不同而产生差别[①]。沃尔夫认为，格尔兹等人的研究明确了一点，即可以用不同方式理解社会行为背后的文化，而不同的方式对应着不同的或相同的符号形式，但是这类研究存在的问题是：我们如何来领会这些符号形式的意义？如果有些符号形式比另一些更重要，或者有些符号形式更有韧性，但另一些却转瞬即逝，那么这些符号形式由谁、以何种方式"带入"社会生活？按照沃尔夫的逻辑，为了避免使这些具有象征意义的符号形式所具有的"文化"隐喻不至于成为"松散并随时脱节的章鱼状物"[②]，有必要为它们赋予意义，强调其背后的文化意涵。如果按照这一逻辑来理解符号形式与志愿文化的关系，那就可以用多种符号形式来表现志愿文化，实践中也确实有这样的做法。用于表现志愿文化的符号形式一般有三类：第一类与人物或人物群体有关，代表性符号形式有雷锋、徐本禹、郭明义爱心团队等，这类符号形式多与真实人物或事件相关而更具有示范性和可信度；第二类与志愿服务岗位有关，代表性符号形式有较为常见的青年文明号、学雷锋志愿服务岗等，这类符号形式不带有特定的人物或事件标签，象征着可以在各行业各领域分别设立的志愿服务工作岗位，并因行业和领域不同而带有自身特色；第三类与常设性品牌志愿服务有关，较为常见的有"学雷锋纪念日""大学生志愿服务西部计划"或"大学生'三下乡'活动"等志愿服务知名项目，这类符号形式的社会认可度较高，所对应的志愿服务项目具有相当的稳定性和可持续性。

二、制度层面上的志愿文化

制度的存在是为了促进资源的有效整合和管理效率的有效提升，发

[①] 潘天舒. 发展人类学十二讲[M]. 上海：上海教育出版社，2019：74.
[②] 潘天舒. 发展人类学十二讲[M]. 上海：上海教育出版社，2019：74.

展制度层面的志愿文化需要以整合志愿服务资源和提升志愿服务效率为核心。制度层面上的志愿文化当然包含与志愿服务相关的外在保障性制度规范，制度规范体系是志愿文化中的工具性内容，也是志愿文化交流和互鉴中最容易取得跨文化共识的关键部分。另一方面，当把制度上升到文化层面上的时候，它包含的内容就远不止制度或规范体系，更重要的是它还包含着对制度形成起主导作用的制度观念，即围绕着志愿服务制度的制定、实施、完善和持续运行而产生的对志愿服务制度的价值评判，这部分价值性内容在志愿服务制度文化中是不可或缺的。建构制度层面上的志愿文化，目前需要积极开展以下主要工作：

首先，建立健全中国特色志愿服务制度体系。2014年，中央精神文明建设指导委员会颁布了《关于推进志愿服务制度化的意见》，明确要求"坚持把开展志愿服务与创新社会治理结合起来，与学雷锋活动结合起来，大力弘扬'奉献、友爱、互助、进步'的志愿精神，建立完善长效工作机制和活动运行机制，积极构建中国特色志愿服务制度，推动志愿服务活动广泛深入开展，营造我为人人、人人为我的良好社会风尚"[①]。党的十九大报告强调"加强思想道德建设"，要求"推进诚信建设和志愿服务制度化，强化社会责任意识、规则意识、奉献意识"，党的二十大进一步强调要"完善志愿服务制度和工作体系"，为充分发挥制度对志愿服务的引领、规范和保障作用指明了方向。以制度尤其是法律制度来规范志愿服务过程，保障志愿服务各方参与者的合法权利，这是志愿服务制度化的最低要求。志愿服务作为现代社会中最常见的慈善活动，已不再是传统社会中限于熟人社会或宗族内部的守望相助，也不是单个人"做点好事"，它已然成为社会治理创新的重要内容，是国家治理体系和治理能力现代化的重要标志，制度化与法治化是志愿服务未来发展的重要方向。针对目前我国志愿服务总体立法水平不高、激励制度

---

① 中央精神文明建设指导委员会. 关于推进志愿服务制度化的意见[EB/OL]. 共产党员网. https://news.12371.cn/2014/02/26/ARTI1393420512077796.shtml。

不完善、志愿服务长效保障机制不健全等问题，当务之急是要继续推进志愿服务相关领域的建章立制，建立健全相关法律、规章、制度及配套措施，完善和提升用以调整志愿者、志愿服务组织及志愿服务对象之间关系的规则体系，使志愿服务过程实现法律制度全覆盖，为志愿服务法治化提供根本的制度前提和法律依据。

其次，弘扬中国特色志愿服务制度的社会价值。建设志愿服务制度体系固然重要，但当前需要时时跳出具体制度体系的制约，以更开阔的视野审视志愿服务制度的社会价值。《志愿服务条例》规定，"开展志愿服务，应当遵循自愿、无偿、平等、诚信、合法的原则，不得违背社会公德、损害社会公共利益和他人合法权益，不得危害国家安全"。这部条例确立了志愿服务的基本原则，一方面明确了志愿服务参与者各方的权利和义务，另一方面也体现了对当前社会所倡导的核心价值的重视和呼应。自愿原则强调志愿服务主体的意志自由，志愿者主动而非因为主观意志以外的原因为他人或社会奉献爱心、贡献力量；无偿原则要求志愿服务主体不以追求物质或经济回报为目的，以保证志愿服务行为的非营利性和利他性；平等原则确立了志愿服务主体与志愿服务对象之间相互平等的法律地位，避免将志愿服务变成居高临下的施舍和恩赐；诚信原则要求志愿者应当按照约定提供志愿服务，因故不能按照约定提供志愿服务的，应当及时告知志愿服务组织或者志愿服务对象，诚实守信不欺诈；合法原则则要求在志愿服务过程中要做到合规合法，依法进行。总起来看，弘扬中国特色志愿服务制度社会价值的过程就是维护和践行社会主义核心价值观的过程。

再次，强化中国特色志愿服务制度自信。人类社会进行制度建设的大方向是一致的，就是实现各种资源的有效调动和配置，但在制度的具体设计上各个国家和地区并不完全相同。从传统慈善事业运行的历史经验来看，高度集权的中央政府在制度设计与运行中起着至关重要的统筹和主导作用，官办慈善的效率也因此获得保障，这为今天的志愿服务制度建设提供了有益启示。中国现代志愿服务制度建设不能机械照搬新自由主义的观点，即强调对政府职能进行限制，实现所谓的"小政府"。从整体上来看，志愿服务可以被一般地理解为市场和政府之外的第三域，但它与政府和市场并非截然独立，三者是相互依赖相辅相成的关系。包括志愿服务组织在内，所有"非政府组织"（non-govenmental organizations，即"NGO"）或"非营利组织"（non-profit organizations，即"NPO"）都无法完全脱离政府而独立运行，所谓的独立只能是相对独立，这些组织在多大程度上与政府存在依赖关系则取决于不同国家的国情和实践，不能简单断言小政府就一定是合理的。"在西方，长期存在着小政府的政治哲学。特别是，它的市场经济的理论体系特别崇尚个人行动。实际上，政府和集体行动可以达到个人行动无法达到的效率。"[①] 中国是社会主义国家，政府在社会生活中发挥非常重要的作用。英国伦敦政治经济学院亚洲研究中心客座研究员马丁·雅克对中国政府和社会间的关系进行过研究，发现"中国治理体系的核心是政府和社会之间的一种非常特殊的关系，这一关系可以追溯到2000多年前。国家政权一直是中国社会中举足轻重的机构。对中国人来说，国家政权从某种意义上讲就是中国和中国人最基本的表达，这和美国、英国完全不一样。政府在社会中占有非常重要的地位，一旦失灵，中国社会也就不能正常运转"[②]。政府主导在中国特色志愿服务制度层面上是一大亮点，"志愿服务是广大民众参与的社会事务，也是政府领导下国家治理的重要组成部分，政府主导并发挥重要作用是中国特色志愿服务领导运行体系的突出特征"[③]。建构中国特色志愿文化体系需要立足本土志愿服务的成就来认识政府对志愿服务发展全过程的主导作用，强化制度自信，将政府主导视作促进中国特色志愿服务持续发展的重要经验和独特优势予以保持。

---

① 王今朝. 经济学原理[M]. 武汉：武汉大学出版社，2018：70.

② 环球时报·环球网. 中国做对了什么 国际政要精英全球访谈[M]. 杭州：浙江人民出版社，2019：45.

③ 陆士桢. 中国特色志愿服务概论[M]. 北京：新华出版社，2017：350.

三、精神层面上的志愿文化

根据文化冰山理论，对显性的物质文化、制度文化起决定作用的是隐性的精神文化，而精神文化的核心则是哲学观。发展精神层面的志愿文化，必须首先要考虑哲学观的问题。"世界哲学有三大系统，即中国哲学、印度哲学与西方哲学。"①中国特色志愿文化以中国哲学为基础，这是保证其文化地方性特征的重要前提。费孝通指出，"如果是基于东亚文明的历史和文化传统，那么理所当然地是一种强调协调、共处、'和为贵'的哲学基础"②。中国哲学与西方哲学的主要区别分别体现在其宇宙观和核心价值上，重建中国特色志愿文化的哲学基础，需要传承发展中国哲学中的宇宙观，并围绕中国传统哲学的核心价值构建其价值体系。另外，志愿文化在精神层面上还要体现出全心全意为人民服务的根本宗旨和集体主义的行为原则。精神层面上的志愿文化最能体现文化的本土特征，是中国特色志愿文化区别于西方志愿文化的根本之处。

（一）打造中国特色志愿文化的哲学基础和智慧框架

首先，以"天人合一"的有机整体论宇宙观来奠定中国特色志愿文化的哲学基础。"天人合一"最初是道家思想，后逐渐成为传统社会中普遍认可的宇宙观。"西方哲学史上占统治地位的旧传统是'主客二分'式，中国传统哲学的主导思想是'天人合一式'。"③在"天人合一"的宇宙观中，"天"并非西方文化二元对立思维模式下被动存在的客体，只能作为被人类认识和征服的对象而存在；传统文化中的"天"始终是与人类浑然一体、和谐相处的安身立命之所。儒家和道家所讨论的根本问题都与天人关系有关，而且都把论证"天人合一"作为自己哲学的主要任务，"天地与我并生，万物与我为一"（《庄子·齐物论》）。"天人之际，合而为一"即所谓的"天道"，人作为自然界的一部分，要顺应

① 张岱年. 修辞立其诚：张岱年文化随笔[M]. 武汉：长江文艺出版社，2020：86.
② 费孝通. 中国文化的重建[M]. 上海：华东师范大学出版社，2014：212.
③ 张世英. 天人之际 中西哲学的困惑与选择[M]. 北京：人民出版社，1995：5.

天道，展现出"仁者与天地万物为一体""民胞物与""仁民爱物"的伦理关怀，将善待他人尤其是弱势群体视作福泽自身的人类生存法则。中国传统哲学中"天人合一"思想从宇宙观角度体现了人与自然、人与社会、人与人之间要和谐相处、守望相助的"天道"以及与之相顺应的"人道"，是古代慈善文化的哲学根基。"人类文明危机、人类困境日益加深，地球生态越来越恶化，人与天（神）的距离仿佛更加遥远，人与大地自然的关系日趋紧张，人自身的内心冲突不断加剧，所谓'孤独偶在'的空虚感、绝望感、分裂感、抑郁感更加强烈。"[①]以"天人合一"的宇宙观作为中国特色志愿文化的底色和基调有利于消弭现代社会中人与自然关系的日渐紧张和人际关系的日渐疏离。

其次，以生命共同体理念搭建新时代中国特色志愿文化的智慧框架。传统文化要根据时代特点和要求进行创新转化，人类命运共同体和生命共同体理念是"天人合一"宇宙观的现代表达方式之一。党的十八大以来，习近平主席多次向世界阐释构建人类命运共同体的中国智慧、中国方案。"人类命运共同体，顾名思义，就是每个民族、每个国家的前途命运都紧紧联系在一起，应该风雨同舟，荣辱与共，努力把我们生于斯、长于斯的这个星球建成一个和睦的大家庭，把世界各国人民对美好生活的向往变成现实。"不止于人类命运共同体，习近平总书记还在"天人合一"理念中赋予了更多新的时代内容，提出了生命共同体的概念，把人与自然的和谐发展看成是实现人民美好生活的重要内容，看成实现社会进步和人的全面发展的基本条件，使人与自然和谐共生的思想更加丰富立体。2013年11月，习近平总书记从哲学的高度论述"山水林田湖是一个生命共同体"，"我们要认识到，山水林田湖是一个生命共同体，人的命脉在田，田的命脉在水，水的命脉在山，山的命脉在土，土的命脉在树"；2017年8月，中央全面深化改革领导小组第三十七次

---

① 邹广文，等. 中国当代语境下的文化矛盾与文化走向[M]. 北京：首都师范大学出版社，2019：358.

会议将"草"纳入生命共同体中，由此"山水林田湖"拓展为"山水林田湖草"；2017 年 10 月，习近平总书记在党的十九大报告中指出"统筹山水林田湖草系统治理"，并强调"人与自然是生命共同体，人类必须尊重自然、顺应自然、保护自然。我们要建设的现代化是人与自然和谐共生的现代化"。从人类命运共同体到生命共同体，折射着共同体意识的不断深化，也为新时代中国特色志愿服务提供了充满中国智慧的思想框架。作为现代慈善事业之一的现代志愿服务，与古代慈善在内容方面的最大区别是它不仅包含对人类弱势群体的帮扶救济等传统项目，也包含保护动植物及人类生存环境等时代新内容，敬畏自然、敬畏人类栖居之所，善待所有的动植物是新时代中国特色志愿文化的题中应有之义。

（二）构筑中国特色志愿文化的道义支撑和价值引领

首先，挖掘和凝练中国哲学的核心价值"善"作为中国特色志愿文化的道义支撑。怀特海论及"完善的宇宙论"时认为，"作为完整宇宙论的目标之一，就是要建构起一种观念体系，把审美的、道德的、宗教的旨趣同来自自然科学的那些世界概念结合起来"[①]。任何一种哲学或宇宙观的理想都是将上述各种价值有机地融为一体，但具体到某一种哲学，它在根本价值的选择上又是各不相同的，中国哲学侧重点是道德，即以善为一切价值的核心。黑格尔评价中国哲学时，肯定了这种特点，"当我们说中国哲学，说孔子的哲学，并加以夸羡时，则我们须了解所说的和所夸羡的只是这种道德。这道德包含有臣对君的义务，子对父、父对子的义务以及兄弟姐妹间的义务。这里面有很多优良的东西"[②]。中国哲学本质上是道德哲学，这种以善为核心价值追求的传统哲学确立了中国文化的基本价值观，因此尽管儒、道、释、墨等各种思想学派在具体观点上有区别，但在最主要的价值追求方面却能保持高度一致。传统慈善文化较为典型地体现着中国哲学"善"的核心价值，新时代建构中

---

① [英]怀特海. 过程与实在[M]. 李步楼，译. 北京：商务印书馆，2017：2.
② [德]黑格尔. 哲学史讲演录[M]. 贺麟，王太庆，译. 北京：商务印书馆，2017：136.

国特色志愿文化需要继承和发扬传统慈善文化的核心价值"善",并将其作为中国特色志愿文化道义支撑,体现志愿文化的初心之所在、爱心之所源。

其次,以社会主义核心价值观引领中国特色志愿文化的发展。中国哲学中包含着迄今仍不过时的核心价值,但其文本和话语表达方式都与现在不同,不能完全适应新时代文化建设的要求。"我们需要创造与社会主义经济制度、政治制度相适应的文化形态,包括道德和价值观,使中华民族最基本的文化基因与当代文化相适应,与新的时代相适应,与社会主义制度相适应,创造出以社会主义核心价值观为主导的新时代中国特色社会主义的先进文化和道德伦理规范。为此必然要经过创造性转化和创新性发展,而这个过程同时就是中华优秀传统文化的创造性转化和创新性发展过程。"[1] 社会主义核心价值观是对中国哲学核心价值的传承、转化与丰富,是新时代中国特色志愿文化的价值引领。学者们就社会主义核心价值观与志愿服务之间的关系进行过深入讨论[2],有学者认为"志愿文化是社会文化的一部分,中国特色志愿服务文化是在社会主义核心价值观指导下的一种积极向上的文化"[3]。党的十八大以来,以习近平同志为核心的党中央带领全国人民传承中华优秀传统文化,发展社会主义先进文化,培育和践行社会主义核心价值观,为新时代中国特色志愿文化发展指明了方向。社会主义核心价值观引领中国特色志愿文化,既保持浓厚传统文化底色,也要具有鲜明的时代亮色;既要具有志愿文化的一般特征,也要具有与社会主义制度属性密切相关的中国特色。

(三)确立中国特色志愿文化的根本宗旨和价值遵循

首先,明确全心全意为人民服务是中国特色志愿文化的根本宗旨。中国特色志愿服务不同于西方志愿服务,它带有鲜明的社会主义意识形

① 陈先达.厚植文化自信 增强战略定力[J].红旗文稿,2019(17):9-12.

② 陆士桢.中国特色志愿服务概论[M].北京:新华出版社,2017:266.

③ 姜玉洪,李烨.弘扬志愿文化 促进社会和谐——让志愿服务成为人的一种生存方式[J].东北农业大学学报(社会科学版),2011(05):51-54.

态属性，是在中国共产党领导下的群团公益活动。全心全意为人民服务是中国共产党的立党宗旨，党领导中国特色志愿服务意味着要把全心全意为人民服务确立为志愿服务的根本宗旨。"我国的志愿服务冠名为学雷锋志愿服务，充分体现了中国特色志愿服务的国别特点，既体现了我们的文化自信，也体现了中国共产党全心全意为人民服务的宗旨是我国现代志愿服务的重要源头。"① 另外，明确中国特色志愿文化以全心全意为人民服务为根本宗旨也体现了对现代志愿精神的契合和呼应，志愿精神的第一条要求是"奉献"，它反映了志愿服务最首要的出发点是为他人和社会做贡献，而全心全意为人民服务既是奉献精神的具体体现，也是志愿服务的最高境界。

其次，强化中国特色志愿文化的集体主义根本价值遵循。中国特色志愿文化以集体主义作为根本价值原则，这是它与西方公益文化的另外一个重要区别。个人主义和集体主义在相对独立的环境中塑造了两种自成体系的文化，并分别成为两种文化背景中个体的不同价值遵循。西方志愿文化以个人主义为根本价值遵循，而中国特色志愿文化的根本价值遵循是集体主义。个人主义存在一定的合理性，主要表现为它"注重个人的主体性和价值，强调个人发展，尊重个人各种正当权利的实现，个人自由和个性的发展"②。集体主义并不否定个体的利己行为，但它具有尊重个人自由意愿然而又超越个人主义的本质要求。"现代志愿服务的基础价值是分别具有'为己'和'利他'属性的个人价值和社会价值的协调统一。现代志愿服务的精神文化是现代人精神世界的不断升华，它包含着公平正义与奉献，也包含着对自我价值与生活方式的积极探索。在这个意义上，志愿服务的本质属性是社会成员基于自由的个人选

---

① 陆士桢. 建构具有中国特色的志愿服务体系[J]. 杭州师范大学学报（社会科学版），2020（04）：83-87.

② 玉苗. 中国草根公益组织运行机制研究[M]. 武汉：武汉大学出版社，2017：57.

择集合而成的一种公共服务性质的集体主义行为"①。强化中国特色志愿文化的集体主义价值遵循，一是要明确个人价值与集体价值之间的关系，并以其作为志愿服务个人动员的思想基础。个人要通过其自身与集体的对接才能获得其存在的意义和价值，这种对接体现在志愿服务过程中，就是以无数个个体的力量推动社会和国家向前发展，就像陆士桢教授所提出的，"在国家发展的全面建设中，中国特色志愿服务起到的正是这种连接自我与他人、个体与民族、公民与社会、百姓与国家的积极作用"②。二要充分利用集体主义文化语境中形成的家国情怀，凝练"家庭—社会—世界"的价值逻辑，并在志愿服务实践中不断探索实现这种价值逻辑的新路径。从目前来看，比较值得推广的一种做法是以"志愿者之家"的名义为志愿者及其组织打造有温度的志愿服务共同体，鼓励志愿者加入其中并以"家人"的名义开展工作，使志愿者增强自身的归属感和认同感以及由此产生的自豪感和荣誉感。

第三节　弘扬新时代中国特色志愿文化

弘扬中国特色志愿文化是中国特色志愿服务可持续发展的必然要求，也是坚定中国特色志愿文化自信的必由之路。从目前国内情况来看，志愿文化的理论研究和宣传教化工作与国内蓬勃发展的志愿服务实践相比明显滞后，与西方国家的志愿文化相关工作相比也存在差距。弘扬新时代中国特色志愿文化当前要推进的主要工作，一是抓住中国特色志愿文化的本质特征，深化理论研究；二是充分借鉴传统慈善文化的教化经验，大力弘扬中国特色志愿文化；三是积极推进志愿文化的国际交流。

① 陆士桢，李泽轩.论新时代中国特色志愿服务的新格局[J].中国青年社会科学，2019（05）：1-8.

② 陆士桢.中国特色志愿服务概论[M].北京：新华出版社，2017：190.

一、深化中国特色志愿文化理论研究

首先，要明确中国特色志愿文化的理论定位。中国特色志愿文化植根于建设中国特色社会主义的伟大实践，是中国特色社会主义文化的有机组成部分。"中国特色社会主义文化具有鲜明的无产阶级性质，旨在最大程度上满足广大人民群众的根本利益，最大化地反映广大人民群众的现实需要"[①]，人民性是中国特色社会主义文化的首要特征。中国特色志愿文化的根本宗旨是全心全意为人民服务。将中国特色志愿文化融入中国特色社会主义文化建设中，推动更多人参加志愿服务，一则可以推动社会发展，增加人们的获得感和幸福感，满足人民群众对美好生活的追求；二则可以在共建共享的过程中充分发挥人民群众的首创精神和集体智慧，为培育中国特色志愿文化奠定坚实的群众基础。从两者融合的大方向上来看，两者都体现了人类先进文化的发展方向。中国特色社会主义文化的先进性体现在它与社会主义制度和未来的共产主义相关联，它不但引领当代中国文化的发展方向，而且引领未来人类文化发展的进步潮流。中国特色志愿文化作为中国特色社会主义文化的特殊表现样态，其核心价值层面中不仅包含"奉献、友爱、互助、进步"的国际志愿服务精神，更包含毫不利己、专门利人的共产主义精神，而后者在精神层面上更具进步性和超越性，彰显了社会主义先进文化的本色，是共产主义觉悟在当下的集中体现。将中国特色志愿文化融入中国特色社会主义文化建设中，可以强化人民群众对志愿文化先进性和超越性的认可和肯定，坚定中国特色志愿文化自信。

其次，中国特色志愿文化理论研究要尽快形成研究范式。"范式"（Paradigm）理论是美国科学哲学家托马斯·库恩最先提出来的，范式的形成是"任何一个科学领域在发展中达到成熟的标志"，自然科学如

[①] 郑敬斌，刘敏．中国特色社会主义文化自信生成的动力机制[J]．山东大学学报（哲学社会科学版），2019（05）：63-71.

此，人文社会科学同样也如此。范式一旦形成，一门学科就能够获得充分关注和研究，"空前地吸引一批坚定的拥护者"①。在同样范式下开展研究，公认的观点才会逐渐形成，"对研究共同课题使用大体相同的语言方式和规则"，"内部交流比较充分，专业方面的看法也比较一致，同一共同体很大程度上吸收同样的文献，引出类似的教训"②。从目前来看，中国特色志愿文化研究范式尚未充分形成，志愿服务作为一个独立学科的条件尚不具备，中国志愿服务发展史、志愿服务理论体系和方法论体系"史、论、法"三位一体的基本架构还没建构起来，具有学科特色的基础概念、论证逻辑和研究内容还有所欠缺。从学科归属上来看，志愿服务究竟属于党建领域、马克思主义理论研究领域、社会学领域还是管理科学领域？从专业性研究文献来看，2020年创刊的《中国志愿服务研究》是国内首家专注于志愿服务的专业学术期刊，虽然它的出现改变了志愿服务领域理论研究专业期刊的空白，但从整体上来看，能够接受志愿服务研究者投稿的专业学术期刊总量上还是偏少。尽快形成中国特色志愿服务研究范式，推动以上问题的解决，是深化中国特色志愿文化研究的重要方向和主要内容。

最后，理论研究要密切联系中国特色志愿服务发展实践。理论与实践最大的区别在于其超越性，但理论的超越性也是有边界的，它要受限于反映实践的现实需要，服务于变革世界的人类需求。"哲学家们只是用不同的方式解释世界，而问题在于改变世界"，一切理论的最终价值都体现为它对现实及时代问题的解释及指导作用。志愿服务理论研究绝不能脱离鲜活的实践过程，只停留在理论层面上进行主观建构，脱离志愿服务实践的所谓志愿文化是无源之水、无本之木，对志愿服务实践活动产生不了实质性指导意义。从实际出发开展志愿服务理论研究还有一

---

① [美]托马斯·库恩.科学革命的结构[M].金吾伦，胡新和，译.北京：北京大学出版社，2003：9.

② [美]托马斯·库恩必要的张力科学的传统和变革论文选[M].范岱年，纪树立，等，译，北京：北京大学出版社，2004：288-289.

个要求是坚定志愿服务道路自信，坚持志愿文化发展的民主性和多元性原则，不套用西方模式和标准来裁剪中国特色志愿服务。在中国本土志愿服务中，无论是社区志愿者组织、学校志愿者组织还是企业志愿者组织，都要在党的直接领导和政府主导下开展工作，政府始终是志愿服务的组织者、参与者和监管者，这是中国现代志愿服务的"特色"，也是实践验证过的优势所在，这是深化中国特色志愿服务理论研究必须明确和坚持的基本要求。

二、构建家庭—学校—社会"三位一体"的志愿文化教化体系

传播和弘扬志愿文化来教育人、影响人和引导人的过程统称为志愿文化的教化过程，家庭、学校和社会是进行志愿文化教化的主要领域，三者结合起来共同推动志愿文化从自在到自觉的转变。所谓自在的志愿文化，是指"个体对志愿服务的朴素的认识与情感及其构成的生活方式，具体可表现为对守望相助的本能感知和对快乐心情的真切体验"[1]，促进形成自在的志愿文化是志愿文化教化的初级目标。人们在接触和了解志愿服务后会获得以认知、情感和意志为表现形式的社会心理，具体表现为同情、支持和认可志愿服务，并有参与其中的意愿。自在的志愿文化需要进一步提升为自觉的志愿文化，"自觉的志愿文化是志愿文化发展的理想目标，以理性的认识、自省和反思精神为特点的自觉的志愿文化的发展能够促进志愿文化质的提升"[2]。志愿文化从自在向自觉的转变需要由家庭、学校和社会在"三位一体"的教化体系形成合力方能实现。

家庭教育是儿童慈善思想启蒙的第一站，其重要性不言自喻。习近

---

① 陶倩. 志愿文化：从自在走向自觉[J]. 思想理论教育，2012（15）：9-14.
② 陶倩. 志愿文化：从自在走向自觉[J]. 思想理论教育，2012（15）：9-14.

平总书记非常重视家庭教育，他指出"家庭是人生的第一个课堂""家风是一个家庭的精神内核""家风是社会风气的重要组成部分"[①]。个体在家庭中受到的启蒙教育和道德教化会对其一生产生根深蒂固的影响。传统社会的家庭教育特别重视以通俗易懂的形式将复杂的伦理道德观念传递给家庭成员，家风家训是家庭教育常用的载体，"传统家风家训常常表现为简单、直接的教育内容和行为规范，并通过家族长者经常性和长期性的言传身教让家庭成员内化为思想观念，外化为符合家族规范的行为习惯"[②]。鉴古拓今，新时代可以借鉴传统社会的家庭教育经验加强对儿童的慈善思想启蒙。一是要抓住时机，"养正于蒙"，慈善教育从娃娃抓起。幼儿时期个体的共情能力极强，且生性固纯，易于接受父母和长辈的教育引导，"人生小幼，精神专利，长成已后，思虑散逸，固须早教，勿失机也"（《颜氏家训·勉学》）；二是要充分利用家庭教育因血缘、亲缘关系而获得的天然优势，结合个体成长与认知发展的规律，以口语对话、言传身教、寓教于乐等易于接受的方式进行慈善意识培养，微言笃行，为者常成；三是要重视家风家训的作用，主动在家风家训中融入社会主流意识以及核心价值，通过家庭教育有效渗透开放意识、责任意识、奉献意识和友爱精神，潜移默化地影响家庭成员的个人品格形成过程。

规范的学校教育是普及志愿服务相关知识和文化的主渠道。学校是承担立德树人根本任务的主阵地，也是规范地开展志愿文化教育的主渠道。借助于党和国家当前推进大中小学思政课一体化建设的课改机遇，教育主管部门要谋划实现在教材体系中有机融入志愿文化，遵循学生认知能力和实践能力的发展规律"螺旋式上升"地增加志愿文化教育内容，依次解决志愿服务"是什么""为什么"和"怎么做"的问题。在中小学阶段，条件成熟的学校可以开设有关慈善文化的简明校本课程，

---

① 习近平. 习近平谈治国理政（第二卷）[M]. 北京：外文出版社，2017：354、355.
② 韩文乾. 用中华优秀传统家风家训涵养新时代青年价值观[J]. 河北大学学报（哲学社会科学版），2021（06）：12-18.

辅之以必要的志愿服务实践活动，主要任务是为青少年"扣好人生第一粒扣子"，在他们内心埋下善良的种子；到了大学阶段，学生们不仅要掌握志愿服务相关知识和技能，也要了解志愿服务相关法律制度、志愿服务的人文价值等；不仅要知道志愿服务"是什么"和"为什么"，也要知道志愿服务"怎么做"；不仅要有对志愿服务的感性认同、理性认知，也要有对志愿服务的亲身实践。从目前的大中小学志愿文化教育现状来看，教学体系中的志愿服务意识、理念的培养和志愿服务实践的推动基本是通过德育和第二课堂活动完成的。到了大学阶段，志愿服务活动增多，对志愿者所具备的知识、技能和文化的要求相应提升，但教材体系与志愿服务相关的内容依然呈现碎片化和扁平化状态，不但内容偏少，而且还存在简单重复的现象，不能满足志愿文化教育的需求。以最该设计志愿文化教育相关内容的高校思想政治理论课教材为例，在现行课程体系中仅有《思想道德与法治》这一门课程在第五章第三节第四条德目下第二条要求"道德修养重在践行"中略有提及，篇幅仅有一页。要改变这种现状，需要按照教材体系和教学体系"一显一隐"的内容设计教学内容，增加志愿文化教育的相关内容。从目前来看，比较可行的办法是增设志愿文化选修课程，并使志愿服务实践教育与学团部门的第二课堂活动结合起来。

社会教育是中国特色志愿文化教化的重要途径。社会教育是"学制系统以外的教育，它以政府推动为主导、私人和民间团体推动为辅助，为了预防和治理各种疫情灾害和社会问题，救助各种弱势群体，提高全体国民的素质，弥补家庭教育和学校教育的不足，设置和采用各种文化教育机构与设施，采取各式各样的教育活动，所进行的一种有目的、有计划、有组织的教育"①。美国教育家杜威强调社会教育的重要性时提出

---

① 王晓璇，王雷. 疫情防控与社会教育——从近代社会教育的历史经验谈起[J]. 河北师范大学学报（教育科学版），2021（01）：27-35.

"教育是社会的过程"[①]，中华民国临时政府成立后，时任教育总长的蔡元培对西方的教育思想颇为认同，他认为"中国社会教育很少，应学美国尽量发展"[②]，并推动教育部于1912年设立社会教育司。新中国成立70多年来，我国社会教育得到了长足发展，它与家庭教育、学校教育构成了个体成长过程中缺一不可的"铁三角"。通过社会教育弘扬志愿文化是必要且可行的，但要根据不同社会教育机构的性质进行科学合理的设计。一是要充分利用图书馆、博物馆、展览馆、纪念馆等具有教育属性的社会文化机构进行志愿服务知识普及、志愿者先进事迹展览、志愿文化学术讲座、志愿服务普法宣传活动等，充分发挥此类机构在志愿文化教育方面开启民智、提升素质的作用；二是要回应社会对志愿服务的现实需求，在养老院、福利院、救助所等社会慈善机构开展常态化志愿服务，将社会教育与对策性活动结合起来；三是要将主流媒体与新媒体资源相融合，借助于形式多样的"互联网[+]"的融媒体资源，拓宽渠道，抓住关键触点，以"学雷锋纪念日"主题活动、志愿服务特色品牌活动等为宣传契机，以志愿者个人或先进群体为宣传对象，转换话语表达方式，使用动漫、H5、短视频、直播等更直观、更接地气的信息化手段，使志愿文化传播更智能化和时尚化，切实产生直击人心的力量，营造志愿服务人人可为的舆论氛围，形成全社会普遍认同和支持志愿服务的文化氛围。

三、推动志愿文化国际交流

全球化背景下，诸如环境污染、生态失衡、资源短缺、恐怖主义等问题日益困扰全人类的生存和发展。全球化进程的不断推进催生了世界公民群体，"公民"的身份已不再局限于单一的民族国家。全球性问题

---

① 吕达，刘立德，邹海燕. 杜威教育文集（第2卷）[M]. 王承绪，译，北京：人民教育出版社，2008：15.

② 高平叔. 蔡元培教育论著选[M]. 北京：人民教育出版社，1991：451.

需要各个国家的通力合作才能得到解决，推进志愿服务国际交流与合作是解决全球性问题的有效途径之一。鉴于不同国家的文化传统、社会制度和志愿服务模式等均有不同，因此，各个国家的志愿文化各有特色，且只有在交流和碰撞中才能继续保持多元化及其生命力，推进志愿文化国际交流势在必行。

首先，处理好民族性与世界性的关系是推动志愿文化国际交流的重要前提。文化交流既包含不同文化的互鉴，也包含不同文化之间的碰撞。保持志愿文化的民族性是前提，但这绝不意味着自我封闭，恰恰相反，要主动融入文明互鉴，在开放中保持其生命力。志愿文化是对不同国家志愿服务发展道路的问题回应、经验概括和理论超越，体现着国别特征和民族特色，这是形成多元化志愿文化的主要原因。由于东西方长期存在的文化差异、制度不同和意识形态隔阂等因素，文化的多元包容并未真正实现，不同文化之间的对立和分歧仍旧存在。中国特色志愿文化如果缺失世界性必定会陷入故步自封的歧途，但它在多元化的世界志愿文化中的影响力又在很大程度上取决于民族性。要始终将民族性作为发展志愿文化的出发点，防止其因丧失民族性而湮灭于西方志愿文化的话语霸权中。另外，还要认识到保持志愿文化民族性的最好方式是在立足国内志愿服务实践的基础上不断向外生长，加强志愿文化之间的文明互鉴，使本土志愿文化主动融入世界。习近平总书记在谈及文化的民族性与世界性之间的关系时曾指出，要使民族性更加符合当代中国和当今世界的发展要求，越是民族的越是世界的。解决好民族性问题，就有更强能力去解决世界性问题；把中国实践总结好，就有更强能力为解决世界性问题提供思路和办法。

其次，坚持在志愿文化国际交流中用中国话语讲中国故事。推进志愿文化国际交流的前提是建立本土话语体系，用中国话语讲中国志愿服务故事。既然研究对象是"中国特色志愿文化"而不是西方志愿文化，那就需要摆脱西方的话语模式和评价体系，并借以打破西方长期以来在志愿服务研究方面形成的文化霸权，一是志愿文化理论研究要遵循体现其本土化特征的原则，充分挖掘利用本土资源，用以反映中国现代志愿服务的历史文化基础、志愿服务宗旨、核心价值引领、活动组织原则、制度规范特色等，就像钱理群先生指出的，"我们在讨论志愿者文化、进行社会工作教育时更多地借鉴西方的资源是可以理解的，也是必要的和有益的，却又是不够的，因为不仅这些外来思想、理念本身有一个和中国国情相适应的问题，而且中国本土虽然没有这样的概念，但也存在着志愿精神、志愿者文化和社会服务精神，这样的本土资源也需要发掘与研究，它们同样可以成为今天我们所提倡的社会工作和志愿者运动的精神滋养品"①。二是志愿文化对外交流要以易于传播的话语方式将理论研究成果加以转换，既要克服只做不说或只研究不传播的短板，也要克服虽然说了或传播了但却没被听懂的尴尬。通过志愿文化国际交流，要"让世界知道'发展中的中国''开放中的中国''为人类文明做贡献的中国'"②。当然，用中国话语讲中国的志愿服务故事并非自说自话，而是要在凝练中国特色志愿文化价值内核，把中国特色志愿文化的精神标识提炼出来的同时，能够把中国特色志愿文化中具有当代价值、世界意义的文化精髓展示出来。

最后，在文明互鉴中提升中国特色志愿文化的影响力。一是通过已有的国际志愿服务平台或项目展示中国特色志愿文化的魅力。中国海外志愿服务开展时间不长，但它鲜明地体现着与国内志愿服务相一致的中国特色，除了公民以个体形式参加志愿服务以外，海外志愿服务更多的是依托志愿者团队开展的有组织的项目式活动，譬如依托"一带一路"倡议构想，充分借力在海外有投资项目的企业组建志愿服务团队，扎根项目运营地长期开展公益捐赠、技术培训和关爱慰问等志愿活动。另外，国家自2002年实施的"中国青年志愿者海外服务计划"也是项目式志愿服务的典型案例，至今已有数百名青年志愿者分赴亚洲、非

---

① 钱理群. 论志愿者文化[M]. 北京：生活·读书·新知三联书店，2018：335.
② 习近平. 在哲学社会科学工作座谈会上的讲话[N]. 人民日报，2016-05-19（002）.

洲、拉丁美洲等发展中同家开展能源开发、中文教育、医疗卫生、农业技术推广等方面的志愿服务工作。中国特色志愿服务的制度优势在全球化治理体系中应该受到更多关注，值得在更大的范围内进行推广，中国经验、中国智慧完全可以为人类解决全球性问题提供理论和实践镜鉴，为构建持久和平、共同繁荣的人类命运共同体提供精神动力。二是在志愿服务国际交流合作中借鉴他人之长，推进中国特色志愿文化的创新发展。国际志愿服务的发展趋势是要逐步实现协同化、专业化、系统化，要充分认识中国特色志愿服务与国际接轨的必要性和紧迫性。应当看到，中国海外志愿服务的组织、运行和保障方面还存在改进和提升的空间，与国际规则不接轨的情况仍然存在，诸如管理机构不统一、制度安排不合理、运作模式欠科学、财力支持尚不够、人才队伍不专业等问题较为突出。因此需要在志愿服务国际交流合作中研究借鉴其他国家志愿服务的先进经验，探索总结更适合中国特色的国际志愿服务模式，通过不断总结、概括形成成熟的模式、方法和理论，推进中国特色志愿文化创新发展，提升中国特色志愿服务的文化软实力。

参考文献

马克思主义经典著作及习近平总书记重要讲话、著述等：

[1] 马克思恩格斯选集（第 1 卷）[M]．北京：人民出版社，1995.

[2] 马克思恩格斯选集（第 2 卷）[M]．北京：人民出版社，1995.

[3] 马克思恩格斯选集（第 3 卷）[M]．北京：人民出版社，1995.

[4] 马克思恩格斯文集（第 1 卷）[M]．北京：人民出版社，2009.

[5] 马克思恩格斯文集（第 4 卷）[M]．北京：人民出版社，2009.

[6] 马克思恩格斯全集（第 2 卷）[M]．北京：人民出版社，1995.

[7] 马克思恩格斯全集（第 3 卷）[M]．北京：人民出版社，1995.

[8] [德]马克思.1844 年经济学哲学手稿[M]．中央编译局，译．北京：人民出版社，2000.

[9] [德]马克思．资本论（第 1 卷）[M]．北京：人民出版社，2004.

[10] 毛泽东选集（第 1 卷）[M]．北京：人民出版社，1991.

[11] 毛泽东选集（第 4 卷）[M]．北京：人民出版社，1991.

[12] 习近平谈治国理政．第一卷[M]．北京：外文出版社，2017.

[13] 习近平谈治国理政．第二卷[M]．北京：外文出版社，2017.

[14] 习近平谈治国理政．第三卷[M]．北京：外文出版社，2017.

[15] 习近平．在纪念孔子诞辰 2565 周年国际学术研讨会暨国际儒学联合会第五届会员大会开幕会上的讲话[N]．人民日报，2014-09-24（002）．

[16] 习近平．在哲学社会科学工作座谈会上的讲话[N]．人民日报，2016-05-19（002）．

[17] 习近平．牢记历史经验历史教训历史警示为国家治理能力现代化提供有益借鉴[N]．人民日报，2014-10-14（002）．

[18] 习近平．高举中国特色社会主义伟大旗帜 为全面建设社会主义现代化国家而团结奋斗——在中国共产党第二十次全国代表大会上的报告．党的二十大报告辅导读本[M]．北京：人民出版社：2022.

[19] 习近平. 决胜全面建成小康社会夺取新时代中国特色社会主义伟大胜利——在中国共产党第十九次全国代表大会上的报告 [M]. 北京：人民出版社，2017.

[20] 习近平. 在庆祝中国共产党成立 100 周年大会上的讲话 [M]. 北京：人民出版社，2021.

[21] 习近平：在庆祝中国共产主义青年团成立 100 周年大会上的讲话 [EB/OL]. 中央政府网，http://www.gov.cn/xinwen/2022-05/10/content_5689538.htm.

[22] 携手构建合作共赢新伙伴 同心打造人类命运共同体——习近平在第七十届联合国大会一般性辩论时的讲话 [N]. 人民日报，2015-09-29（002）.

[23] 习近平. 在全国党校工作会议上的讲话 [J]. 求是，2016（09）：2-6.

[24] 习近平 2013 年 5 月 4 日在同各界优秀青年代表座谈时的讲话，https://www.xuexi.cn/lgpage/detail/index.?id=1195349418693665 3989&item_id=1195349418693665 3989.

[25] 十八大以来重要文献选编 [M]. 北京：中央文献出版社，2016.

[26] 本书编写组. 党的十九大文件汇编 [M]. 北京：党建读物出版社，2017.

[27] 十八大报告辅导读本 [M]. 北京：人民出版社，2012.

[28] 中共中央文献研究室. 建国以来重要文献选编 第 9 册 [M]. 北京：中央文献出版社，2011.

[29] 邓小平文选第二卷 [M]. 北京：人民出版社，1993.

[30] 邓小平文选第三卷 [M]. 北京：人民出版社，1993.

[31] 中共中央文献研究室，中共湖南省委《毛泽东早期文稿》编辑组. 毛泽东早期文稿 1912 年 6 月—1920 年 11 月 [M]. 长沙：湖南人民出版社，2008.

论文类：

[1] 彭柏林. 中国特色社会主义志愿服务应秉持的道德理性 [J]. 武汉大学学报（哲学社会科学版），2023，76（01）：99-106.

[2] 彭柏林. 基于中国式现代化的志愿服务伦理价值分析 [J]. 湖湘论坛，2023，36（01）：25-33.

[3] 彭柏林，张可人. 儒家仁爱观的志愿服务伦理意蕴 [J]. 伦理学研究，2022（05）：61-67.

[4] 潘昕，彭柏林. 志愿服务的伦理学界定 [J]. 湘潭大学学报（哲学社会科学版），2022，46（03）：152-156.

[5] 彭柏林. 中国特色社会主义志愿服务的共享伦理意蕴 [J]. 道德与文明，2022（03）：47-58.

[6] 习近平：大力弘扬北京冬奥精神 [J]. 中国人才，2022（05）：5.

[7] 黄晓星．制度联结：中国特色志愿服务的多重实践与逻辑 [J]．学术月刊，2022，54（04）：131-143.

[8] 彭柏林．墨家志愿服务伦理思想及其当代价值 [J]．北京大学学报（哲学社会科学版），2022，59（02）：65-73.

[9] 良警宇．中国青年文化志愿服务的实践与创新 [J]．中国青年社会科学，2022，41（01）：19-27.

[10] 韩俊魁．中国慈善文化自觉 [J]．文化纵横，2021（06）：128-138.

[11] 韩文乾．用中华优秀传统家风家训涵养新时代青年价值观 [J]．河北大学学报（哲学社会科学版），2021，46（06）：12-18.

[12] 赵佳佳．习近平总书记关于志愿服务重要论述的形成基础、核心内容和鲜明特征 [J]．中国志愿服务研究，2021，2（02）：39-63.

[13] 范赟．传统社会儒家核心价值观教育路径探析及其现代启示 [J]．石河子大学学报（哲学社会科学版），2021，35（03）：96-101.

[14] 陆士桢，马彬，刘庆帅．简论现代志愿服务与青年发展 [J]．青年探索，2021（02）：5-15.

[15] 习近平致中国志愿服务联合会第二届会员代表大会的贺信 [J]．新生代，2021（02）：2.

[16] 吴洁．"守望相助"传统文化的思想源流和现实意义 [J]．艺术百家，2021，37（02）：61-65.

[17] 王晓璇，王雷．疫情防控与社会教育——从近代社会教育的历史经验谈起 [J]．河北师范大学学报（教育科学版），2021，23（01）：27-35.

[18] 韩俊魁．本土传统慈善文化的价值与反思——以汕头存心善堂为例 [J]．文化纵横，2020（04）：108-115.

[19] 周秋光．中华慈善文化及其传承与创新 [J]．史学月刊，2020（08）：105-113.

[20] 陆士桢．建构具有中国特色的志愿服务体系 [J]．杭州师范大学学报（社会科学版），2020，42（04）：83-87.

[21] 王越芬，曹石．重大疫情应对中高校共青团组织优势作用 [J]．思想政治教育研究，2020，36（02）：73-77.

[22] 陈来．中国近代以来重公德轻私德的偏向与流弊 [J]．文史哲，2020（01）：5-23.

[23] 党秀云．论志愿服务可持续发展的价值与基础 [J]．中国行政管理，2019（11）：118-123.

[24] 陈先达．厚植文化自信增强战略定力 [J]．红旗文稿，2019（17）：9-12.

[25] 本刊编辑部，张静，魏敬专．大力弘扬志愿精神 让文明照亮新时代 学习贯彻习近平总书记关于志愿服务重要指示精神 [J]．中国民政，2019（16）：6.

[26] 陆士桢. 弘扬志愿精神 推进社会治理现代化——学习习近平总书记志愿服务重要指示精神[J]. 中国社会工作, 2019（24）: 38-39.

[27] 晏扩明. "真正共同体"与"大同世界"之比较——立足于人的类本质的感性回归[J]. 温州大学学报（社会科学版）, 2019, 32（02）: 19-26.

[28] 谭建光. 中国青年志愿服务的发展方向——新中国70年青年志愿服务回顾与展望[J]. 中国青年社会科学, 2019, 38（02）: 102-108.

[29] 康晓光. 古典儒家慈善文化体系概说[J]. 社会保障评论, 2018, 2（04）: 99-110.

[30] 潘乾. 传统慈善文化的教育实践逻辑[J]. 社会科学文摘, 2018（09）: 61-63.

[31] 任志勇, 王丽新. 关于培育新时代中国志愿服务文化的思考[J]. 学校党建与思想教育, 2018（16）: 88-90.

[32] 万远新. 儒家"修齐治平"理想与中国现代公民观念的形成[J]. 社科纵横, 2018, 33（08）: 74-77.

[33] 陈晓运. 1949年以来中国志愿服务的变迁逻辑[J]. 青年探索, 2018（04）: 63-74.

[34] 张允熠. 从西方中心主义到民族虚无主义: 中华民族复兴道路上的精神障碍[J]. 马克思主义研究, 2018（05）: 118-129.

[35] 贺建芹. 青岛市志愿文化体系建设及历史渊源研究[J]. 青岛职业技术学院学报, 2018, 31（02）: 15-19.

[36] 李玮, 林伯海. 中国志愿精神培育的社会环境优化[J]. 江西社会科学, 2018, 38（03）: 205-211.

[37] 赵立新. 中国内生型慈善文化建设研究[J]. 理论导刊, 2018（01）: 88-92.

[38] 周忠华, 黄芳. 慈善文化的多层性与核心价值观的引领[J]. 中州学刊, 2017（10）: 93-98.

[39] 牛文明. 我国古代家风家训慈善思想及其现代启示[J]. 中学政治教学参考, 2017（27）: 87-89.

[40] 洪元植, 林海顺. "家的发现"与儒学中"家"的特殊性[J]. 中国人民大学学报, 2017, 31（03）: 2-8.

[41] 向世陵. 儒家视域中的"天下一家"观[J]. 中国人民大学学报, 2017, 31（03）: 9-15.

[42] 李隆虎. "功德": 不求回报的礼物? [J]. 西北民族研究, 2017（02）: 69-79.

[43] 黄金结. 近代以来中国志愿服务的变迁研究[J]. 青年探索, 2016（04）: 25-32.

[44] 王莉, 孙建华. 我国志愿文化发展路径研究[J]. 中华文化论坛, 2016（04）: 107-110.

[45] 王海明. 夏商周经济制度新探[J]. 华侨大学学报（哲学社会科学版），2015（06）：5-49.

[46] 周中之. 慈善伦理的文化血脉及其变革[J]. 东南大学学报（哲学社会科学版），2015，17（06）：19-28.

[47] 邱耕田. 从自我中心主义走向共生主义[J]. 学习与探索，2015（10）：8-14.

[48] 陈寿灿，于希勇. 浙江家风家训的历史传承与时代价值[J]. 道德与文明，2015（04）：118-124.

[49] 魏钰桐. 中国传统文化的集体主义思想与社会主义核心价值观[J]. 改革与开放，2015（09）：96-98.

[50] 周秋光，王猛. 当代中国慈善发展转型中的抉择[J]. 上海财经大学学报，2015，17（01）：78-87.

[51] 尹强. 论当下中国志愿文化的兴起与发展——兼论中国优秀传统文化与西方进步文化的融通与结合[J]. 学术探索，2015（01）：88-92.

[52] 陈来. 仁学本体论[J]. 文史哲，2014（04）：41-63.

[53] 庄梅兰. 传统社会培育儒家核心价值观的经验与启示[J]. 邵阳学院学报（社会科学版），2014，13（03）：18-22.

[54] 侯波. 发扬志愿服务精神 践行社会主义核心价值观——学习习近平给志愿服务者的三封回信[J]. 中共山西省委党校学报，2014，37（03）：24-26.

[55] 宁骚. 比较中西制度，方知中国道路魅力[J]. 理论导报，2014（05）：20.

[56] 刘威. 冲突与和解——中国慈善事业转型的历史文化逻辑[J]. 学术论坛，2014，37（02）：84-91.

[57] 朱贻庭，段江波. 善心、善举、善功三者统一——论中国传统慈善伦理文化[J]. 上海师范大学学报（哲学社会科学版），2014，43（01）：21-27.

[58] 谢稚. 儒学的仁爱观与我国慈善文化传播[J]. 学习与实践，2013（12）：130-135.

[59] 潘乾，尹奎杰. 论西方慈善文化中的理性精神[J]. 东北师大学报（哲学社会科学版），2013（06）：46-50.

[60] 颜睿. 中国公民志愿精神的文化渊源分析[J]. 中华文化论坛，2013（09）：151-155.

[61] 孙燕青. 从两重性共生看传统文化扬弃的三个维度[J]. 现代哲学，2013（05）：125-128.

[62] 赵晓芳. 慈善文化的变迁：从社会控制到社会责任[J]. 兰州学刊，2013（05）：124-128.

[63] 王娟. 略论我国古代慈善事业的监管体系[J]. 河南师范大学学报（哲学社会科学版），2012，39（06）：129-133.

[64] 徐大同. 中国人民拒绝自由主义，接受共产主义的文化基因 [J]. 政治学研究，2012（03）：14-19.

[65] 钱广荣. 推己及人：儒学和谐伦理思想的核心价值 [J]. 合肥师范学院学报，2012，30（02）：37-40.

[66] 肖强，罗公利. 志愿服务研究综述 [J]. 中国成人教育，2012（02）：5-9.

[67] 郑雄飞. 慈善事业的伦理根基和理性建构研究 [J]. 学术研究，2011（12）：85-91.

[68] 姜玉洪，李烨. 弘扬志愿文化 促进社会和谐——让志愿服务成为人的一种生存方式 [J]. 东北农业大学学报（社会科学版），2011，9（05）：51-54.

[69] 屈永华. 中国传统官僚制度的效率之争——从《荒政》和《叫魂》说起 [J]. 政法论坛，2010，28（05）：115-123.

[70] 谢忠强，李云. 试论我国古代慈善事业的历史沿革 [J]. 延边大学学报（社会科学版），2010，43（02）：126-130.

[71] 文平. "普世价值"辨析 [J]. 红旗文稿，2009（10）：4-9.

[72] 刘国柱. 和平队与美国文化外交 [J]. 学海，2009（03）：159-164.

[73] 周新城. 关于"普世价值"问题需要搞清楚的几个观点 [J]. 思想理论教育导刊，2009（03）：46-50.

[74] 任洪舜. 关于集体主义的中华民族优秀传统文化研究 [J]. 牡丹江大学学报，2009，18（01）：6-8.

[75] 杨方方. 慈善文化与中美慈善事业之比较 [J]. 山东社会科学，2009（01）：76-79.

[76] 黄家瑶. 中西方慈善文化的渊源比较及启示 [J]. 学术界，2008（04）：27-31.

[77] 马相武. 志愿行动思考：从制度到文化 [J]. 人民论坛，2008（02）：52-53.

[78] 周秋光，曾桂林. 中国慈善思想渊源探析 [J]. 湖南师范大学社会科学学报，2007（03）：135-139.

[79] 肖国飞，任春晓. 论慈善文化的道德意蕴 [J]. 中州学刊，2007（01）：139-143.

[80] 李晓社. 传统忧患意识的形成及思想内涵 [J]. 攀登，2006（03）：92-96.

[81] 张利平. 关于非政府组织的伦理学思考 [J]. 齐鲁学刊，2005（02）：129-132.

[82] 周秋光，曾桂林. 儒家文化中的慈善思想 [J]. 道德与文明，2005（01）：31-34.

[83] 蒙长江. 中国传统慈善文化的历史沿革及现实挑战 [J]. 西南民族大学学报（人文社科版），2005（01）：43-47.

[84] 武东生. "和而不同"、"推己及人"与团结友善 [J]. 道德与文明，2002（02）：52-55.

[85] 叶文梓. 从"知识世界"走进"生活世界"——对学校道德教育基础的反思 [J]. 浙江社会科学，2001（03）：103-106.

[86] 张敏杰. 欧美志愿服务工作考察（上）[J]. 青年研究，1997（04）：46-49.

[87] 陈德安. 儒家大同思想的历史影响和现代意义 [J]. 山西师大学报（社会科学版），1993（01）：64-69.

[88] [日] 作田启一，吴晓林. 个人主义与集体主义再认识——西方文化与日本传统 [J]. 国外社会科学，1987（09）：24-31.

[89] 金岳霖，钱耕森. 中国哲学 [J]. 哲学研究，1985（09）：38-44.

[90] 彭志红. 志愿服务的现代价值 [N]. 光明日报，2015-09-23（13）.

[91] Warriner, C. K. 1972. "The Altruistic Impulse and the Good Society." pp.343-355 in D. H. Smith（ed.）Voluntary Action Research, Lexington, MA: D. C. Heath.

著作类：

[1] 费孝通. 文化与文化自觉 [M]，北京：群言出版社，2010.

[2] 钱理群. 论志愿者文化 [M]. 北京：生活·读书·新知三联书店，2018.

[3] [英] 雷蒙·威廉斯. 关键词——文化与社会的词汇 [M]. 刘基建，译. 北京：生活·读书·新知三联书店，2005.

[4] 章太炎. 章太炎全集·演讲集（下册）[M]. 上海：上海人民出版社，2015.

[5] 陈先达. 文化自信与中华民族伟大复兴 [M]. 北京：人民出版社，2017.

[6] 梁漱溟. 东西文化及其哲学 [M]. 北京：商务印书馆，2010.

[7] [美] 奥尔森. 基督教神学思想史 [M]. 吴瑞诚，徐成德，译. 北京：北京大学出版社，2003.

[8] 奥特，奥托. 信仰的回答——系统神学五十题 [M]. 李秋零，译. 香港：道风书社，2005.

[9] 周秋光. 熊希龄集 下 [M]. 长沙：湖南出版社，1996.

[10] [日] 吉田久一. 日本社会事业的历史 [M]. 东京：劲草书房，1981.

[11] 魏源. 海国图志（卷三七）大西洋各国总沿革 [M]. 长沙：岳麓书社，1998.

[12] [德] 黑格尔. 黑格尔历史哲学 [M]. 潘高峰，译. 九州出版社，2011.

[13] 蔡元培. 中国伦理学史 [M]. 北京：北京联合出版公司，2014.

[14] 王银春. 慈善伦理引论 [M]. 上海：上海交通大学出版社，2015.

[15] 季羡林. 季羡林文集（第14卷）[M]. 南昌：江西教育出版社，1998.

[16] 王夫之. 四书训义，船山全书第7册 [M]. 长沙：岳麓书社，1996.

[17] 周秋光. 近代中国慈善论稿 [M]. 北京：人民出版社，2010.

[18] 王月清. 中国佛教伦理研究 [M]. 南京：南京大学出版社，1999.

[19] 尚海，傅允生. 四大宗教箴言录 [M]. 北京：中国广播电视出版社，1993.

[20] 刘少雄，周淑华，刘晓俊. 中国慈善文化与养生 [M]. 北京：中医古籍出版社，2016.

[21] 安树彬，赵润琦．当代慈善学 [M]．西安：陕西人民出版社，2017.

[22] 甄尽忠．先秦社会救助思想研究 [M]．郑州：中州古籍出版社，2008.

[23] 周秋光，曾桂林．中国慈善简史 [M]．北京：人民出版社，2006.

[24] 李文臣．慈善论 理论慈善学研究 [M]．北京：中国书籍出版社，2020.

[25] 李泽厚．中国思想史论 上 [M]．合肥：安徽文艺出版社，1999.

[26] 吕洪业．中国古代慈善简史 [M]．北京：中国社会出版社，2014.

[27] 徐建设，张文科．儒家文化慈善思想研究 [M]．北京：中国社会出版社，2013.

[28] 徐国源．美在民间中国民间审美文化论纲 [M]．上海人民出版社，2018.

[29] 费孝通．乡土中国 [M]．北京：人民出版社，2017.

[30] 邓云特．中国救荒史 [M]．上海：上海书店，1984.

[31] 金双秋．中国民政史 [M]．长沙：湖南大学出版社，1989.

[32] 王天友，徐凯．纪念许大龄教授诞辰八十五周年学术论文集 [C]．北京：北京大学出版社，2007.

[33] （东汉）班固．前四史 汉书 [M]．北京：长城出版社，1999.

[34] 李文海，夏东方．中国荒政全书·第一辑 [M]．北京：北京古籍出版社，2003.

[35] 杜文玉．唐史论丛 第 8 辑 [M]．西安：三秦出版社，2006.

[36] 江立华，孙洪涛．中国流民史 古代卷 [M]．合肥：安徽人民出版社，2001.

[37] 李民，王健．尚书译注 [M]．上海：上海古籍出版社，2004.

[38] （东汉）班固．后汉书 [M]．北京：中华书局，1997.

[39] 辞海 [M]．上海：上海辞书出版社，1997.

[40] ［德］黑格尔．历史哲学 [M]．王造时，译．上海：上海书店出版社，2006.

[41] 杨越岷．了凡及其善学思想二十六讲 [M]．上海：上海三联书店，2016.

[42] 张鉴．阮元年谱 [M]．北京：中华书局，1995.

[43] 钱广荣．中国道德国情论纲 [M]．合肥：安徽人民出版社，2002.

[44] 周振甫．周易译注 [M]．北京：中华书局，1991.

[45] ［美］拉瑞·纳希．道德领域中的教育 [M]．刘春琼，谢光夫，译．哈尔滨：黑龙江人民出版社，2003.

[46] ［美］鲁思·本尼迪克特．菊与刀——日本文化的类型 [M]．吕万和，熊达云，王智新，译．北京：商务印书馆，1990.

[47] ［捷］夸美纽斯．大教学论 [M]．傅任敢，译．北京：人民教育出版社，1999.

[48] 颜炳罡．立身治家之道颜炳罡品读颜氏家训 [M]．北京：中国工人出版社，2018.

[49] 胡芳肖，等．社会救助理论与实务 [M]．西安：西安交通大学出版社，2015.

[50] 浙江省民政文化研究课题组．大民政时代浙江民政文化发展研究 [M]．北京：北

京联合出版公司，2017.

[51] 李源澄. 古典哲学时代 诸子概论 [M]. 北京：北京理工大学出版社，2020.

[52] [俄] 别尔嘉耶夫. 论人的使命——神与人的生存辩证法 [M]，张百春，译. 上海：世纪出版集团，上海人民出版社，2007.

[53] 牟钟鉴. 儒学价值的新探索 [M]. 济南：齐鲁书社出版社，2001.

[54] 冯友兰. 中国哲学史新编（上）[M]. 北京：人民出版社，1998.

[55] [德] 马丁·布伯. 我与你 [M]，陈维纲，译. 北京：生活·读书·新知三联书店，1986.

[56] [法] 托克维尔. 论美国的民主：下卷 [M]. 董果良，译. 北京：商务印书馆，1988.

[57] 钱穆. 中国文化史导论 [M]. 北京：商务印书馆，1994.

[58] 康有为. 康有为全集（第七集）[M]. 姜义华，张荣华，编校. 北京：中国人民大学出版社，2007.

[59] 梁启超. 清代学术概论 [M]. 北京：东方出版社，1996.

[60] 贺雪峰. 新乡土中国——转型期乡村社会调查笔记 [M]. 桂林：广西师范大学出版社，2003.

[61] 吴重庆. 无主体熟人社会及社会重建 [M]. 北京：社会科学出版社，2014.

[62] 王晓朝. 希腊哲学简史 从荷马到奥古斯丁 [M]. 上海：上海辞书出版社，2017.

[63] [英] 阿诺德·汤因比. 一个历史学家的宗教观 [M]. 晏可佳，张龙华，译；刘建荣校. 上海：上海人民出版社，2016.

[64] [英] 弗里德利希·冯·哈耶克. 法律、立法与自由（第 1 卷 规则与秩序）[M]. 邓正来，等，译. 北京：中国大百科全书出版社，2000.

[65] 陆士桢. 中国特色志愿服务概论 [M]. 北京：新华出版社，2017.

[66] [英] 加里·S. 贝克尔. 人类行为的经济分析 [M]. 王业宇，陈琪，译. 上海：上海人民出版社，1995.

[67] 孙婷. 志愿失灵及其矫正中的政府责任 以北京志愿者服务为例 [M]. 北京：知识产权出版社，2011.

[68] [荷] B. 曼德维尔. 蜜蜂的寓言 或私人的恶德 公众的利益 第 1 卷 [M]. 肖聿，译. 北京：商务印书馆，2017.

[69] 徐麟. 中国慈善事业发展研究 [M]. 北京：中国社会出版社，2005.

[70] 刘国宏，余凌曲. 公益、金融与善经济 [M]. 北京：中国经济出版社，2017.

[71] 共青团北京市委员会，北京青年研究会. 志愿者形象及其社会影响 [M]. 北京：人民出版社，2009.

[72] 北京公旻汇咨询中心. 中国发展简报 2012 年冬 NO. 56[M]. 北京：知识产权出

版社，2013.

[73]《泉源：大栅栏地区"综合包户"志愿服务30年》编委会. 泉源 大栅栏街道综合包户志愿服务30年[M]. 北京：人民出版社，2015.

[74] 邵汉明. 中国文化研究30年（中）[M]. 北京：人民出版社，2010.

[75] 白淑英. 电子政务与政府协同管理：组织网络的视角[M]. 哈尔滨：黑龙江人民出版社，2009.

[76] 鲁敏. 当代中国政府概论[M]. 天津：天津人民出版社，2019.

[77] 李鹰. 行政主导型社会治理模式之逻辑与路径[M]. 北京：中国政法大学出版社，2015.

[78] 胡芳肖，杨潇，王育宝，刘华平. 社会救助理论与实务[M]. 西安：西安交通大学出版社，2015.

[79] 张静如. 中国共产党通史[M]. 广州：广东人民出版社，2002.

[80] 卓厚佳. "四个自信"宁波话本[M]. 宁波：宁波出版社，2017.

[81] 胡涵锦. 科学总结历史和现实经验 中国特色社会主义理论体系形成发展方法论研究[M]. 上海：上海人民出版社，2014.

[82] 孙正聿. 辩证法与现代哲学思维方式[M]. 长春：长春出版社，2019.

[83] [德]伽达默尔. 赞美理论 伽达默尔选集[M]. 夏镇平，译. 北京：生活·读书·新知三联书店，1988.

[84] [英]弗朗西斯·培根. 哲人哲语 生存智慧[M]. 张菁，译. 吉林出版集团股份有限公司，2017.

[85] 张秀. 政治义务、法律正义与公民服从[M]. 上海：上海人民出版社，2017.

[86] [英]伊姆雷·拉卡托斯. 科学研究纲领方法论[M]. 兰征，译. 上海：上海译文出版社，2005.

[87] [德]马克思. 1844年经济学哲学手稿[M]. 中央编译局，译. 北京：人民出版社，2000.

[88] 吕振羽. 简明中国通史[M]. 北京：人民出版社，1955.

[89] 范文澜. 中国通史（第1册）[M]. 北京：人民出版社，1994.

[90] 翦伯赞. 先秦史[M]. 北京：北京大学出版社，1990.

[91] 邓国胜. 公益慈善概论[M]. 济南：山东人民出版社，2015.

[92] 曹雅欣. 中国价值[M]. 杭州：浙江工商大学出版社，2019.

[93] [日]古冈义丰. 中国民间宗教概说[M]. 北京：中国书店，2010.

[94] 陈国庆. 善的涵养[M]. 西安：西北大学出版社，2016.

[95] 莫于川. 中国志愿服务立法的新探索[M]. 北京：法律出版社，2009.

[96] 丁元竹，江汛清. 志愿活动研究 类型、评价与管理[M]. 天津：天津人民出版

社，2001.

[97] 党秀云. 志愿服务制度化 北京经验与反思 [M]. 北京：国家行政学院出版社，2013.

[98] 李玉亮. 义工管理实务 [M]. 北京：中国社会出版社，2011.

[99] [美] 兹比格涅夫·布热津斯基. 大失控与大混乱 [M]. 潘嘉玢，刘瑞祥，译. 北京：中国社会科学出版社，1994.

[100] [美] 马克·A. 缪其克，约翰·威尔逊. 志愿者 [M]. 魏娜，译. 北京：中国人民大学出版社，2013.

[101] [英] 理查德·H. 托尼. 中国的土地和劳动 [M]. 安佳，译. 北京：商务印书馆，2014.

[102] （战国）商鞅，列御寇. 商君书 列子 [M]. 哈尔滨：北方文艺出版社，2018.

[103] 梁其姿. 施善与教化 明清的慈善组织 [M]. 石家庄：河北教育出版社，2001.

[104] [德] 卡尔·雅斯贝斯. 历史的起源与目标 [M]. 李夏菲，译. 桂林：漓江出版社，2019.

[105] [法] 魏丕信. 18世纪中国的官僚制度与荒政 [M]. 徐建青，译. 南京：江苏人民出版社，2003.

[106] 李伯重. 千里史学文存 [M]. 杭州：杭州出版社，2004.

[107] 周骏，黄晓波. 制度自信 [M]. 桂林：广西师范大学出版社，2019.

[108] [德] 马克斯·韦伯. 经济与社会（下卷）[M]. 林荣远，译. 北京：商务印书馆，1997.

[109] [美] 约瑟夫·列文森. 儒教中国及其现代命运 [M]. 郑大华，任菁，译. 桂林：广西师范大学出版社，2009.

[110] 康沛竹. 灾荒与晚清政治 [M]. 北京：北京大学出版社，2002.

[111] [美] 弗朗西斯·福山. 政治秩序的起源：从前人类时代法国大革命 [M]. 毛俊杰，译. 桂林：广西师范大学出版社，2014.

[112] 谭建光，李森. 志愿组织管理 [M]. 广州：广州出版社，2011.

[113] 孙文. 孙中山选集 [M]. 北京：人民出版社，1956.

[114] 卢德之. 论资本与共享 兼论人类文明协同发展的重大主题 [M]. 北京：东方出版社，2017.

[115] 潘天舒. 发展人类学十二讲 [M]. 上海：上海教育出版社，2019.

[116] 王今朝. 经济学原理 [M]. 武汉：武汉大学出版社，2018.

[117] 环球时报·环球网. 中国做对了什么 国际政要精英全球访谈 [M]. 杭州：浙江人民出版社，2019.

[118] 张岱年. 修辞立其诚：张岱年文化随笔 [M]. 武汉：长江文艺出版社，2020.

[119] 费孝通. 中国文化的重建 [M]. 上海：华东师范大学出版社，2014.

[120] 邹广文，等．中国当代语境下的文化矛盾与文化走向 [M]．北京：首都师范大学出版社，2019．

[121] [英]怀特海．过程与实在 [M]．李步楼，译．北京：商务印书馆，2017．

[122] [德]黑格尔．哲学史讲演录 第 1 卷 [M]．贺麟，王太庆，译．北京：商务印书馆，2017．

[123] 玉苗．中国草根公益组织运行机制研究 [M]．武汉：武汉大学出版社，2017．

[124] [美]托马斯·库恩．科学革命的结构 [M]．金吾伦，胡新和，译．北京：北京大学出版社，2003．

[125] 吕达，刘立德，邹海燕．杜威教育文集 第 2 卷 [M]．王承绪，译．北京：人民教育出版社，2008．

[126] 高平叔．蔡元培教育论著选 [M]．北京：人民教育出版社，1991．

[127] 白云晓．耶稣是谁 [M]．北京：世界知识出版社，2002．

[128] [德]沃尔夫冈·弗里茨·豪格．马克思主义历史考证大辞典 第 2 卷 [M]．俞可平等编译．北京：商务印书馆，2018．

[129] Harry C. Triandis, Individulism and Collectivism, Boulder: West Press, 1995.

[130] Mauss, M.The gift (trans.W.D.Halls). London:Routledge, 2002.

[131] Robert L. Payton & Michael P. Moody.Understanding Philanthropy: Its Meaning and Mission. Bloomington: India University Press, 2008.

[132] David F. Freeman, The Handbook on Private Foundations, Washington : Seven Locks Press, 1981.

[133] R.M.Hare, Political Obligation, Essay on Political Morality , Clarendon Press, 1989.

权威网站网络文献：

[1] 中国志愿服务标识"爱心放飞梦想"正式发布 [EB/OL]．中央政府门户网站．http://www.gov.cn/xinwen/2014-12/05/content_2787467.htm.

[2] 中央精神文明建设指导委员会．关于推进志愿服务制度化的意见 [EB/OL]．中央政府门户网站．http://www.gov.cn/xinwen/2014-02/26/content_2622318.htm.

[3] 志愿服务条例 [EB/OL]．中央政府门户网站．http://www.gov.cn/zhengce/2020-12/27/content_5574451.htm.

[4]《抗击新冠肺炎疫情的中国行动》白皮书 [EB/OL]．中华人民共和国国务院新闻办公室网站 http://www.scio.gov.cn/m/zfbps/32832/Document/1681801/1681801.htm.

[5] 优美的"中国名片"——十八大以来我国志愿服务综述 [EB/OL]．中国文明网，http://rzwmw.gov.cn/show/507.html.

后 记

2020 年新春伊始，一场突如其来的疫情在湖北武汉集中暴发，为了避免病毒在更大范围内传播，党中央、国务院决定封闭这座有着上千万人口的城市。事后证明这是快速切断病毒传播链条的英明决策。除武汉外，国内其他各个城市甚至包括农村地区也纷纷按下了暂停键。人员流动相对停滞下来，然而生活并不能因为疫情停摆。隔离、封闭、减少外出，这意味着有很多人要承担起物资保供、社区防控、必要的出行保障等工作。关键时刻，志愿服务在特殊时期的社会治理中发挥了不可替代的作用。可以说，这次疫情防控是对中国特色志愿服务能力和水平的极限考验，而我们的志愿者用自己的行动交上了一份令人满意的答卷。平凡，亦不凡；无名，亦英雄。志愿者用默默奉献诠释志愿精神，用凡人星火点亮人间大爱。除了用人性的温暖来直观表达志愿服务带给我们的触动之外，我们似乎更需要从理性角度审视"中国特色志愿服务为什么能"的问题。

同年 3 月，我申请的教育部人文社科研究一般项目"传统慈善文化涵养新时代中国特色志愿文化研究"获得立项支持。在项目研究周期内，我主要考虑的问题是，作为舶来品的现代志愿服务，怎样在一个有着深厚慈善文化土壤的国度里生根发芽，乃至开出了今天这样绚丽多姿的花？传统慈善文化在新时代中国特色志愿文化培育过程中起到怎样的涵养作用？又实现了怎样的现代转化？带着对这些问题的思考，我最终完成了这本拙作。因个人能力所限，作者对传统慈善文化与中国特色志愿文化关系的梳理尤其是前者对后者的涵养关系的理解还比较粗浅，因此这本小书中还有不少瑕疵。在此恳请专家学者提出宝贵的批评和修改意见，以便在后续的研究中不断克服和弥补研究中的不足和缺陷。

在此书的写作过程中，我得到了很多人的直接关怀与帮助。感谢中国青年政治学院的陆士桢教授，陆老师是志愿服务研究领域的前辈专家，她在百忙之中为我提出了志愿文化研究方面的诸多中肯意见，使我受教颇多、受益匪浅；感谢北京科技大学马克思主义学院的张红霞教授，2022 年借赴北科大访学的机会与她就志愿服务相关研究进行了交流，获得了很多有益启发；感谢山东大学儒学高等研究院的马来平教授在研究方法和写作思路方面提供的建设性意见；感谢山东科技大学诸位同事的温暖帮助。

贺建芹

2023 年秋于山东济南